# इतिहास में स्त्री

(अध्ययन)

# इतिहास में स्त्री

सुमन राजे

भारतीय ज्ञानपीठ

वाणी प्रकाशन : भारतीय ज्ञानपीठ की पुस्तकों
के एकमात्र प्रकाशक एवं वितरक

सजिल्द दूसरा संस्करण : 2015
सजिल्द दूसरा संस्करण : 2024

लोकोदय ग्रन्थमाला : ग्रन्थांक 1092

प्रकाशक

**वाणी प्रकाशन ग्रुप**

4695, 21-ए, दरियागंज, नयी दिल्ली-110 002
फ़ोन : 011-23273167, 23275710
ईमेल : sales@vaniprakashan.in

ISBN : 978-93-5518-890-8

इतिहास में स्त्री
(शोध)
सुमन राजे



ITIHAS MEIN ESTRI
(Studies)
by Suman Raje

मुद्रक : आर. टेक ऑफ़सेट प्रिंटर्स, दिल्ली-110 032

**Price : INR. 450**

# अनुक्रम


| | |
|---|---|
| इतिहास से लड़ने के लिए, इतिहास में लड़ना ज़रूरी है | 7 |
| हिन्दी कविता में स्त्री की उपस्थिति (1915–1947 ई) | 22 |
| गणिकाओं के लेखन पर एक टिप्पणी | 31 |
| मध्ययुगीन महिला लेखन में तीन चेहरे | 48 |
| साहित्येतिहास की परिस्थितिकी और राजघरानों का महिला-लेखन | 56 |
| महिला-लेखन की हिन्दी-उर्दू साझी संघर्ष-कथा | 70 |
| जीवनी और आत्मकथा का अर्धनारीश्वरत्व 'प्रेमचन्द घर में' | 82 |
| महिला आत्मकथाओं के मिथक | 100 |
| लोकेतिहास बरक्स इतिहास | 113 |
| लोक कि वेद बड़ो रे | 121 |
| लोकेतिहास रचती स्त्रियाँ | 138 |
| स्त्रीकला माने लोककला अर्थात् स्त्री का कलाशास्त्र | 151 |
| पूर्वोक्त चित्रांकनों पर टिप्पणियाँ | 185 |

# इतिहास से लड़ने के लिए, इतिहास में लड़ना ज़रूरी है

हिन्दी-साहित्येतिहास-लेखन के प्रारम्भ में ही उसके साथ दो दुर्घटनाएँ हो गयीं। एक का सम्बन्ध इतिहास-लेखन की प्रकृति से है और दूसरी का भाषायी इतिहास से। अन्ततः दोनों ही हमारे जातीय इतिहासबोध से जुड़े हुए हैं। इतिहास की तरह ही, साहित्येतिहास-लेखन की प्रकृति सामन्तवादी है। यह विचार चोट तो पहुँचाता है परन्तु प्रायः सत्य चोट पहुँचाने का ही कार्य करता है। कहा जा सकता है कि इतिहास की सामन्ती प्रकृति उसके लेखन में कम, सामग्री-चयन एवं वैचारिकी पर अधिक लागू होती है। इतिहास बताता है कि काल ने कितना छोड़ा है परन्तु इससे महत्त्वपूर्ण बात यह है कि अवशिष्ट में से भी हम कितना उपलब्ध कर पाते हैं या करना चाहते हैं। इसका अर्थ है कि हम क्या और कितना चुनते हैं। ज़रूरी नहीं कि हमेशा इतिहास बहुमत द्वारा बनाया जाता हो। यह तो काल का चुनाव है और कभी-कभी एक व्यक्ति भी काफी होता है युग-परिवर्तन के लिए। साहित्येतिहास में यह सम्भावना सबसे अधिक होती है। मौखिक परम्पराओं द्वारा प्रवहणशील साहित्य कितना लुप्त हो गया यह तो बाद की बात है अब तो स्वयं ये परम्पराएँ ही समाप्ति पर हैं। समय रहते हम जितना कुछ संकलित कर पाये हैं, उससे कई गुना अधिक हम खो चुके हैं। स्थिति यह है कि समकालीनता के दबाव में, इस दिशा में खोज करने की हमारी रुचियाँ भी समाप्त हो गयी हैं, जो निरन्तर हमारे वर्तमान को इतिहास-हीनता की ओर खींच रही हैं। इतिहास जैसे राजवंशों के गलियारे में घूमता रहता है और महानों का प्रशस्तिगान करता है फिर चाहे वे महान आक्रान्ता ही क्यों न हों; उसी तरह, साहित्येतिहास केवल श्रेष्ठ साहित्य का ही आकलन करता है और उसकी सूची में कुछ ही नाम होते हैं। इसका सबसे विपरीत प्रभाव महिला-लेखन पर पड़ता है। पहले तो महिला-लेखन अधिक हुआ नहीं, जो हुआ वह सुरक्षित रहा नहीं, जो सुरक्षित रहा उसे इतिहास ने गिना नहीं। अस्तु, इस सन्दर्भ में 'आधे इतिहास' की बात करने का अर्थ है साहित्येतिहास की सामन्ती प्रकृति को सिरे से नकार देना।

हिन्दी साहित्येतिहास का मोटा-मोटा ढाँचा एक चतुर्युगीय चौखटा है। इसके

लचीलेपन से फायदा उठाते हुए उसे थोड़े बहुत हेर-फेर से दोहराया गया है। रामचन्द्र शुक्ल के छापवाले काल-विभाजन में यह मान लिया गया है कि हिन्दी साहित्येतिहास को चार खानों में बाँटा जा सकता है। आदिकाल बनाम वीरगाथा काल (सं. 1050-1375 वि.), मध्यकाल पूर्वार्ध बनाम भक्तिकाल (सं. 1375-1700 वि.), मध्यकाल उत्तरार्द्ध बनाम रीतिकाल (सं. 1750-1900 वि.) एवं आधुनिक काल जिसे गद्यकाल कहा गया है। इनमें से सबसे अधिक विवाद का विषय रहा आदिकाल। इसके प्रारम्भ को लेकर विवाद, इसके नामकरण को लेकर विवाद, इसकी भाषा को लेकर विवाद, रचनाओं को लेकर विवाद, रचनाओं की प्रामाणिकता को लेकर विवाद और विवादों को लेकर विवाद। इन विवादों की बहुत कुछ ज़िम्मेदारी इतिहास की सामन्ती प्रकृति पर है जो यह मानती है—

कि, केवल लिखित शब्द ही प्रामाणिक है।

कि, ऐतिहासिक विवरणों से पुख़्ता कृति ही प्रामाणिक है।

कि, जो कृति पहले लिखी गयी उसका ऐतिहासिक महत्त्व अधिक है।

कि, ऐतिहासिकता और प्रामाणिकता एक ही चीज़ है।

कि, दरबारी इतिहास-लेखन हमेशा सच बोलता है और उसका कृति से मिलान होना ज़रूरी है।

कि, लोकसाहित्य चूँकि मौखिक होता है इसलिए उसे साहित्येतिहास से खारिज किया जा सकता है।

इस दृष्टि का परिणाम दूरगामी हुआ। आचार्य रामचन्द्र शुक्ल अपने साहित्येतिहास में 'कृतियों के बहुसंख्यक' वाद को जन्म दे चुके थे जिसके आधार पर आदिकाल का नामकरण 'वीरगाथा काल' किया था। इस नाम पर डॉ. रमाशंकर शुक्ल 'रसाल' की टिप्पणी महिला-लेखन पर दर्शनीय (?) है—

"हिन्दी के 'जय काव्य' की रचना में, जहाँ तक हिन्दी साहित्य और विद्वानों का अन्वेषण बतलाता है स्त्रियों ने कोई भाग नहीं लिया। 'जय काव्य' के काल में देश और समाज जटिल राजनीतिक परिस्थितियों के कारण अशान्त और उद्विग्न था। इस समय में केवल वैसे ही काव्य की रचना हो सकती थी जिसमें वीररस की वह धारा उमड़ती हो जो प्रत्येक व्यक्ति की रग-रग में शौर्यरक्त का प्रवाह कर दे और वह देश की सत्ता स्वातन्त्र्य तथा गौरव की रक्षा में अपना बलिदान करके देश और समाज का भाल ऊँचा करे। ऐसे समय में और इस प्रकार के सहित्य की रचना के क्षेत्र में स्त्रियाँ कितना कार्य कर सकती हैं, यह स्पष्ट नहीं है।" आगे वे 'रस' ले लेकर व्यंग्य करते हैं, "यदि पुरुष अपने पुरुषत्व को त्यागकर, कायरता के कोने में बैठ विश्राम करें और देश तथा समाज की स्वातन्त्र्य सौख्य की अवहेलना करके युद्ध में उन्मन हो, और कवि लोग अपने वीर कड़रवों से उन मृतप्राय शरीरों में शौर्य-

जीवन के द्रुतगामी रक्त का प्रवाह न करें तो अवश्यमेव स्त्रियों का यह कर्तव्य होगा कि वे वीरता के साथ निकलकर वीरों के कापुरुषत्व की तीव्र शब्दों में विगर्हण करते हुए वीरता के कड़रवे गाएँ और समरांगण में चंडी-नृत्य करें। जिस समय की हम बात कर रहे हैं उस समय में यह दशा न थी। अत: स्त्रियों के लिए यह आवश्यक न था कि वे वीर काव्य गाते हुए रणांगण में आवें। उनका एक अनिवार्य कर्तव्य यही रह गया था कि वे विजयश्री को देखकर प्रमोदामोद से वीर-पुरुषों की आरती उतारें या पराजय कालिमा को देखकर शत्रुओं के अनाचार प्रारम्भ करने के पूर्व ही जौहर आदि के द्वारा देश और समाज की लज्जा की रक्षा करते हुए अपने पंचभौतिक पिंजर से प्राण-पखेरुओं को निकालकर स्वर्गारोहण करें और वहाँ अपने वीरगति प्राप्त प्रियजनों से पुनर्मिलन प्राप्त करें। यही मुख्य बात है कि 'जय काव्य' काल में स्त्रियों ने साहित्य-रचना के क्षेत्र में कार्य नहीं किया।'' पंडित, विद्वान, कवि और आलोचक की टिप्पणी पर प्रतिक्रिया का कोई अर्थ नहीं। आश्चर्य यह है कि जिस देश के साहित्यशास्त्र में वीरता की परिधि के अन्तर्गत युद्धवीर के साथ दयावीर, धर्मवीर और दानवीर की धारणाएँ समाहित हों वहाँ स्त्रियों को 'जौहर' की सलाह देने का अर्थ क्या है? वीरता की परिभाषा में सिर्फ 'कन्याहरण' के लिए किए गये युद्ध आते हैं या 'नगन जड़ाती थीं वे नगन जड़ाती हैं' के अन्दाज में शत्रु स्त्रियों की दुर्दशा का चित्रण ही आता है। निर्देश साफ-साफ यह कि यदि विजय हो तो शत्रुओं की स्त्रियों की दुर्दशा हो, और पराजय हो तो अपने पक्ष की स्त्रियाँ जल मरें। यही वीरगाथा काल है?

भाषा ही साहित्य है, यदि यह बात सीधे-सीधे न भी स्वीकार की जा सके, तो भी, इतना तय है कि भाषा और साहित्य को अलगाया नहीं जा सकता। इसीलिए भाषाओं का इतिहास साहित्येतिहास के समानान्तर रखा जाता रहा है। भाषायी इतिहास के मूल में, खासतौर पर हिन्दी के सन्दर्भ में, दो मिथक कार्यशील रहे हैं। एक तो यह कि वैदिक भाषा से लेकर वर्तमान हिन्दी तक एक ही भाषा रही है और दूसरा यह कि एक समयावधि के बाद वह भाषा बदल जाती है, यहाँ तक कि उसका नाम भी दूसरा हो जाता है। भाषा वैज्ञानिकों ने एक मोटी-मोटी विकास-संरचना यह बनायी है—

वैदिक भाषा (ई.पू. 2000-1500 ई.पू.), सामान्य विकासकाल 500 वर्ष, संस्कृत (1500 ई.पू.-500 ई.पू.) लगभग 1000 वर्ष, पालि (200 ई.पू. -200 ई.पू.) 400 वर्ष, प्राकृत (200 ई.पू.-600 ई.पू.), 400 वर्ष अपभ्रंश (600 ई.पू. -1000 ई.पू.), 400 वर्ष, अवहट्ट या पुरानी हिन्दी (1000 ई.पू.-1400 ई.पू.) 400 वर्ष और हिन्दी (1400-आज तक...)। इस सिद्धान्त के अनुसार 400 से 500 वर्षों का समय एक भाषा का दूसरी भाषा में रूपान्तरण के लिए काफी होता है। यहाँ

सवाल उठाया जा सकता है कि इतने वर्षों के बाद भी हिन्दी इस कदर क्यों नहीं बदली कि उसे दूसरा नाम दिया जा सके? साहित्येतिहास में भाषायी इतिहास का एक नया परिदृश्य जुड़ जाता है और वह है विभिन्न कालों में विभिन्न भाषा-वर्गों का सह-अस्तित्व। जैसे कि हिन्दी साहित्येतिहास के आदिकाल में हिन्दी का अर्थ है—अपभ्रंश या प्राकृताभास हिन्दी (बतर्ज आचार्य शुक्ल), पिंगल, डिंगल, खड़ी बोली और मैथिली। मध्यकाल का भाषायी आधार है ब्रज, अवधी, खड़ी अथवा सधुक्कड़ी। यहाँ पिंगल, डिंगल और मैथिली को छोड़ दिया गया है यद्यपि उनका साहित्य निरन्तर रचा जाता रहा। रीतिकाल में यह आधार मुख्यत: ब्रजभाषा तक सीमित रह गया और आधुनिक काल में वह भी हाशिये पर आ गया। अब हिन्दी का अर्थ हो जाता है खड़ी बोली।

इसी ऐतिहासिक क्रम से उपजा एक दूसरा सवाल है। चूँकि भाषाओं के पूर्वापर क्रम हम निर्धारित कर चुके हैं अत: उनके साहित्य को भी हम वही क्रम दे देते हैं। एक ही युग में वह ऐतिहासिक पूर्वापर सम्बन्ध समानान्तर हो सकता है, इसे भुला देने के कारण ही युगीन चेतना का सवाल गड्ड-मड्ड हो गया है। युगीन चेतना किसी एक ही भाषा की धरोहर नहीं हो सकती, यदि है तो उसके लिए हमारे पास पर्याप्त कारण होने चाहिए। उदाहरण के लिए यदि हम पुरानी हिन्दी को लें, तो युगीन चेतना आध्यात्मिक है, यदि डिंगल-पिंगल को लें तो वह श्रृंगार युत वीरता है, यदि खड़ी बोली को लें तो मनोरंजन, मैथिली को लें तो सगुण श्रृंगार और संस्कृत को लें तो दरबारी और भक्ति। अन्य प्रान्तीय भाषाओं को फिलहाल छोड़ ही देते हैं। एक जगह से एक की अनुपस्थिति दूसरी जगह उसकी उपस्थिति भी हो सकती है, यह बात हम भूल क्यों जाते हैं? केवल भाषाएँ ही क्यों, एक कवि में भी विभिन्न चेतनाएँ हो सकती हैं! जैसे कि विद्यापति जो 'कीर्तिलता' में हैं वह अपनी 'पदावली' में नहीं, ख़ुसरो जो अपनी मसनवियों में हैं वह गजलों और पहेलियों में नहीं और भारतेन्दु जो अपने नाटकों में हैं वह कविताओं में नहीं हैं। क्या इसीलिए उनकी चेतना को तथाकथित युगीन चेतना से बाहर खड़ा किया जा सकता है? इस नज़रिये से देखें तो बहुत से रिक्त स्थानों के अर्थ हमारी समझ में आ जाएँगे।

भाषाओं को पूर्वापर परम्परा में देखने की आदत और प्रत्येक भाषा के पृथक्-पृथक् साहित्येतिहासों ने चीजों को सही परिप्रेक्ष्य में हमें देखने नहीं दिया। हम कालानुक्रम में प्रभाव की बात तो सोचते हैं परन्तु समकालीन-समानान्तर-अन्त: सम्बन्धों को नजरअन्दाज कर जाते हैं। एक छोटा-सा उदाहरण कालिदास से लिया जा सकता है। वे संस्कृत के सर्वश्रेष्ठ कवि और नाटककार हैं। उनके नाटकों में प्राकृतों का प्रयोग है ही, 'विक्रमोर्वशीयम्' में प्रासंगिक रूप से अपभ्रंश का भी

आगाज़ है। यह भाषाओं की आन्तरिक संचरणशीलता है, इसे स्वीकार किये बिना भी हम हिन्दी साहित्येतिहास के आदिकाल से महिला-लेखन की अनुपस्थिति को समझ नहीं सकेंगे। दरअसल बात यह है कि इस काल में महिलाओं ने अपनी अभिव्यक्ति के लिए संस्कृत भाषा को चुना है। ये कवयित्रियाँ हम तक सुभाषित ग्रन्थों के माध्यम से ही पहुँच पाती हैं, अतः उनके सम्बन्ध में हम उतना ही जानते हैं जितना उनके संगृहीत छन्द बताते हैं और वे हमें कुछ नहीं बताते इसके सिवाय, कि एक समृद्ध रचना-संसार था जिसे हम खो चुके हैं। अवहट्ट-पुरानी हिन्दी के काल में संस्कृत कवयित्रियों का होना जहाँ कई सवालों के जवाब देता है, वहीं कई नये सवाल खड़े भी करता है। उन्होंने संस्कृत भाषा को चुना, सम्भवतः इसीलिए कि उनका झुकाव सिद्धों-नाथों के काव्य की ओर नहीं था, न ही जैन चरित काव्यों की ओर। उन्होंने संस्कृत क्लासिकल काव्य-परम्परा से अपने को जोड़े रखा। उनके भूगोल में विविधता है। विज्जका (दक्षिण भारत), शीला भट्टारिका (कश्मीर) फाल्गुन हस्तिनी, विकटनितम्बा (कश्मीर) से थीं। वे दरबारों से भी जुड़ी थीं और प्रबन्ध काव्यों से भी। अतः बुनियादी बात यह है कि क्या साहित्येतिहास में भाषागत चेतनाएँ पृथक्-पृथक् अस्तित्व रखती हैं? फिर भी वे समकालीन हैं? इस सम्बन्ध में नये सिरे से विचार करने की जरूरत है। हो सकता है कि इससे साहित्येतिहास की पूरी संरचना ही हिल जाए, फिर भी यह जोख़िम उठाना ही होगा। इतिहास के खतरे से लड़ने के लिए इतिहास में खतरे उठाने से डरना नहीं चाहिए।

स्त्रियाँ संस्कृत भाषा में लिख रही थीं। इसका अर्थ यह नहीं कि वे लोक भाषाओं में कुछ नहीं लिख रही थीं। वैसे जब सम्पूर्ण आदिकालीन साहित्य असमंजस में हो तो उस युग की तस्वीर साफ करने के लिए लोक साहित्य का साक्ष्य स्वीकार करना ही होगा, और यह साक्ष्य हमें बताता है कि तत्कालीन महिला-लेखन लोकगीतों के रूप में है जिसे साहित्येतिहास से निर्वासित कर दिया गया है। यहाँ जीवन्त और गतिशील साहित्य अपनी यात्रा स्त्री-कंठों के माध्यम से करता है इसीलिए उसे किसी निश्चित काल में चिह्नित नहीं किया जा सकता, हाँ ख़ुसरो के हवाले से कुछ प्रमाण जुटाए जा सकते हैं। ख़ुसरो का जन्म हिजरी 653 (सन् 1253 ई.) में हुआ था। कहते हैं कि उन्होंने सात बादशाहतें देखी थीं और कई भाषाओं में रचनाएँ की थीं। लेकिन उन्हें सबसे अधिक प्रेम हिन्दवी से था। यह नाम भी दिल्ली के आस-पास की भाषा को उन्होंने ही दिया था। 'तूतिए-हिन्द' का हिन्दवी-प्रेम केवल उनकी ब्रज और खड़ी बोली की रचनाओं में ही नहीं है, बल्कि उन लोकगीतों में है जो उन्होंने लिखे या संकलित किये। उनके नाम से संकलित दो बाबुल गीत हैं जिनमें से एक है—

*काहे को ब्याहे परदेस रे*
*सुन बाबुल मोरे।*
*भइया को दीहे महला-दुमहला*
*हमका दीहे परदेस॥ सुन बाबुल... ॥*
*हम तो बाबुल तेरे खूँटे की गइया*
*हाँका-हुँकी जाऊँ परदेस॥ सुन बाबुल... ॥*
*हम तो बाबुल तेरे पिंजरे की चिड़ियाँ*
*रात बसे उड़ जाऊँ॥ सुन बाबुल... ॥*
*ताख भरी मैंने गुड़ियाँ जो छोड़ी*
*छोड़ा दादा मियाँ का देस॥ सुन बाबुल... ॥*
*प्यार भरी मैंने अम्मा जो छोड़ी*
*छोड़ी दादी जी की गोद॥ सुन बाबुल... ॥*[1]

ये गीत दो दशक पहले तक लड़की की विदाई पर गाये-सुने जाते थे, बहुत थोड़े रूपान्तर के साथ जैसे 'दादा मियाँ' के स्थान पर 'अजुल को देस'। रूपान्तर का कारण स्पष्ट है। ख़ुसरो के नाम से संकलित अन्य लोकगीतों से इन बाबुल गीतों में कुछ अन्तर है, जिन पर ध्यान दिया जाना चाहिए। जैसे कि, अन्य सभी गीतों में, यहाँ तक कि पहेलियों में भी 'ख़ुसरो' की 'छाप' अवश्य है जो इन गीतों में नहीं है। दूसरी बात यह है, अन्य गीतों में ख़ुसरो अन्तिम पंक्तियों में एक प्रकार का आध्यात्मिकीकरण कर देते हैं जिससे ये बाबुल गीत बिल्कुल मुक्त है—

*परबत बाँस मँगाव मोरे बाबुल*
*नींका मँडुवा छवाव री*
*डोलिया फँदाय पिया ले चले हैं*
*अब संग कोइ नहीं आव री*
*निजामुद्दीन औलिया बहियाँ पकरि चले*
*धरिहौं वाके पाँव री।*[2]

अन्तिम पंक्तियों से पूरा गीत दूसरी दिशा में मुड़ जाता है। ऐसी कोशिश बाबुल-गीतों के साथ नहीं की गयी। जाहिर है, वे ख़ुसरो की रचनाएँ नहीं हैं। एक सच्चे और संवेदनशील पृथ्वीपुत्र होने के कारण ख़ुसरो ने उनका संकलन किया है। गीत पहले से चले आ रहे होंगे। कम-से-कम उन्हें ख़ुसरो के समय का तो माना ही जा सकता है। जहाँ तक प्रामाणिकता का सवाल है, यह ख़ुसरो की अरबी, फ़ारसी रचनाओं के सम्बन्ध में तो नहीं उठाया जाता। क्या सिर्फ इसलिए कि ये हिन्दी लोकगीत हैं इनकी गुजर-बसर साहित्येतिहास में नहीं हो सकती। बात केवल लोक साहित्य की ही नहीं है। जहाँ नाम सहित स्त्रीलेखन हुआ है वहाँ भी

इतिहास और साहित्य में उनकी अनदेखी की गयी है। एक उदाहरण कश्मीरी आद्य कवयित्री ललद्यद का दिया जा सकता है, जिनका उल्लेख समकालीन इतिहासकारों ने नहीं किया, जबकि उनके समकालीन अन्य सन्तों, सैयद अली हमदानी, शेख नूरुद्दीन वली आदि के नाम आदर सहित लिए गये हैं। अठारहवीं शताब्दी के मध्य में इतिहासकारों का ध्यान इस ओर गया। आखिर हम किस इतिहास और उसकी प्रामाणिकता की बात करते हैं? सर्वप्रथम डॉ. ग्रियर्सन ने 1920 ई. में पं. मुकुन्दराम शास्त्री की सहायता से 'लल्लू वाक्यानि' नामक लल्ल के वाखों का संग्रह किया। सन् 1350 से 1920 तक— लगभग छह सौ वर्षों तक— लल्लेश्वरी कहाँ थी? शायद साहित्य के अन्दर और इतिहास के बाहर।

वस्तुतः युग और युगचेतना साहित्येतिहास के सन्दर्भ में पुनर्विचार की माँग करती है। इसके साथ उनकी पारिस्थितिकी भी पुनर्व्याख्यायित होनी चाहिए। आधे इतिहास की अवधारणा इस व्याकरण में आमूल परिवर्तन की माँग करती है। आचार्य रामचन्द्र शुक्ल ने जब यह संकल्प किया था कि "प्रत्येक देश का साहित्य वहाँ की जनता की चित्तवृत्ति का संचित प्रतिबिम्ब होता है, अतः चित्तवृत्ति परिवर्तन के साथ साहित्य में भी परिवर्तन होता चला जाता है, आदि से अन्त तक इन्हीं चित्तवृत्तियों की परम्पराओं को परखते हुए साहित्य-परम्परा के साथ उसका सामंजस्य दिखाना ही साहित्य का इतिहास है।"[3] तो वे इतिहास के साथ साहित्येतिहास की भी एक ठोस भूमिका का निर्माण कर रहे थे। लेकिन, उस पर आगे भी चर्चा की जानी चाहिए थी। शुक्ल जी ने रूपक दिया है, 'प्रतिबिम्ब'। प्रतिबिम्ब पात्रता पर निर्भर होता है। अब यदि इस रूपक को उलट दें तो स्थिति अधिक स्पष्ट हो जाएगी। रचना का समूह में जो प्रतिबिम्ब होता है, वही उसका समय है। अतः युग को दोनों तरफ से पकड़ना चाहिए। स्त्री रचनाकारों का समय और परिस्थिति दो बार प्रतिबिम्बित होती हैं। एक बार आँगन के बाहर, एक बार आँगन के अन्दर। इसलिए उनके साहित्य का सीधा सम्बन्ध राजनैतिक घटनाक्रम से नहीं जोड़ा जा सकता। इसी प्रकार साहित्येतिहास को समग्र इतिहास के साथ रखकर देखने पर उनमें एक समानान्तरता भी दिखाई पड़ती है। पारिस्थितिकी इसी अर्थ में सभी इकाइयों के अन्तःसम्बन्धों से बनती है। बिम्ब खंडित हो सकते हैं, होते भी हैं, इन्हीं खंडित बिम्बों को मिलाकर 'समग्र' युग बनता है। कभी-कभी दो विपरीत दिखनेवाली चीजें, एक ही वस्तु का दो अंग होती हैं।

आधे इतिहास के अध्ययन से एक पूरी संरचना उभरकर सामने आती है। यह संरचना केवल साहित्यिक युग की नहीं है वरन समग्र भारतीय इतिहास की है, जिसका सम्बन्ध नवजागरणों से है। अचानक एक और तथ्य कौंधता है कि जब-जब इतिहास में नवजागरण घटित हुए हैं महिला रचनाकारों का एक पूरा समूह

उभरकर सतह पर आया है। नवजागरण सांस्कृतिक मन्थन ही तो होते हैं और इस मन्थन में महिला रचनाकार पैर जमा कर खड़ी हैं, कहीं-कहीं धार के विपरीत भी। भक्तिकाल और आधुनिक काल इसीलिए सम्पूर्ण हैं क्योंकि वे दो नवजागरणों के ही साहित्यिक नाम हैं। वीरगाथाकाल और रीतिकाल इसीलिए विवादित हैं कि वे समग्रता और विशिष्टता प्राप्त नहीं करते। कोई एक भावना इसकी पहचान हो सकती है परिधि नहीं। यदि मध्ययुग का उदाहरण लें तो हिन्दी प्रदेश में महिलाएँ अरबी-फारसी, संस्कृत, अपभ्रंश और हिन्दी की विभिन्न बोलियों में रचना कर रही थीं। काल में समानान्तर होते हुए भी, चेतना के स्तर पर वे पृथक-पृथक रचनाएँ हैं। ऐसी स्थिति में यदि भाषागत आधार मानकर युगीन चेतना का निर्धारण करें तो सबकी मूल प्रवृत्तियाँ भी अलग-अलग होंगी। फिर, जिसे शुक्ल जी 'शिक्षित जनता की चित्तवृत्ति' कहते हैं उसे किसके साथ जोड़ा जाएगा? अभी तक हम साहित्येतिहास में— खासतौर पर हिन्दी साहित्येतिहास में यही कहते-सुनते आये हैं कि राजनीतिक-सामाजिक परिस्थितियों के अनुसार साहित्य बदलता है और कार्य-कारण की इस शृंखला की खोज ही साहित्येतिहास है, तो यह प्रभाव एक काल की सभी भाषाओं पर क्यों नहीं है और पुरुष-लेखन तथा स्त्री-लेखन पर समरूप से प्रभावी क्यों नहीं है। क्या हम एक नये सिरे से एक बहस के लिए अपने को तैयार कर पाएँगे? दूसरी बात यह कि जो कुछ भी महिला-लेखन आज उपलब्ध है वह या तो राज्याश्रय से या धर्माश्रय से। परन्तु याद रखने की बात यह है कि महिला-लेखन क़ा सबसे सशक्त स्रोत लोकाश्रय है। ये तीन आश्रय मात्र नहीं हैं, तीन वर्गों के, तीन रचना-केन्द्रों के प्रतीक हैं। इसलिए यदि स्त्री-साहित्य का इतिहास लिखा जाना है तो बिना लोक साहित्य के लिखा जा ही नहीं सकता।

हिन्दी साहित्येतिहास के साथ जो दुर्घटनाएँ हुईं वे इसलिए भी, कि हमने यह बात बिल्कुल भुला दी कि समाज और साहित्य की अन्त:क्रियाओं में अन्य चीजें भी प्रभावी होती हैं। इसीलिए एक ही काल में विभिन्न काव्यधाराओं का सहअस्तित्व हो सकता है— और है। एक ही धारा के अन्तर्गत भी अनेक रचना-चरित्र बनते हैं। भारतीय संस्कृति की सबसे बड़ी विशेषता उसका बहुलवाद, विविधता में एकता मानी जाती है और हम सब उस पर गर्व भी करते हैं। विभिन्न प्रजातियाँ, विभिन्न भौगोलिक परिदृश्य, विभिन्न मूल की भाषाएँ, विभिन्न मानवीय चेतना-सम्पन्न धर्म और विविध कला परम्पराएँ अपनी पहचान रखते हुए भी समग्र भारतीय संस्कृति की रचना में शामिल हैं। फिर हिन्दी साहित्येतिहास में ही एकल-भाव का आग्रह क्यों? साहित्येतिहास में भी एक युग को एक ही धारा के नाम पर पुकारने का दुराग्रह उचित नहीं। ऐसा न करके ही हम विभिन्न धाराओं की संगति बैठा सकते हैं और उनके साथ न्याय कर सकते हैं। तभी हम वीर के साथ शृंगार

और भक्ति के साथ रीति का सह-सम्बन्ध खोज सकेंगे। क्या किसी जीवन्त समाज और रचनात्मक भाषा का लेखन ऐसा हो सकता है कि एक समय में सब एक ही तरह से सोच रहे हों, एक ही तरह से महसूस कर रहे हों और एक ही तरह से लिख रहे हों। फिर यह दुराग्रह क्योंकि तथाकथित 'वीरगाथा काल' में केवल वीर काव्य ही प्रासंगिक है वही मुख्यधारा है और ख़ुसरो तथा विद्यापति जैसे कवि बट्टे खाते के हैं। साहित्य से अधिक समावेशी कुछ भी नहीं होता, इसीलिए साहित्येतिहास को भी समावेशी होना चाहिए। आधा इतिहास इस तथ्य की साक्षी देता है।

'आधे इतिहास' का अस्तित्व भारत में ढाई हजार वर्ष पुराना है यद्यपि आधुनिक सन्दर्भों में नहीं। साहित्य में आधे इतिहास का अस्तित्व स्वीकार करने वाले पहले आचार्य राजशेखर हैं। उन्होंने अपनी 'काव्यमीमांसा' में लिखा है, 'पुरुषों के समान स्त्रियाँ भी कवि हो सकती हैं। ज्ञान का संस्कार आत्मा से सम्बन्ध रखता है, उसमें स्त्री या पुरुष का भेद नहीं है। सुनते और देखते हैं कि अनेक राजकुमारियाँ, मन्त्रियों की पुत्रियाँ, वेश्याएँ एवं नाट्य प्रयोक्ता की स्त्रियाँ शास्त्रों की प्रकांड विदुषियाँ और कवयित्रियाँ है।'[4] महत्त्वपूर्ण बात यह भी है कि राजशेखर ने सुनने और देखने, दोनों को प्रमाण माना है। अतः कहना न होगा कि कवयित्रियों की परम्परा पुरानी रही होगी। राजशेखर ने जो वर्ग गिनाये हैं, उनका रचना-केन्द्र राज्याश्रय है। रचना के दो अन्य केन्द्र धर्माश्रय एवं लोकाश्रय को उन्होंने नकार दिया है। परन्तु इस सत्य को वे भी स्वीकार करते हैं कि यह लेखन 'श्रुत' और 'स्मृत' भी है। लोक में जो रचना होती है वह 'श्रुत' और 'स्मृत' ही होती है। अतः कम-से-कम स्त्री-लेखन के सम्बन्ध में 'स्मृत' इतिहास का अस्तित्व स्वीकारना होगा जिसका प्रमाण हम ललद्यद के सन्दर्भ में प्राप्त कर चुके हैं।

आधुनिक काल में स्त्री-लेखन के इतिहास की शुरुआत नवजागरण का हिस्सा था। इसलिए एक बार फिर स्त्रियाँ दिखाई देती हैं। वे रचना में भी हैं और गणना में भी। नये युग का आरम्भ चेतना के सभी क्षेत्रों में विस्फोट से होता है। आधुनिक काल में ज्ञान और रचना के सभी क्षेत्रों में मन्थन प्रारम्भ हुआ। केवल प्रकाशन-वर्ष के आधार पर एक या दो वर्ष आगे-पीछे हो जाना बहुत महत्त्वपूर्ण नहीं है, महत्त्वपूर्ण विचारण और लेखन की प्रक्रिया है जो लगभग समकालीन होती है। सन् 1929 में जब आचार्य रामचन्द्र शुक्ल का अश्वमेध विजयी इतिहास प्रकाशित हुआ तो उसमें महिलाओं का कोई नोटिस नहीं लिया गया। इसलिए एक समानान्तर इतिहास-लेखन के प्रयास सन् 1930 ई. के आस-पास दिखाई देने लगे थे। इसके पीछे ठोस कारण थे। सबसे पहली बात तो यह कि उन्नीसवीं सदी का नवजागरण एक प्रकार से स्त्री-केन्द्रित था। पहली बार, नारी को एक मानवी की तरह पहचानने

की कोशिश की जा रही थी। जैसे ही यह कोशिश शुरू हुई, यह साफ दिखाई देने लगा कि साहित्येतिहास से स्त्री निर्वासित है। स्वतन्त्रता आन्दोलन में सक्रिय भागीदारी ने यह तय कर दिया था कि साहित्य के क्षेत्र में भी स्त्रियों की और उपेक्षा अब सम्भव नहीं। दूसरा महत्त्वपूर्ण कारण था साहित्य के क्षेत्र में पांडुलिपियों की खोज, जिनमें अनेक महिलाओं की रचनाएँ भी प्रकाश में आयीं। इसी समय मुंशी देवीप्रसाद द्वारा राजस्थान में हस्तलिखित ग्रन्थों की खोज कराई गयी जिनके आधार पर उन्होंने स्वयं 'महिला मृदुवाणी' लिखी। आधे इतिहास की यह पहली किताब है। रामनरेश त्रिपाठी की कविता-कौमुदी चर्चा में थी परन्तु उसमें पृथक् से महिला-सन्दर्भ नहीं है। इस अभाव की पूर्ति ज्योतिप्रसाद 'निर्मल' ने 'स्त्री कवि कौमुदी' (1931) द्वारा की। उनकी मूल स्थापना है कि 'साहित्य की जितनी प्रमुख काव्यधाराएँ हैं, उनमें स्त्री कवियों की भागेदारी है चाहे वह बराबर की न हो।' यह एक ऐतिहासिक प्रस्थान-बिन्दु था और इससे फ़िज़ा बदली। एक ओर तो आलोचकों ने कवयित्रियों का नोटिस लेना शुरू किया, दूसरी ओर साहित्येतिहास में उनपर पृथक् अध्याय अथवा टिप्पणियाँ लिखीं। तीसरी ओर इस दिशा में शोध के प्रयास हुए।

आजादी मिलने के बाद हिन्दी जाति की ऐतिहासिक धारण शक्ति चुकने लगी। समूचे साहित्येतिहास को समग्रता में रख पाने की उत्सुकता समाप्त-सी हो गयी। सम्भव है, शुक्ल जी के इतिहास की पूर्णता ने दुर्गम घाटियों में यात्रा करने का साहस नष्ट कर दिया या उसे टुकड़ों में रखने के लिए शोध छात्रों को सौंप दिया। स्त्री-चेतना का जो बिन्दु फिसल गया था, वह पकड़ में नहीं आया। आश्चर्य की बात तो यह कि स्त्री चेतना ने स्वयं इस दिशा में कोशिश नहीं की। हिन्दी साहित्येतिहास ज्यों-ज्यों पृथुल होता गया, वह इकहरा होता चला गया। चाहे वह सत्रह भागों में लिखा गया हो, या उसे सत्रह लोगों ने मिलकर लिखा हो।

आधुनिक काल तक आते-आते रामचन्द्र शुक्ल परिस्थितियों के अनुकूल साहित्य की ऐतिहासिक व्याख्या का अपना संकल्प भूल जाते हैं और अपनी पूरी शक्ति गद्य के विकास को दिखाने में लगा देते हैं। यहाँ तक कि उन्नीसवीं सदी का नवजागरण भी इतिहास से फिसल जाता है जिसके कारण गद्य परवान चढ़ा था। इस समय तक महिलाएँ गद्य और पद्य दोनों में ही अपनी उपस्थिति दर्ज करा रही थीं, लेकिन साहित्येतिहास में उन्हें वह जगह नहीं दी गयी जिसकी वे हकदार थीं। कुछ ऐसे निर्णय भी हुए जो अनायास ही नहीं किए जा सकते। कुछ उदाहरण आवश्यक हैं।

आधुनिक काल में पहली कहानी की चर्चा करते हुए आचार्य शुक्ल तीन कहानियों के नाम लेते हैं, 'इन्दुमती' (किशोरीलाल गोस्वामी), 'ग्यारह वर्ष का

समय' (रामचन्द्र शुक्ल) और 'दुलाईवाली' (बंग महिला)। काफी किन्तु परन्तु के बाद वे निर्णय देते हैं, 'यदि 'इन्दुमती' किसी बांग्ला कहानी की छाया नहीं है, तो हिन्दी की यही पहली मौलिक कहानी ठहरती है, इसके बाद 'ग्यारह वर्ष का समय' और फिर 'दुलाईवाली' का नम्बर आता है।' 'इन्दुमती' को लेकर वे स्वयं आश्वस्त नहीं हैं और 'ग्यारह वर्ष का समय' लेखक की एकमात्र कहानी है। इतिहासकार 'दुलाईवाली' को मौलिक कहानी मानता है और स्वीकार करता है कि कहानी विधा को बंग महिला ने समृद्ध किया है परन्तु फिर भी उसे प्रथम कहानी का दर्जा नहीं देता। बंग महिला के अतिरिक्त और भी महिला कथाकार हैं, जिनका लेखक नाम तक नहीं लेता। कुछ नाम हैं यशोदादेवी (स्त्री का साहस) प्रियंवदा देवी (पुरुष कौन?, भारत कब सुखी हो सकता है? एवं अशिक्षिता और शिक्षिता आदि)। इन नामों में कुछ कथाकारों ने उपन्यास भी लिखे हैं जैसे सरस्वती गुप्त, हेमन्द कुमारी चौधरी, ब्रह्मकुमारी और लीलावती।

यह कहना गलत होगा और यह आशा करना भी व्यर्थ होगा कि ये कहानियाँ और उपन्यास आज के मानकों पर खरे उतरते हैं। यह प्रेमचन्द पूर्व का वह युग है, जब हिन्दी के पुरुष कथाकार चुनारगढ़ के खँडहरों में तिलस्म तोड़ रहे थे। जैसा कि वे लिखते हैं, 'पहले मौलिक उपन्यास-लेखक, जिनके उपन्यासों की सर्वसाधारण में धूम मची हुई थी, काशी के बाबू देवकीनन्दन खत्री थे। दूसरे मौलिक उपन्यासकार, जिन्होंने उपन्यासों का ढेर लगा दिया, पं. किशोरी लाल गोस्वामी थे' और उनके सम्बन्ध में शुक्ल जी की टिप्पणी है, 'यह दूसरी बात है कि इनके बहुत से उपन्यासों का प्रभाव नवयुवकों पर बुरा पड़ सकता है।' इन उपन्यासों की तुलना में महिला उपन्यासकारों की रचनाएँ किसी लक्ष्य को लेकर, जीवन से उठाए गये कथानकों पर आधारित हैं। प्रेमचन्द की नींव में ये उपन्यास हैं यह कहना दुस्साहस माना जा सकता है। फिर भी हिन्दी साहित्येतिहास चाहे वह पचपन लेखकों द्वारा सत्रह भागों में ही क्यों न लिखा जाए, इन महिला कथाकारों के सम्बन्ध में मौन है। इस नीति का एक दहला देनेवाला उदाहरण सन् 1897 में जनमी उषा देवी मित्रा का है। उनकी मातृभाषा बांग्ला थी, फिर भी उन्होंने हिन्दी को पाँच उपन्यास और सात कथा-संग्रह प्रदान किये। सन् 1966 में सत्तर वर्ष की आयु में जब उनकी मृत्यु हुई तो उन्होंने वसीयत की, 'मेरी सारी पुस्तकें मेरे साथ चिता में जला दी जाएँ।'[5]

सन् 1930 के आसपास महिला रचनाकारों की एक पूरी-की-पूरी पीढ़ी पूरे उत्साह के साथ रचनाकर्म में जुटी हुई थी। उनकी रचनाधर्मिता केवल कागज और कलम तक सीमित नहीं थी। उसमें साहित्यिक समारोहों में भाग लेना, पत्रिकाओं का सम्पादन, महिला और राजनीतिक संगठनों से जुड़ना तथा अपनी तरह से नवजागरण का हिस्सा बनना शामिल था अपनी-अपनी क्षमता और संकल्प के

अनुसार। उस रचनात्मकता की सबसे बड़ी विशेषता थी कथनी और करनी में एकता। समय के साथ यह फाँक बड़ी होती गयी। एक अच्छा उदाहरण महादेवी वर्मा का है, जिनका विद्रोह उनकी विनम्रता में ढँका-ढँका है। उन्होंने बचपन से ही भिक्षुणी बनने की कामना की थी परन्तु जब सिलोन से आये प्रख्यात महास्थविर ने काष्ठपट आँखों के सामने रखकर उनसे बात की तो उनकी प्रतिक्रिया थी, ''यह सब मुझे विचित्र तो लगा ही, क्रोध भी आया। जो गुरु अपने शिष्य को सीधे देख सकने की भी शक्ति नहीं रखता उसका शिष्यत्व स्वीकार करना हास्यास्पद ही नहीं, अपमानजनक भी है। मेरा मन विद्रोह कर उठा और मैं तुरन्त उठकर चली आयी।''[6] जहाँ उनकी प्रारम्भिक रचनाएँ देशभक्ति से पूर्ण हैं, वहीं सन् 1942 के आन्दोलन के समय क्रान्तिकारियों की मदद करना उनकी आदत बन चुकी थी। जब कोई उन्हें सावधान करता तो उनका उत्तर होता, ''मैं जानती हूँ पर विश्वास के साथ आये हुए देशप्रेमी बन्धु का अपमान भी तो नहीं कर सकती। इस समय देश को बहुत बड़े बलिदान की आवश्यकता है, तो क्या मैं इतना भी न करूँ? जोशी जी, आप निश्चिन्त रहें। जौहरव्रत के उत्तराधिकारियों को जीवित पकड़नेवाली पुलिस अभी पैदा नहीं हुई?''[7] उन्होंने समझा भारतीय पीड़ित हैं, क्योंकि वह अशिक्षित हैं, इसीलिए महिला शिक्षा के क्षेत्र में पहलकदमी की। महिला विद्यापीठ, प्रयाग इसका प्रमाण है। आज भी साहित्य में महिला काव्य का संकलन कहीं पढ़ाया नहीं जाता, परतु 1947 में महिला विद्यापीठ में पढ़ाया जाता था। सन् 1934 में उन्होंने 'चाँद' का 'नारी-आन्दोलन' अंक निकाला, 1935 में 'विदुषी अंक', महिला कवि-सम्मेलन कराये, 30 के दशक में मीरा जयन्ती मनानी शुरू की। कम-ज्यादा यह चेतना सभी महिला रचनाकारों में थी।

सन् 1900 से आरम्भ हुए आधुनिक महिला-लेखन को बँधे-बँधाये ऐतिहासिक ढाँचे में कहीं स्थापित नहीं किया जा सका। इसका सबसे बड़ा कारण तो यह है कि वे ढाँचे ही ऐसे थे जिनमें 'प्रकाश-बिन्दु' खोजकर उनके प्रभा मंडल में साहित्यकारों को स्थापित किया गया था। आज तक, साहित्येतिहास में ही नहीं, जीवन में भी उसके अंश-दंश चले आ रहे हैं। इसीलिए अधिकांश महिला-लेखन जो 'प्रभा-मंडल' में नहीं आया वह 'फोकस' से बाहर ही रह गया। हमें फिर शुक्ल जी के सन्दर्भ से बात आगे बढ़ानी पड़ेगी क्योंकि उनके द्वारा दी गयी व्यवस्थाएँ 'कथानक रूढ़ियाँ' बन चुकी हैं। वे आधुनिक काल का प्रारम्भ संवत् 1900 (1843 ई.) से मानते हैं परन्तु काव्य में नयी धारा का प्रारम्भ संवत् 1925 से स्वीकार करते हैं। भारतेन्दु हरिश्चन्द्र को इसका प्रारम्भकर्ता मानते हुए भी वे कहते हैं कि उन्होंने केवल काव्य के विषय क्षेत्र का विस्तार किया, भाषा वही रही, और इसी आधार पर वे द्विवेदी युग को अलगाते हैं। दिलचस्प बात यह कि शुक्ल

जी स्वयं भारतेन्दु युग में खड़ी बोली का अस्तित्व स्वीकार करते हैं, फिर भी वे पंडित महावीर प्रसाद द्विवेदी को 'पद्य रचना' की एक प्रणाली के प्रवर्त्तक के रूप में पाते हैं, पहली बात तो यह हुई कि उनके कारण भाषा में बहुत कुछ सफाई आयी, दूसरी बात यह कि बोल-चाल की भाषा से उनका मतलब ठेठ या हिन्दुस्तानी का नहीं रहता था, गद्य की व्यावहारिक भाषा का रहता था और तीसरा कारण सम्भवतः यह कि द्विवेदी जी के प्रभाव और प्रोत्साहन से हिन्दी के कई अच्छे-अच्छे कवि निकले, जिनमें बाबू मैथिलीशरण गुप्त, पं. रामचरित उपाध्याय और पं. लोचन प्रसाद पांडेय मुख्य हैं। द्विवेदी मंडल से अलग रहनेवाले कवि पृथक रखे गये हैं, चाहे उनकी संख्या अधिक ही क्यों न हो। स्वभावतः वे दूसरे दर्जे में सफर करते हैं। महिलाएँ चूँकि किसी के 'प्रभा-मंडल' में नहीं थीं और इनका 'प्रभा-मंडल' तो, खैर, हो ही नहीं सकता था, अस्तु वे निर्वासन झेलती रहीं। इसी दृष्टि का परिणाम यह है कि लाला भगवान दीन (सं. 1923-1987) की पुरानी और नयी धारा की कविताओं पर लगभग दो पृष्ठ खर्च करने के बाद भी 'बुन्देलबाला' जो नयी धारा की कवयित्री तथा लाला जी की पत्नी थीं, का नाम तक नहीं लेते।

आधे इतिहास के इस बिन्दु पर खड़े होकर हम आज के स्त्री-विमर्श की पड़ताल भी कर सकते हैं। भारत में आधुनिकयुगीन नवजागरण आजादी की लड़ाई के साथ स्त्री-जागरण की लड़ाई भी लड़ रहा था। राजाराममोहन राय ने सन् 1818 में इसी के तहत सती प्रथा का जमकर विरोध किया था जिसके फलस्वरूप 1829 में लार्ड विलियम बैंटिक को सती-प्रथा निषिद्ध घोषित करनी पड़ी। बहुपत्नी-प्रथा, बाल-विवाह और विधवा-विवाह-निषेध के विरुद्ध लड़ते हुए राजा राममोहनराय स्त्री के पक्ष में ही खड़े हैं। स्वामी दयानन्द सरस्वती ने स्त्री-शिक्षा पर बल देकर उसे प्राचीन भारतीय गौरव के साथ जोड़ने का प्रयास किया। बाल-विवाह और वृद्ध-विवाह के विरुद्ध आन्दोलन कर 'शारदा एक्ट' पास कराया। विवेकानन्द की दृष्टि के समक्ष अमरीकी स्त्रियों का आधुनिक संस्कार था। वे प्राचीन भारतीय आदर्श और आधुनिक वैज्ञानिक युग के मध्य एक सेतु का निर्माण करना चाहते थे, 'मुझे बड़ी प्रसन्नता होगी, यदि भारतीय स्त्रियों की ऐसी बौद्धिक प्रगति हो जैसी इस देश (अमेरिका) में हुई। परन्तु वह तभी अभीष्ट है, जब उनके पावित्र्य और सतीत्व को अक्षुण्ण बनाए रखते हों।' महत्त्वपूर्ण बात यह है कि वे स्त्री को अपने निर्णय स्वयं लेने के लिए शिक्षित करने की बात करते हैं, 'इसलिए तुम्हारा यह पुनीत कर्तव्य है कि सर्वप्रथम स्त्री जाति को सुशिक्षित बनाओ, फिर वे स्वयं कहेंगी कि उन्हें किन सुधारों की आवश्यकता है। तुम्हें उनके प्रत्येक कार्य में हस्तक्षेप करने का क्या अधिकार है।'

गाँधी जी के राजनीति में प्रवेश के साथ ही एक व्यापक कर्म-क्षेत्र स्त्रियों के

समक्ष खुल गया था। कहते हैं कि सरोजिनी नायडू ने गाँधी जी को इस बात के लिए सहमत किया था कि नमक सत्याग्रह में भागीदारी के लिए स्त्रियाँ पर्याप्त सक्षम हैं। अपनी कविता 'इफ़ यू कॉल मी' में वे यही कहती हैं—

*अगर तुम मुझे पुकारोगे*
*ओ मेरे प्रिय*
*मैं आऊँगी*
*एक थरथराते जंगली हिरन*
*या हाँफती फाख़्ता से कहीं अधिक सत्वर*
*कहीं अधिक सत्वर उस नाग से जो उड़ता है*
*जादूगर की दास्ताँ लिये...*
*अगर तुम मुझे पुकारोगे मैं आऊँगी*
*निर्भय किसी भी होनी से।*

उन्नीसवीं सदी के उत्तरार्द्ध एवं बीसवीं सदी के पूर्वार्द्ध के महिला-लेखन और समकालीन स्त्री-विमर्श में एक मौलिक अन्तर है जिसे साफ किए जाने की आवश्यकता है। वहाँ स्त्री का प्रतिपक्ष 'पुरुष' नहीं है, 'जड़ीभूत रूढ़ियाँ' हैं जिनके विरुद्ध वे स्वयं भी खड़ी होती हैं और दूसरों को भी खड़ा करने की कोशिश करतीं हैं। इतिहास में यह पहला अवसर है जब एक स्त्री अपनी रचना के माध्यम से पूरे स्त्री-समाज का उद्‌बोधन करती है—

*देवियो! क्या पतन अपना देखकर*
*नेत्र से आँसू निकलते हैं नहीं?*
*भाग्यहीना स्वयं को क्या लेखकर*
*पाप से कलुषित हृदय जलते नहीं?*

इस युग के महिला-लेखन में एक विशिष्ट गुण पाया जाता है, वह यह कि रचनाएँ किसी भी भावबोध की हों राष्ट्रीयता उनकी बुनावट में शामिल है। तोरन देवी 'लली' ने प्रेम और भक्ति की कविताएँ लिखी हैं परन्तु 'जसुदा का लाल' उन्हें राष्ट्रीय वेश में ही दृष्टिगत होता है। रामेश्वरी देवी मिश्र 'चकोरी' मूलत: प्रेम और व्यथा की कवयित्री हैं, परन्तु उनके लिए 'दीपावली' का पर्व और लक्ष्मी-आराधना 'देश' की 'शक्ति' की ही आराधना है। रेखांकित करनेवाला तथ्य यह भी है कि अन्य प्रान्तीय भाषाओं के स्त्री लेखन की तुलना में राष्ट्रीय भावना और नारी जागरण की जुगलबन्दी हिन्दी में अधिक गहरी और प्रगल्भ है। इसके विपरीत समकालीन स्त्री-विमर्श अपनी ऊर्जा पश्चिमी नारी-जागरण से लेता है और पुरुष को प्रतिपक्ष के रूप में खड़ा करता है। वह अपने दोनों तरफ सीमाएँ बनाता है। उनके अनुसार स्त्री द्वारा लिखा गया, स्त्री के विषय में लिखा गया साहित्य ही स्त्री-विमर्श

है। यहाँ हमें साहित्येतिहास से एक सीख लेनी चाहिए। कोई भी विचारधारा जब वाद के रूप में बदल जाती है और उन मूल सवालों से कट जाती है, जिनसे उसका जन्म हुआ था तो वह एक 'कथानक-रूढ़ि' बन जाती है और अपना सर्वश्रेष्ठ इतिहास को सौंप भविष्य के लिए उर्वरक का काम करती है।

सन्दर्भ :


1. 'स्त्री कवि कौमुदी' में डॉ. रमाशंकर शुक्ल 'रसाल' द्वारा लिखी भूमिका से
2. सुदर्शन चोपड़ा, 'अमीर ख़ुसरो', पृ. 98
3. रामचन्द्र शुक्ल, 'हिन्दी साहित्य का इतिहास', भूमिका
4. राजशेखर, 'काव्यामीमांसा', अध्याय 10
5. उपेन्द्रनाथ अश्क, साक्षात्कार, फरवरी 1994, पृ. 311
6. गंगा प्रसाद पांडेय, 'महीयसी महादेवी', ज्ञानोदय, अप्रैल 62, पृ. 457
7. डॉ. मैनेजर पांडेय, तद्‌भव, पृ. 89

# हिन्दी कविता में स्त्री की उपस्थिति (1915–1947 ई.)

हिन्दी कवयित्रियों के सम्बन्ध में 'स्त्री कवि कौमुदी' की भूमिका लिखते हुए डॉ. रमाशंकर शुक्ल 'रसाल' ने एक मौलिक उद्‌भावना की है जिससे आज सहमत होना जरूरी नहीं, ''हिन्दी साहित्य रचना का कार्य विशेष रूप से उन्हीं देवियों ने किया है जो राजघरानों या धनी–मानी शिष्ट घरानों की सुगृहणियाँ थीं। इसकी पुष्टि के लिए बहुत–सी रानियों की रचनाएँ उपस्थित की जा सकती हैं। प्रस्तुत ग्रन्थ में भी बहुत–सी प्रधान रानियों की सुरचनाएँ रखी गयी हैं। हम इन सबका एक विशेष वर्ग बना लेते हैं और साधारण घरों की स्त्री कवियों से पृथक् करके 'रानी–कवि–वर्ग' में रखते हैं इनके देखने से यह प्रकट होता है कि जितना अधिक कार्य रानियों ने अधिक संख्या में किया है, उतना अधिक कार्य, उतनी अधिक संख्या में उस समय हमारे राजाओं ने नहीं किया।'' इसके पश्चात वे कहते हैं, ''हिन्दी कवियों में वंश–परम्परा के साथ भी कवि–श्रेणी ही चलती है और न ही काव्य–रचना प्रगतिशील होती है। उर्दू के समान उनमें कवियों के गुरु–शिष्य–परम्परा के साथ भी कवि–श्रेणी और काव्य–रचना की गति नहीं पाई जाती। रानी कवियों में कुछ ऐसे वंश हैं, जिनमें वंश–परम्परा के साथ कविता करनेवाली रानियों की भी परम्परा चली है। अर्थात् एक वंश में उत्पन्न होनेवाली रानियों ने काव्य–रचना–सम्पत्ति प्राप्त करके अपनी कवि–सत्ता को शृंखलावत् अग्रसर किया है।''[1]

इन रानियों के काव्य में भक्ति रस की प्रधानता है, जैसा कि 'रसाल' जी मानते हैं, परन्तु उनकी तुलना मीरा या 'ताज' से नहीं की जा सकती। उनमें न तो विद्रोह है, न उत्कट भक्ति और न ही उन्मुक्त शृंगार। इस परवर्ती कविता में खुलापन नहीं है और न ही जोखिम भरे रास्तों की यात्रा का साहस। एक प्रकार से हम इसे 'सुरक्षित–भक्ति–काव्य' कह सकते हैं, जिसमें 'भक्तिपन भी न जाए और ज्ञानीपन भी बना रहे।' इस बात पर ध्यान जाना चाहिए कि जहाँ भक्ति काव्य की रचना भक्तों ने मन्दिरों, मठों और तीर्थों में की, वहीं स्त्रियों ने राजघरानों और रनिवासों में रहकर। इससे उनकी कविता में गुणात्मक अन्तर आया है। इसीलिए आधुनिकता की प्रक्रिया प्रारम्भ होने के बाद भी महिला रचनाकारों में ये तथ्य देर से लक्षित किया

जाता है। रानियों की कविताओं में तो आता ही नहीं, जबकि उनका रचनाकाल 1950 ई. की क्रान्ति का प्रारम्भ राजघरानों से ही हुआ था और महिलाओं ने उसमें अहम भूमिका अदा की थी। झाँसी की रानी लक्ष्मीबाई (1857) बुन्देलखंड में, बेगम हजरत महल (1856 ई.) अवध में तथा रामगढ़ की रानी अन्तिम समय तक संघर्ष करती रही थीं। ये सभी रानियाँ हिन्दी-प्रदेश की थीं। उन्नसवीं सदी समाप्त होते-होते कुमुदिनी मित्तर, सरलादेवी (1905 ई.), एनीबेसेंट (1914 ई.), बासन्ती देवी, उर्मिला देवी, बाई अमर (1979 ई.), सरोजिनी नायडू (1913 ई.), विजय लक्ष्मी पंडित (1950 ई.) का उदय क्षितिज पर हो चुका था। इसके विपरीत जीमन महाराज की माँ, भरतपुर की राजमाता गिरिराज कुँवरि, छतरपुर के राजा विश्वनाथ सिंह जू देव की पत्नी जुगल प्रिया, रीवाँ महाराज रघुनाथ सिंह की पुत्री बाघेली विष्णुप्रसाद कुँवरि, प्रतापगढ़ के राजा प्रताप बहादुर की पत्नी रामप्रिया, उनकी भतीजी रत्नकुँवरि बाई आदि सन् 1950 के लगभग की कवयित्रियाँ हैं जिनमें बदलते हुए समय की कोई हलचल नहीं है। रामप्रिया तो विदेश भी हो आयी थीं। उनकी एक रचना है—

*मृग-मनहारे मीन खंजन निहारि वारे*
*प्यारे रतनारे कजरारे अनियारे हैं।*
*पैन सर धारे, कारी भृकुटि धनुष वारे*
*सुठि सुकुमारे शोभा सुभग सुढारे हैं॥*
*कैधौं है जलज कारे, कैधौं ये त्रिगुण युक्त*
*चन्द्रमा पै चंचला के चपल सितारे हैं।*
*'रामप्रिया' राम मन रमन अगारे कैधौं*
*जनक-किशोरी बाँके लोचन तिहारे हैं॥*

ऐसी स्थिति में, जब स्वयं रानियाँ स्वतन्त्रता संग्राम में उतर चुकी हों कविता की लीक वे क्यों पकड़े रहीं? इसका उत्तर इतिहास के पास नहीं है।

सन् 1915 से 1947 तक का समय एक राजनैतिक समय तो हो सकता है, पर जरूरी नहीं कि वह साहित्यिक समय भी हो। जिन कवयित्रियों का जन्मकाल 1915 के आस-पास है उनका रचनाकाल 1930 से पहले नहीं हो सकता और वह 1947 के बाद भी चलता रह सकता है। महादेवी वर्मा का रचना परिदृश्य इस कथन का जीवन्त उदाहरण है। फिर भी कुछ प्रमुख नामों के सहारे अपनी बात कही जा सकती है। हिन्दी कविता के सम्बन्ध में उल्लेखनीय बात यह है कि एक सांस्कृतिक नवजागरण के चिह्न इसमें क्रमशः गहराते और अपने लक्ष्य की तरफ बढ़ते दिखते हैं। राष्ट्रीय जागरण, राजनैतिक सक्रियता और स्त्री-विमर्श उसमें एक साथ बुना हुआ है। इसके लिए स्वाभाविक तौर पर रचना केन्द्रों का बदलना जरूरी

था। सम्भवतः यह हिन्दी की स्त्री–कविता की एक मौलिक विशेषता है कि उसमें राजघरानों के भीतर और बाहर दोनों कवयित्रियाँ सक्रिय रहीं, लेकिन दो विपरीत दिशाओं में। राजघरानों में भक्ति की धारा के भीतर पतिभक्ति की कविता भी फल-फूल रही थी। सम्भवतः यही उनके सुरक्षित बचे रहने का कारण भी है। भिन्नता विषय की इतनी नहीं जितनी दृष्टि की है। रानी रघुवंश कुमारी का जन्म उन्नीसवीं शताब्दी के अन्त में हुआ था, लगभग महादेवी के समकालीन। परन्तु वे बाकायदा पति–भक्ति की वकालत करती हैं—

*पग दाबे से जीवन मुक्ति लही।*
*विष्णुपदी समपति–पद–पंकज, छुवत परमपद होवे सही।*
*निरखि–निरखि मुख अति सुख पावत प्रेम समुद्र के धार बही।*
*रिद्धि–सिद्धि सकल सुख देवी, सो लक्ष्मी पद हरि के गही।*
*जहाँ पति–प्रीति तहाँ सुख सरबस यही बात श्रुति साँच कही।*

यही समय राजरानी देवी का भी है। उनका विषय भी ऐतिहासिक और नाम भी 'सती संयोगिता' है परन्तु उनकी कविता बिल्कुल विपरीत दिशा की ओर संकेत करती है। हिन्दी कविता में सम्भवतः यह पहला अवसर है जब किसी कवयित्री ने प्रत्यक्ष भाव से स्त्रियों का आह्वान किया हो—

*देवियो! क्या पतन अपना देखकर,*
*नेत्र से आँसू निकलते हैं नहीं?*
*भाग्यहीना स्वयं को क्या लेखकर,*
*पाप से कुलषित हृदय जलते नहीं?*
*क्या न अब कुछ देश का अभिमान है?*
*खो गयी सुखमय सभी स्वाधीनता।*
*हो रहा कितना अधिक अपमान है?*
*समुद इसको कौन सकता है बता।*

तोरन देवी शुक्ल 'लली' (वर्तमान 1911), गुजराती बाई 'बुन्देलबाला' (1920 में वर्तमान), गोपाल देवी (1940 वर्तमान), रामकुमारी चौहान (1920 में वर्तमान), राजेश्वरी देवी 'नलिनी', होमवती देवी (1930 में वर्तमान), विद्यावती कोकिल, रामेश्वरी देवी 'चकोरी', सुमित्रा कुमारी सिन्हा, तारा पांडे, रत्न कुँवरि देवी इत्यादि कुछ ऐसी ही कवयित्रियों के नाम हैं जो इस अन्तराल में रचना में सक्रिय रहीं।[2] सब की पृथक–पृथक रचनाएँ यदि रही भी होंगी तो अब उपलब्ध नहीं हैं। सम्प्रति हम उन पर एक संक्षिप्त टिप्पणी से ही काम चला सकते हैं।

मध्ययुगीन कवयित्रियों से ये कविताएँ कई अर्थों में भिन्न हैं। बात सिर्फ 'मध्ययुगीन बोध' और 'आधुनिक बोध' की नहीं है। बात वर्ग परिवर्तन की है।

सामन्ती वर्ग के स्थान पर वे मध्यवर्ग और निम्न-मध्यवर्ग की स्त्रियाँ हैं। कविता इनके लिए मात्र भक्ति का साधन नहीं है, बल्कि वह कन्धा है, जिस पर सिर रखकर वे आँसू बहा सकती हैं और बिना 'कृष्ण' 'वह' का नाम दिए हुए हृदय की गूढ़ भावनाओं को व्यक्त कर सकती हैं। कविता ने उन्हें 'अभिव्यक्त' करना ही नहीं सिखाया है बल्कि सलीके से अनुभव करना भी सिखाया है। यह पहला अवसर है जब लोकगीतों से बाहर निकलकर जगत को उन्होंने भौतिक ही नहीं राजनैतिक रूप से भी पहचाना है। उनका सीधा रिश्ता परिवार से इतर समाज से बना है। इससे भी बड़ी क्रान्तिकारी बात घटित हुई है, 'समूह' के रूप में स्त्री की पहचान और समूह की भक्ति के रूप में अपनी शक्ति की पहचान। इसने स्त्री के स्त्री से रिश्ते को ही नहीं, कविता और स्त्री के रिश्ते को भी बदल दिया है। वे अब कलम को कभी ढाल की तरह इस्तेमाल करती हैं कभी तलवार की तरह।

सामाजिक स्थितियाँ अभी भी बदली नहीं हैं। दो-एक नाम छोड़ दीजिये तो औपचारिक शिक्षा किसी के पास अधिक नहीं थी। ग्यारह वर्ष से लेकर अठारह वर्ष की आयु तक सभी के विवाह भी हुए। कुछ ने अपनी पढ़ाई विवाह के बाद भी जारी रखी। विवाह को उन्होंने बाधा की तरह स्वीकार नहीं किया। कहीं-कहीं तो उसे सहयोग की तरह स्वीकार किया गया। स्त्री को उसके सम्पूर्ण रूप में यदि कहीं अभिव्यक्ति प्राप्त हुई तो इसी युग में। कविता के साथ-साथ बाहरी दुनिया के द्वार उनके लिए खुल गये। पत्र-पत्रिकाओं के माध्यम से वे व्यापक रचनात्मक संसार से जुड़ी हैं, स्वयं पत्रिकाएँ भी निकालीं। देशभक्ति की भावना ने सुभद्रा कुमारी चौहान में एक रूप ग्रहण किया और महादेवी वर्मा में दूसरा। दरअसल महादेवी का मूल्यांकन अभी किया ही नहीं गया है। जिस स्तर की शिक्षा उन्होंने प्राप्त की थी, चाहतीं तो वे किसी नामी विश्वविद्यालय में सम्मानित पद प्राप्त कर सकती थीं। परन्तु उस सुविधाजनक रास्ते को न अपनाकर उन्होंने स्त्री-शिक्षा के क्षेत्र में अलख जगायी। जब गाँवों में स्कूल नहीं थे, तब 'प्रयाग महिला विद्यापीठ' ने व्यक्तिगत परीक्षा की सुविधा देकर बालिकाओं के हित में कितना बड़ा काम किया था, इसका अनुमान आज नहीं लगाया जा सकता। पाठ्यक्रम की दृष्टि से, पहली बार— किसी भी भारतीय भाषा में पहली बार— 'विद्याविनोदिनी' परीक्षा में हिन्दी पाठ्यक्रम में केवल महिलाओं का कविता-संग्रह शामिल किया गया है। सुभद्रा कुमारी चौहान का तो समूचा परिवार अँग्रेजी शासन का घोर शत्रु था। वे अँग्रेजों की अदालत में अपने पति का वकालत करना भी राष्ट्रद्रोह मानती थीं। यही कारण है कि उनके पिता वकालत छोड़ माखनलाल चतुर्वेदी के साप्ताहिक पत्र 'कर्मवीर' में सहायक सम्पादक हो गये। महादेवी ने सामाजिक सेवा का स्वरूप अपनाया, सुभद्रा कुमारी ने राजनैतिक आन्दोलन और सत्याग्रह का। मोर्चे अलग-

अलग थे, लेकिन प्रत्येक कवयित्री लड़ रही थी अपने पूरे आत्मबल और कविता के साथ। इस ज्वलन्त राष्ट्रीयता में नारी-चेतना ने अनोखी प्रदीप्ति उत्पन्न कर दी। एक उदाहरण देना अनुचित नहीं होगा। विजयदशमी का पर्व भारतीय वीरता का उत्सव है। कवयित्री ने इस पर्व को परतन्त्रता से मुक्ति के साथ जोड़ दिया है। 'राम की शक्ति पूजा' में निराला ने यही कार्य एक अद्‌भुत काव्य-लोक के सृजन के साथ किया, वही कार्य सुभद्रा जी ने बेहद सादगी के साथ कर दिया है। लेकिन एक खास बात जो निराला की 'शक्ति पूजा' में नहीं है, वह यहाँ है। निराला की 'शक्ति पूजा' वस्तुतः राम की ही शक्ति पूजा है, जानकी तो वहाँ एक स्मृति-ऊर्जा का काम करती हैं। लेकिन सुभद्रा जी देश की जनता के अर्धांग पन्द्रह कोटि 'असहयोगिनियों' का आह्वान करती हैं ब्रह्मांड दहलाने के लिए—

*सबल पुरुष यदि भीरु बने तो*
*हमके दे वरदान सखी।*
*पन्द्रह कोटि असहयोगिनियाँ*
*दहला दें ब्रह्मांड सखी।*
*खाना पीना सोना जीना*
*हो पापी का भार सखी।*
*मर-मरकर, कर दें पापों का*
*हम जगती से छार सखी।*

इस युग में हिन्दी कविता में महिलाओं का नया 'प्रक्षेपण' है कवि मंचों पर कवयित्रियों का प्रवेश। एक जीवन्त और वाचिक-परम्परा से जुड़ने के कारण उनके रचना-संसार में व्यापकता तो आयी ही, उसने उनकी रचनाओं को विधागत विशिष्टता भी दी।

केवल कवयित्रियों में ही नहीं, समग्र हिन्दी-कविता में स्वतन्त्रता प्राप्ति के पूर्व एक बदलाव नजर आने लगता है। छायावाद का उत्कर्ष-काल सन् 1936 तक लगभग सम्पूर्ण हो चुका था। छायावाद की महान कृतियाँ रची जा चुकी थीं। वैसे भी कवयित्रियों पर छायावाद का प्रभाव अधिक नहीं पड़ा था। महादेवी और सुभद्रा कुमारी चौहान समकालीन कवयित्रियाँ हैं, परन्तु सुभद्रा कुमारी चौहान पर छायावाद कभी प्रभावी नहीं हुआ। यह एक दिलचस्प उदाहरण है कि 1947 ई. से पहले तक हिन्दी कवयित्रियाँ भक्तिकाव्य रच रही थीं, देशभक्ति और राष्ट्रीय कविताएँ लिख रही थीं, और छायावादी गीत भी लिख रही थीं। सब समानान्तर। 1936 ई. तक प्रसाद की मृत्यु हो गयी और पन्त तथा निराला की लेखनी नयी दिशाएँ खोजने लगी थी। महादेवी की सक्रियता गद्य के क्षेत्र में बढ़ी! 'दीपशिखा' का प्रकाशन सन् 1941 तक हो चुका था। 1942-43 में उनका संकलन 'बंगदर्शन' आया जिसमें

बंगाल के अकाल पर लिखी गयी कविताएँ संकलित थीं। उसके बाद की कविताएँ स्फुट रूप से प्रकाशित होती रहीं जो कवयित्री के बदलते हुए तेवर की प्रतीक थी। परन्तु संग्रह रूप में उनका प्रकाशन 1990 ई. में हुआ।

इसी बीच हिन्दी कविता में 'प्रगतिवाद' (1936 ई.), 'प्रयोगवाद' (1943 ई.) के आन्दोलन आये और चले गये। दोनों में से किसी में महिलाओं की उपस्थिति दर्ज नहीं है, कम-से-कम 1947 तक तो नहीं। ऐसा लगता है कि महिलाओं ने अपनी रचना के लिए एक नया और अधिक उर्वर क्षेत्र खोज लिया था— कथा साहित्य का। बीच-बीच में कुछ गीत और कविताएँ सुनाई पड़ती हैं पर उनमें नया कुछ नहीं है।

अपने समय और साहित्य में मौजूद रहने पर भी उपस्थिति का साक्ष्य इतिहास में दर्ज होकर ही मिलता है, और सच यह भी है कि सबसे अधिक छल स्त्रियों के साथ इतिहास में ही किया गया है। इस सम्बन्ध में हिन्दी साहित्येतिहास कोई अपवाद नहीं है। हम अपने अनुभव से जानते हैं कि उपेक्षा से मारक कोई अस्त्र नहीं होता। एक उदाहरण कश्मीरी की आदि कवयित्री ललद्यद का लिया जा सकता है। कश्मीरी साहित्य का प्रारम्भ ही ललद्यद से होता है, लेकिन फिर भी इतिहास में उनकी अनदेखी की गयी। जोनराज (1459 ई.) कल्हण कृत 'राजतरंगिणी' के वर्णन को 1150-51 से आगे बढ़ाकर 1420-70 ई. के मध्य तक ले गये थे। उन्होंने मुसलमानों के प्रधान धर्मगुरु मुल्ला नूरुद्दीन की चर्चा की परन्तु लल्ल का नाम नहीं लिया। इसी प्रकार श्रीवर की 'जैनराजतरंगिणी' जिसमें 1459-1486 तक का इतिहास दर्ज है, प्राज्ञ भट्ट की 'राजावलिपताका' जिसमें 1486 से 1513 तक का इतिहास आकलित है, उनके शिष्य शुक का इतिहास 1586 ई. तक फैला है, में ललद्यद का नाम नहीं लिया गया। फारसी में लिखे गये इतिहासों में, जिन्हें प्रामाणिक इतिहास माना जाता रहा है, भी लल्ल का अस्तित्व नहीं है। उदाहरण के लिए 'तारीख़ी-ए-रशीदी' (1546 ई.) 'बेहारिस्तान-ए-शाही' (1614 ई.) तथा 'नवदिर-ए-अख़बार' (1723 ई.) का नाम लिया जा सकता है।[3] खास बात यह कि इन इतिहासों में लल्ल के समकालीन— सैयद अली हमदानी, शेख नूरुद्दीन वली आदि के नाम दिए गये हैं। अठारहवीं शताब्दी के मध्य में इतिहासकारों का ध्यान इस ओर गया। सर्वप्रथम डॉ. ग्रियर्सन ने 1920 ई. में पं. मुकन्दराम शास्त्री की सहायता से 'ललवाक्यानि' नाम से लल्ल की रचनाओं का संग्रह किया। आखिर 1350 ई. से 1920 ई. तक (लगभग छह सौ वर्षों तक) लल्लेश्वरी (ललद्यद) कहाँ थी? शायद साहित्य के अन्दर और इतिहास के बाहर। इस प्रकार की घटनाएँ आधुनिक युग में नहीं हुईं ऐसा भी नहीं है। आचार्य रामचन्द्र शुक्ल तो मीरा और महादेवी के अतिरिक्त किसी का नाम नहीं लेते। लाला भगवान

'दीन' का तो जिक्र करते हैं परन्तु उनकी कवयित्री पत्नी 'बुन्देलबाला' का नाम लेना भूल जाते हैं। बात सिर्फ शुक्ल जी की ही नहीं। जो इतिहास अठारह भागों में बत्तीस विद्वानों के सहयोग से लिखा गया, उस 'बृहद् इतिहास' में भी अपनी ही सामग्री का उपयोग नहीं किया गया जो स्वयं नागरी प्रचारिणी सभा, काशी ने खोज करवाकर 'खोज रिपोर्टों' के माध्यम से प्रकाशित की है। वैसे तो 'एकल साहित्येतिहास' लिखने की प्रथा अब समाप्तप्राय है। डॉ. बच्चन सिंह का लिखा 'दूसरा इतिहास' अभी तक नवीनतम माना जाता है, परन्तु वे भी मीरा और महादेवी से आगे नहीं बढ़ते। डॉ. रमाशंकर शुक्ल 'रसाल', जिन्होंने स्वयं भी हिन्दी साहित्य का इतिहास लिखा है, वीरगाथा काल में कवयित्रियों की अनुपस्थिति मान, यह वक्तव्य देते हैं कि उन्हें लिखने की आवश्यकता ही क्या थी? उनकी टिप्पणी उल्लेख करने योग्य है— " 'हिन्दी के जय-काव्य' की रचना में जहाँ तक हिन्दी साहित्य का इतिहास और विद्वानों का अन्वेषण बतलाता है, स्त्रियों ने कोई भाग नहीं लिया। 'जयकाव्य' के काल में देश और समाज जटिल राजनीतिक परिस्थितियों के कारण अशान्त और उद्विग्न था। इस समय में केवल वैसे ही काव्य की रचना हो सकती थी जिसमें वीररस की धारा उमड़ती हो जो प्रत्येक व्यक्ति की रग-रग में शौर्य-रक्त का प्रवाह कर दे...। ऐसे समय में और इस प्रकार के साहित्य की रचना के क्षेत्र में स्त्रियाँ कितना कार्य कर सकती हैं यह स्पष्ट है।... जिस समय का हम उल्लेख कर रहे हैं उस समय में यह दशा न थी।... अत: स्त्रियों के लिए यह आवश्यक न था कि वे वीर-काव्य गाते हुए रणांगण में आवें। उनका एक अनिवार्य कर्तव्य यही रह गया था कि वे विजयश्री को देखकर प्रमोदामोद से वीर पुरुषों की आरती उतारें या पराजय कालिमा को देखकर शत्रुओं के अनाचार प्रारम्भ करने के पूर्व ही जौहर आदि के द्वारा देश और समाज की लज्जा की रक्षा करते हुए अपने पंचभौतिक पिंजर से प्राण-पखेरुओं को निकालकर स्वर्गारोहण करें और वहाँ अपने वीरगति प्राप्त प्रियजनों से पुनर्मिलन प्राप्त करें। यही मुख्य बात है 'जय-काव्य' काल में स्त्रियों ने साहित्य के क्षेत्र में कार्य नहीं किया"।[4]

केवल इतिहास में दर्ज कर लेना भी पर्याप्त नहीं है, देखना यह है कि इतिहासकारों का स्त्री रचनाकारों के प्रति रवैया क्या है? उनसे सुलूक कैसा है? जाहिर है, यहाँ भी हमारे हाथ कुछ नहीं लगता। मीरा और महादेवी की उपेक्षा कर पाना शायद इतिहासकार के बस में नहीं था, लेकिन विद्रोहिणी स्त्री किसी को अच्छी नहीं लगती। मीरा के प्रसंग में 'भक्तमाल' में लिखा है, "एक दिन मीराबाई के श्री ठाकुरजी के आगे रामदास जी गावत हुते, तब मीरा बोली, 'जो दूसरों पद ठाकुर जी के गावौ।' तब रामदास जी ने कह्यौ, 'अरी दारी। ये राँड कौन के पद हैं। ये कहा तेरे खसम के मूड हैं? जा, आज से तेरे मुँहणों कबहूँ न देखोंगो।' तब

तहाँ से सब कुटुम को लै के रामदास जी उठ चले। मीराबाई ने बहुत बुलाये पर वे नहीं आये। घर बैठे भेंटे पठई सोऊ फेरि दीन्हीं और कह्यौ, 'जो राँड़ तेरी आचार्यजी महाप्रभून ऊपर ममत्व नहीं, तौ हमको तेरी वृत्ति कहा करनी है'।''[5] यहाँ अपशब्दों का प्रयोग तो किया ही गया है, परन्तु ये अपशब्द केवल स्त्री के लिये प्रयोग हो सकते हैं। ये वार मीरा के स्त्री होने पर है। वृन्दावन में पहुँच कर जब मीरा ने जीव गोस्वामी जी से मिलना चाहा तो उन्होंने अन्दर से कहला दिया 'हम स्त्रियों से नहीं मिलते।' मीरा ने कहा, 'मैं तो एक ही पुरुष जानती हूँ— श्रीकृष्ण। ये दूसरा पुरुष कहाँ से आ गया?' कहते हैं जीव गोस्वामी बहुत लज्जित हुए और मीरा से आकर मिले।

पुरुष इतिहासकारों का यह रवैया मध्यकाल तक ही सीमित नहीं रहा है। महादेवी तो आधुनिक युग की शीर्ष कवयित्री हैं, उनकी कविताओं पर टिप्पणी करते हुए गिरिजादत्त शुक्ल कहते हैं, 'उनकी (महादेवी की) हृतन्त्री की अपूर्ण झंकार में भारतमाता के कंठ की वर्तमान ध्वनि भी श्रुत होनी चाहिए...। उसके बाद वे व्यंग्य करते हैं, ...ममता की व्यथाओं के अनुभव करने की मार्मिकता मातृत्व पद की अधिकारिणी को ही यथातथ्य हो सकती है।'[6] इसके बाद भी उन्हें सन्तोष नहीं होता, वे आगे कहते हैं, 'उनका दुख वैसा ही है, जैसा किसी अमीर आदमी का मनोरंजन के लिए पैदल चलना। श्रीमती जी का दुख उनका सैरगाह ही है।'[7]

मतलब यह कि कविता में स्त्री की उपस्थिति केवल उसकी कविताओं से नहीं है। उसका पद, उसकी वृत्ति, उसकी आयु, उसका कुल, उसकी वैवाहिक स्थिति, उसका सधवा या विधवा होना तथा बाँझ या पुत्रवती होना भी मानी रखता है। सिर्फ मानी ही नहीं रखता, बल्कि उसके कमजोर कहे जानेवाले पक्ष पर ही प्रहार भी किया जाता है। ये तथाकथित तथ्य उसकी कविता के लिए भी निर्णायक सिद्ध हो सकते हैं। अभी तक जो इतिहास नामक पुस्तकें हैं, उनकी तर्क-पद्धति यही है, कि स्त्रियों की लिखी रचनाएँ मिलती नहीं, मिल भी जाएँ तो वे प्रामाणिक नहीं ठहरतीं, प्रामाणिक हों तो भी कविता की दृष्टि से स्तरीय नहीं हैं, यदि स्तरीय हैं भी तो सम्भावना है कि उसके पति (यदि वह कवि है) के द्वारा लिखी गयी हैं। यही कविता में स्त्री की उपस्थिति का मानचित्र है।

## सन्दर्भ

1. डॉ. रमाशंकर शुक्ल 'रसाल', 'स्त्री कविता कौमुदी', भूमिका, पृ. 6
2. डॉ. सुमन राजे, 'हिन्दी साहित्य का आधा इतिहास' में विस्तृत विवरण उपलब्ध।
3. डॉ. शिवनकृष्ण रैणा, 'कश्मीरी कवयित्रियाँ और उनका रचना-संसार', पृ. 8
4. डॉ. रमाशंकर शुक्ल 'रसाल', 'स्त्री कविता कौमुदी', भूमिका।

5. डॉ. सावित्री सिन्हा, 'मध्ययुगीन कवयित्रियाँ', पृ. 122
6. गिरिजादत्त शुक्ल, 'हिन्दी काव्य की कोकिलाएँ', पृ. 171
7. वही, पृ. 174

# गणिकाओं के लेखन पर एक टिप्पणी

वेश्या का जन्म सम्भवत: उस दिन हुआ जब धन की एवज में दैहिक सम्बन्ध बनाए गये और समाज ने उसे मान्यता प्रदान कर दी। इस परम्परा की खोज उन मिथकों में भी की जा सकती है जिनके पीछे अप्सराओं, किन्नर-किन्नरियों की धारणा पनप रही थी। धन देकर पत्नी भी खरीदी जा सकती थी, लेकिन एक बार क्रय करने के बाद वह स्वतन्त्र नहीं रहती थी। उसके विपरीत वेश्या स्वतन्त्र नारी समझी जाती थी। इस समझ के पीछे जो विवशताएँ हैं, वे उन पर्यायों में छिपी हैं जो वेश्या के लिए प्रयोग किए जाते थे, जैसे कि, अभ्रातरा अर्थात् जिस स्त्री के भाई न हो उसे वेश्या बनाया जा सकता है, पुंश्चली— जिसके एक से अधिक पति हों। महाभारत में दुर्योधन ने द्रौपदी के लिए इसी शब्द का प्रयोग करके उसका 'चीरहरण' करना चाहा था। 'साधारणी' जिसका कोई रक्षक न हो। पराजित जाति और दूसरे धर्म को माननेवाली स्त्री। ऐसा उल्लेख मिलता है कि मन्दा के उपासकों के घरों में अविश्वासी जातियों की लड़कियाँ, नौकरानी, दासियाँ और वेश्या बनाकर रखी जाती थीं।[1] 'नतु' वेश्याओं की देवी थी, सम्भवत: जिसका सम्बन्ध नृत्य से था।[2] परम्पराएँ कुछ भी हों परन्तु यह कारण अपनी जगह था कि वेश्या असुरक्षित और निर्धन स्त्री थी, जिसकी जीविका का और कोई साधन नहीं था। महाभारत में यह भी उल्लेख है कि आरट्ट देश के डाकू एक सती को पकड़ लाये, उसका धर्म नष्ट किया, वह कहती ही रही कि 'मैं भाइयों वाली हूँ।' डॉ. रांगेय राघव ने भारत का सांस्कृतिक इतिहास लिखते हुए इस बात का उल्लेख किया है कि दास, बूढ़ी वेश्याएँ और बन्दी अपराधी राजा के खेतों में काम करते थे।[3]

बौद्ध-जैन काल में वेश्याएँ शिक्षित और ललित कलाओं में पारंगत तो थीं ही वे अनेक महाकाव्यों और नाटकों में महत्त्वपूर्ण पात्रों के रूप में आयी हैं। यह परम्परा अभी भी जारी है, परन्तु उनकी रचनाओं के सम्बन्ध में इतिहास प्राय: मौन है। उल्लेखनीय है कि थेरी गाथाओं में जिन थेरियों की रचनाएँ हैं भी— वे भी अब सब कुछ त्याग कर थेरियाँ बन चुकी हैं। इनमें कम-से-कम छह थेरियाँ पहले वेश्या रह चुकी हैं, उनकी स्मृति में वह जीवन है जो कुछ गाथाओं में प्रकारान्तर से आ

गया है। उनके वेश्या बनने के पीछे बहुविधि दबाव हैं। अड्ढकासी (अर्धकाशी, सम्भवतः पहले उसका नाम कुछ और रहा होगा) वाराणसी के एक वैभवशाली सेठ के यहाँ जन्मी परन्तु पूर्व जन्म के किसी अपराध (?)[4] के कारण वह वेश्या हो गयी और राजगृह चली गयी। वह भगवान बुद्ध से उपसम्पदा प्राप्त करना चाहती थी। मार्ग में डाकुओं का भय था। अतः उसने सन्देशवाहक के द्वारा अपनी प्रार्थना कहलायी। भगवान बुद्ध ने उसे सन्देशवाहक के द्वारा ही उपसम्पदा दे दी। अपनी गाथा में वह किसी प्रकार के अपराध-बोध से त्रस्त नहीं है। उसका कहना है 'काशी राज्य की एक दिन की जितनी आय थी, उतना ही मेरा एक रात का पारिश्रमिक था। किन्तु वही मेरा सौन्दर्य आज मेरे लिए घृणा का कारण हुआ, ग्लानि पैदा करने वाला हुआ। मैं उसके मोह से मुक्त होकर अब विरक्त हो गयी।'[5] अभयमाता के नाम से संगृहीत गाथा वस्तुतः उज्जयिनी की प्रसिद्ध गणिका पद्मावती की है। राजा बिम्बसार से एक पुत्र भी हुआ जिसका नाम अभय था। अभय ने प्रब्रज्या प्राप्त की और अपनी माँ को भी उपदेशित किया। संगृहीत गाथाओं में पुत्र और माता का संवाद है। उसका कथन है, 'मैंने ध्यानस्थ होकर पुत्र की शिक्षा के अनुसार आचरण किया। देखो, वासना की जड़ को काटकर मैंने निर्वाण की परम शान्ति का साक्षात्कार लिया। मेरी जलन मिट गयी। निर्वाण को प्राप्तकर आज मैं परम शान्त हूँ।'[6] पद्मावती की सखी थी अभया। प्रेरणा प्राप्त कर वह भी प्रब्रजित हुई। उसकी गाथा है, 'बड़े दुखों से युद्ध करती हुई मैं अप्रमादिनी अन्त में विजयिनी हुई। वासना की जड़ को मैंने उखाड़ डाला, बुद्ध के शासन को पूरा किया।'[7]

इन उदाहरणों से सर्वथा अलग है विमला की कथा। वह स्वयं वेश्या की पुत्री थी उसे अन्य किसी कारण की जरूरत नहीं थी। वहाँ एक वेश्याघर भी है जहाँ द्वार पर बैठी हुई वेश्याएँ लोगों को रिझाने का कार्य करती हैं। वैशाली में स्थविर महामौदगल्यायन भिक्षा-चर्या कर रहे थे। विमला ने उन्हें भी लुभाने की चेष्टा की। परन्तु वे उपेक्षा करते रहे। अन्ततः वह धर्म की शरण में तो गयी परन्तु उसमें वैराग्य दृढ़ नहीं हुआ था, अतः वह 'गृहस्थ-शिक्षा-उपासिका' बन सकी। बाद में उसने कठिन ध्यान साधना की और संघ में शरण पायी। उसकी गाथाओं में वेश्याओं का एक ऐसा संसार प्रतिबिम्बित हुआ है जो सार्वकालिक प्रतीत होता है—

*रूप-लावण्य-सौभाग्य और यश*
*से मतवाली मैं*
*यौवन के अहंकार में मस्त*
*अज्ञानी मैं*
*अपने को कितना गौरवमयी*
*समझती थी*

*शरीर को*
*गहनों से विभूषित और चित्रित किए हुए मैं*
*शरीर को तरुणों को आकर्षित करने*
*का माध्यम बनाती थी*
*वेश्या-गृह के द्वार पर बैठे-बैठे*
*सतर्क दृष्टि से व्याध के समान*
*फैलाती थी जाल।*
*छोड़कर लज्जा और शर्म*
*उघाड़कर दिखाती थी*
*अपने आभूषण*
*और गुह्य अंग*
*अनेक मायाएँ रचती थी मैं*
*मनुष्यों के पतन के लिए।*
*वही मैं आज*
*भिक्षाचारिणी*
*मुंडित शीश*
*चीवर वसना*
*वृक्षों के नीचे बैठ*
*अवितर्क ध्यान को प्राप्त कर*
*विहरती हूँ।*[8]

वेश्याओं का सम्बन्ध राजघरानों से भी था। सुन्दरी नन्दा का जन्म शाक्य राजवंश में हुआ था। उसका नाम भी सम्भवतः कुछ और रहा होगा, परन्तु अतिशय सौन्दर्य के कारण ही वह सुन्दरी कहकर पुकारी जाती थी। जब उसके वंश के सभी लोग प्रब्रजित हो गये तो वह भी उसी में सम्मिलित हो गयी। अत्यधिक सौन्दर्य के कारण ही उन्हें 'जनपद कल्याणी' (जनपद की सबसे सुन्दर स्त्री) कहा जाता था। क्योंकि यह वैराग्य उसमें स्वयं नहीं उपजा था, विवशताजन्य था इसलिए अपने रूप में उसकी आसक्ति बनी हुई थी। बाद में एक वृद्धा के अपरूप का साक्षात्कार कर उसमें भी विरक्ति हुई। भगवान बुद्ध ने उसे उपदेशित किया, 'जैसी यह देह है, वैसी ही तेरी भी है, जो इस सौन्दर्य का परिणाम है, वही तेरा भी होगा। इस दुर्गन्धमय अपवित्र शरीर का यही अन्त है। केवल अज्ञानी लोग ही इसे अभिनन्दनीय समझते हैं।' उस समय वह कहती है, 'तब इस देह में मुझे निर्वेद प्राप्त हुआ। मैं भीतर से रागमुक्त हो गयी।'[9]

अम्बपाली तो रचनाकारों की प्रिय कथावस्तु रही है। चतुरसेन शास्त्री ने

'वैशाली की नगरवधू' में उसे सदैव के लिए अंकित कर दिया। वह अज्ञात कुलशीला थी, कोई उस नवजात को आम्रवन में पेड़ के नीचे छोड़ गया था। एक सैनिक परिवार में उसका पालन-पोषण हुआ। उसका अद्वितीय सौन्दर्य ही उसका शत्रु बन गया। सभी उसे प्राप्त करना चाहते थे। तब पंचायत का निर्णय हुआ 'सब्बेसु हेतु' : सबकी हो जाओ। और आम्रपाली गणिका बना दी गयी। भगवान बुद्ध यात्रा करते हुए जब वैशाली पहुँचे तो उसी आम्र उपवन में ठहरे। आम्रपाली उनकी शरण में गयी और उसने उपसम्पदा प्राप्त की। जिस सौन्दर्य ने उसे जनपद कल्याणी बना दिया था उसका चिन्दी-चिन्दी विरूपण कर, आम्रपाली ने उसे चित्रित किया है, वह अप्रतिम है—

*काले भौंरे जैसे थे मेरे केश कभी*
*आज हो गये सन से सफेद*
*मिथ्या नहीं होते कभी सत्यवादी के वचन।*
*महकता था सुगन्ध की पिटारी-सा*
*फूलों से गुँथा मेरा केश-पाश*
*आज उससे उठती है दुर्गन्ध*
*खरहे के रोओं की तरह*
*मिथ्या नहीं होते कभी सत्यवादी के वचन।*[10]

मध्ययुग में भी गणिकाएँ राजदरबारों का अंग बन चुकी थीं। जैसे विद्वान और पंडित राजसभा में आदर पाते थे, वैसे ही प्रदर्शन के लिए वेश्याएँ भी एक जरूरी सज्जा थीं। ललित कलाओं में तो वे पारंगत होती ही थीं, कई बार राजनीति में भी दखल रखती थीं। इस बात से कोई फर्क नहीं पड़ता कि वे दरबार हिन्दू राजाओं के थे या मुसलमान बादशाहों के। वे उस व्यवस्था की अंग थीं और उसे बनाए रखना ही उनकी नियति थी। इस युग में जिन दो-चार गणिकाओं की रचनाएँ मिलती हैं, उनमें प्रवीण राय का नाम प्रमुख है। रचनाएँ स्फुट और बहुत कम हैं पर अपने रचनाकार की पहचान कराने में सक्षम हैं।

प्रवीण राय 'पातुर' ओरछा नरेश राजा इन्द्रजीत के दरबार में थीं और प्रसिद्ध कवि केशवदास की शिष्या थीं। कहते हैं कि प्रवीण राय को काव्यशास्त्र की शिक्षा देने के लिए ही केशवदास ने 'कविप्रिया' और 'रसिकप्रिया' की रचना की थी। केशव उनकी कला से इतना अधिक प्रभावित थे कि उसकी भूरि-भूरि प्रशंसा करते हैं। वैसे तो इन्द्रजीत के दरबार में कई वेश्याएँ थीं, परन्तु प्रवीण राय अपनी कविताओं के कारण उनसे पृथक थीं और बड़ी भी। केशवदास का कथन है कि नाचने-गाने, पढ़ने और वीणा बजाने में तो सभी स्त्रियाँ कुशल थीं परन्तु उनमें एक राय प्रवीण थीं जो 'कवित्त रचना' करती थीं। वे केशवदास को 'वीणा-पाणि' सरस्वती के

समान ही लगती थीं—

*नाचति गावति पढ़ति सब, सबै बजावत बीन।*
*तिनमें करत कवित्त इक, रायप्रबीन प्रवीन॥*
*राय प्रवीन कि सारदा, रुचि-रुचि राजत अंग।*
*वीणा पुस्तक धारिणी, राजहंस सुत संग॥*

राय प्रवीण विदुषी, काव्य और कलाप्रवीण ही नहीं थीं उनमें प्रत्युत्पन्नमति और वाक्पटुता का भी संयोग था। इस सम्बन्ध में एक कथा प्रचलित है। राय प्रवीण की ख्याति बादशाह अकबर तक जा पहुँची, उसने प्रवीण राय को अपने दरबार में बुलाया। प्रवीण राय गणिका होते हुए भी इन्द्रजीत के प्रति एकनिष्ठ थी। उसने अपनी समस्या राजा इन्द्रजीत के समक्ष रखी—

*आयी हौं बूझन मन्त्र तुम्हें निज भावन सों सिगरी मति गोई।*
*देह तजौं कि तजौं कुलकानि हिये न लजौं लजिहैं सब कोई॥*
*स्वारथ औ परमारथ को पथ चित्त पियारि कहो तुम सोई।*
*जामें रहे प्रभु की प्रभुता अरु मोर पतिब्रत भंग न होई॥*

असमंजस जायज़ था। प्रभु की प्रभुता भी बनी रहे और राय प्रवीण का 'पतिव्रत' भी। इन्द्रजीत ने प्रवीण राय को भेजने से इंकार कर दिया। हिन्दुस्तान का बादशाह यह कैसे सहन कर सकता था। उसने बलपूर्वक प्रवीण राय को पकड़ मँगाया और इन्द्रजीत पर आर्थिक दंड भी लगा दिया। इस विषम परिस्थिति का सामना प्रवीण राय ने जिस कौशल से किया वह देखने योग्य है। पहले तो उसने बादशाह अकबर की प्रशंसा की—

*अंग अनंग नहीं कछु संभु सु, केहरि लंक गयन्दहि घेरे।*
*भौंह कमान नहीं मृग लोचन, खंजन क्यों न चुगे तिल नेरे॥*
*है कच राहु नहीं उगै इन्दु सु, कीर के बिम्बन चोंचन मेरे।*
*कोउ न काहू से रोस करै सु, डरै उर साह अकब्बर तेरे॥*

अकबर के लिए कोई भी प्रभुत्वपूर्ण सम्बोधन हो सकता था, पर प्रवीण राय 'साह अकब्बर' शब्द का प्रयोग करती है। साहित्य के विद्यार्थी जानते हैं कि इसी नाम से अकबर हिन्दी कवित्त लिखता था। अतः यह प्रार्थना 'कवि' अकबर के लिए है और उन्हीं के प्रिय छन्द में। फिर काव्यशास्त्रीय ज्ञान और आलंकारिक चमत्कार के द्वारा वे अंगों के सौन्दर्य के लिए प्रयुक्त अप्रस्तुतों के आधार पर सौन्दर्य को स्वीकार करते हुए भी कंट्रास्ट के द्वारा स्वभावतः विरोधी जीवों को नियत्रण में रहने की बात कहती हैं। उसका मूल कारण है बादशाह का भय। अर्थात् बादशाह के भय से अपने सौन्दर्य की सुरक्षा। बादशाह रसज्ञ था प्रसन्न हो गया। फिर उसने

प्रवीण राय की परीक्षा ली समस्यापूर्ति के द्वारा। कहते हैं निम्न छन्द में प्रथम पंक्ति अकबर की है दूसरी प्रवीण राय की—

*युवन चलत तिय देह ते, चटक चलत किहि हेत।*
*मन्मथ वारि मसाल की, शौति सिहारो लेत॥*
*ऊँचे ह्वै सुर बसि किये, सम ह्वै नर बस कीन्ह।*
*अब पताल बस करनि को, ढरकि पयानो कीन्ह॥*

अकबर ने बहुत सराहा, और धन तथा समन का प्रलोभन दे अपने दरबार में रखना चाहा। प्रवीण राय ने फिर कौशल से प्रार्थना की। यदि वह इनकार करती तो विद्रोह होता, यदि इन्द्रजीत की बात करती तो शत्रुता, उसने अपनी ही अपात्रता बयान की—

*बिनती राय प्रबीन की, सुनिये साह सुजान।*
*जूठी पतरी भखत हैं, बारी, बायस, स्वान॥*

भला बादशाह जूठन खाने वाले कहार, कौवा और कुत्ता कैसे कहलाता। प्रवीण राय सभी परीक्षाओं में उत्तीर्ण हो गयी। बादशाह ने उसे आदर-मान के साथ वापस भिजवा दिया और केशवदास तथा बीरबल के अनुरोध पर इन्द्रजीत का अर्थदंड भी माफ कर दिया।

प्रवीण राय के शृंगार में वियोग की पीड़ा नहीं, एक निरन्तर चलने वाला संयोग का संसार है। यद्यपि रीतिकालीन पद्धति पर कहीं-कहीं नायिकाओं का चित्रण भी है, पर उसकी विशिष्टता यह है कि वे इन्द्रजीत का नाम लेकर संयोग के उत्कट चित्र अंकित करती हैं। ऐसा कोई दूसरा उदाहरण नहीं मिलता। कवयित्रियाँ प्रायः 'कृष्ण-राधा' या 'वह' शब्द का प्रयोग करते हुए अपनी प्रेमानुभूतियों की व्यंजना करती हैं। लेकिन प्रवीण राय नाम लेकर इन्द्रजीत के साथ संयोग-कथा कहती हैं। वे भी उस स्थिति में जब इन्द्रजीत राजा थे और प्रवीण राय को पत्नी का अधिकार प्राप्त नहीं था। दरबारी-गायन के साथ-साथ पारिवारिक समारोहों में भी राज-वेश्याओं का गाना होता था, सम्भवतः इसीलिए प्रवीण राय ने कुछ 'गारियाँ' भी लिखी हैं जो विवाहोत्सव में गायी जाती हैं। आधार रामकथा है, वैसे उसमें भक्ति का कोई सन्दर्भ नहीं है। जैसे लोकगीत में— खासतौर पर पुत्र के विवाह पर राम का नाम लेकर स्त्रियाँ विवाह-गीत गाती हैं, उसी परम्परा का पालन प्रवीण राय ने भी किया है—

*इकबीस बेरन दई विप्रन रुधिर जल अन्हवाइ के।*
*वह रावरे पितु करी पत्नी तजी विप्रन थूकि के।*
*अरु कहत है सब रावणादिक रहे तो कह ढूढ़ि के।*
*यहि लाज मरियत ताहि तुम सों भयो नातो नाथ जू।*
*अब और मुख निरखैन ज्यों त्यों राखियो रघुनाथ जू॥*

डॉ. सावित्री सिन्हा ने प्रवीण राय के उन्मत्त-शृंगार-वर्णन की पृष्ठभूमि को लेकर टिप्पणी की है कि सम्भवत: वेश्या होना इसका मूल कारण है।[10] इससे तर्कसंगत नहीं ठहराया जा सकता। जो स्त्री केशवदास जैसे कवि की प्रशंसा की पात्र रही हो और जो अपने तथाकथित 'पतिव्रत' के लिए शहंशाह अकबर के प्रस्ताव को भी ठुकरा दे उसे केवल सीमित अर्थ में ही 'पातुर' कहा जा सकता है। प्रवीण राय का वह छन्द इस प्रकार है—

*कूर कुक्कुट कोटि कोठरी किवारि राखौं*
*चुनि दै चिरैयन को मूँदि राखों जलियौ।*
*सारंग में सारंग सुनाइ के प्रबीन बीन*
*सारंग के सारंग की जाति करौं थलियौ।*
*बैठि पर्यंक पे निसंक ह्वै के अंक भरौं*
*करौंगी अधरपान मैन मत्त मिलियौ*
*मोहि मिलें इन्द्रजीत धीरज नरिंद राय*
*एहो चन्द आज नेकु मन्द गति चलियो।*

कहने को तो रूपवती भी एक वेश्या की पुत्री थी, पर उसकी प्रेमकथा लोक-कथाओं में रूपान्तरित हो गयी है। उसके रूप, संगीत और काव्य की सुगन्ध मालवा के नवाब बाज बहादुर तक पहुँची और उनकी बेगम के रूप में रूपमती महल में आ गयी। बाजबहादुर और रूपवती दोनों ही काव्य-संगीत में निपुण कलावन्त थे। कुछ-कुछ प्रवीण राय जैसा हादसा यहाँ भी पेश आया, परन्तु यह प्रेमकथा दुखान्त रही। अकबर ने बाजबहादुर पर आक्रमण कर दिया। बाजबहादुर पराजित हुए। सैनिकों ने सोचा कि बेगमों के साथ दुर्व्यवहार न हो इसलिए उन्हें कत्ल कर दिया। रूपवती भी उन्हीं में थी। उनमें कुछ प्राण शेष थे। अकबर के सेनापति अहमद ख़ाँ ने उसका उपचार कराया और अपनी बेगम बनाना चाहा। अन्य कोई उपाय न देखकर रूपवती ने आत्महत्या कर ली और यह दोहा लिखकर छोड़ गयी—

*रूपवती दुखिया भई, बिना बहादुर बाज।*
*सो अब जियरा तजत है, यहाँ नहीं कछु काज॥*

रूपवती का लिखा काव्य अब नहीं मिलता। केवल एक-दो सांगीतिक रचनाएँ उपलब्ध हैं। अब्दुल कादिर बदायूँनी के अनुसार रूपवती सारंगपुर की एक चतुर पातुर थी। वह आम और खास में पदमिनी के नाम से मशहूर थी। मुंशी करमअली ने उसकी गान शक्ति का वर्णन करते हुए 'तवारीख़े मालवा' में लिखा है कि तानसेन जब दीपक-राग की ज्वाला से व्याकुल हो रहा था, तब रूपवती ने मल्हार राग गाकर उसे शान्त किया था। 'अकबरनामा' में भी इसी प्रकार का उल्लेख मिलता है। 'मुन्तखिबुल नवाब' के अनुसार वेश्या होते हुए भी रूपवती 'पतिव्रता' थी।

रूपवती की रचनाओं को लेकर कुछ उसी तरह के विवाद और सन्देह उठाए गये हैं जैसे आलम-शेख और दीनदयाल गिरि और उनकी पत्नी के सम्बन्ध में। यानी रचनाएँ पुरुष की हैं, उसने अपनी पत्नी का नाम जोड़ दिया है। आजतक इतिहास में ऐसी एक भी घटना का जिक्र नहीं मिलता, जहाँ कहा गया हो कि रचना स्त्री की है पुरुष का नाम जोड़ दिया गया है। इतिहास के लिए स्त्री की प्रतिभा भारी पड़ती है। 'सैरुलमुताखिरीन' के अनुसार, रूपवती गाने में बेनजीर थी, हिन्दी जबान में अक्सर मज़मून बाँधती और उसमें अपना नाम इस खूबसूरती से लाती थी कि दिल लोट-पोट हो जाता था—

*और धन जोड़त है री मेरे तो धन प्यारे की प्रीत पूँजी।*
*कहूँ तिरिया की न लगे दृष्टि अपने कर रखूँगी कूँजी।*
*दिन-दिन बढ़े सवायो डेवढ़ो घटे न एको गूँजी।*
*बाज बहादुर के सनेह ऊपर निछावर करूँगी धन और जी॥*

घनानन्द की प्रेयसी 'सुजान' वेश्या थी और इस प्रेम-कथा का केवल एक पक्ष ही हम जानते हैं। सुजान मुहम्मदशाह 'सदारंग' की राजनर्तकी थी और कविता भी लिखती थी। घनानन्द उनके दरबार में मीरमुंशी थे। कहते हैं कि एक दिन दरबार में कुछ कुचक्रियों ने बादशाह से कहा कि मीरमुंशी साहब गाते बहुत अच्छा हैं। बादशाह ने उनसे गाने का अनुरोध किया पर वे नहीं माने। इस पर लोगों ने कहा कि ये इस तरह न गाएँगे, यदि इनकी प्रेमिका सुजान नाम की वेश्या कहे तब गाएँगे। वेश्या बुलाई गयी। उन्होंने उसकी ओर मुख करके और बादशाह की तरफ पीठ करके गाना शुरू किया। बादशाह उनके गाने पर जितना खुश हुआ उतना ही बेअदबी पर नाराज। उसने उन्हें शहर से निकाल दिया। जब वे चलने लगे तो उन्होंने सुजान से भी चलने के लिए कहा। पर वे नहीं जा सकीं। हो सकता है राजसुख का मोह हो या बादशाह का भय, वे घनानन्द के साथ नहीं जा सकीं। घनानन्द अकेले ही चले गये और वृन्दावन जाकर कृष्ण-प्रेम में आकंठ डूब गये। उनके कृष्ण का नाम था 'सुजान' जिनकी छाप उनके हर कवित्त में है। उनके एक ग्रन्थ का नाम भी है सुजान सागर। संवत् 1796 में जब नादिरशाह के सिपाही वहाँ पहुँचे, तो लोगों ने उन्हें भड़का दिया कि बादशाह का मीरमुंशी यहाँ रहता है। सिपाहियों ने उन्हें आ घेरा और कहा, 'ज़र, ज़र, ज़र' (धन, धन, धन); घनानन्द ने 'रज, रज, रज' (धूल, धूल, धूल) कहकर तीन मुट्ठी वृन्दावन की धूलि उनपर फेंक दी। उनके पास और था ही क्या? सैनिकों ने क्रुद्ध होकर उनका एक हाथ काट दिया। कहते हैं कि मरते समय इन्होंने अपने रक्त से यह कवित्त लिखा था—[11]

*बहुत दिनान की अवधि आस-पास परे,*
*खरे अरबरनि भरे हैं उठि जान को।*

*कहि कहि आवन छबीले मन-भावन को,*
*गहि-गहि राखति ही दै दै सनमान को॥*
*झूठी बतियानि की पत्यानि तें उदास ह्वै कै,*
*अब न घिरत घनआनन्द निदान को।*
*अधर लगे हैं आनि करि कै पयान प्रान,*
*चाहत चलन ये सँदेसो लै सुजान को॥*

सुजान पर क्या बीती इसका खास पता नहीं चलता। कुछ लोगों का विचार है कि यह सिर्फ एक लोककथा है और 'सुजान' शब्द प्रतीकात्मक है। परन्तु घनानन्द ने एक स्थान पर 'सुजान' के लिए 'तिया' शब्द का भी प्रयोग किया है—

*ज्यौ बुधि सों सुघराई रचै कोउ सारदा को कबिताई सिखावै।*
*मूरति मन्त महालछिमी उर पोत-हरा रचि लै पहिरावै॥*
*रागबधू चित-चोरन कै हित सोधि सुधारि कै तानहि गावै।*
*त्यों ही सुजान तियै घनआनन्द मोजिय बौरई-रीति रिझावै॥*

सुजान घनानन्द का साथ नहीं दे सकीं। विद्रोह करने की शक्ति हरेक में नहीं होती। लेकिन वे अपनी 'हिम्मत की कमी' को शायद जन्मभर कोसती रहीं। उनकी अधिक रचनाएँ नहीं मिलती। अपने एक छन्द में सुजान ने अपने अन्तर्विरोध को इस प्रकार वाणी दी है—

*बेदहूँ चारि की बात को बाँचि, पुरान अठारह अंग में धारै।*
*चित्रहूँ आप लिखै समझै कबितान की रीति में वार तें पारै॥*
*राग को आदि जिती चतुराई 'सुजान' कहै सब याही के लारै।*
*हीनता होय जो हिम्मत की तो प्रबीनता लै कहा कूप में डारै।*

चारों वेदों को पढ़ने से भी क्या और अठारह पुराणों को धारण करने से भी क्या? चित्र-रचना में दक्षता कविता की समझ और काव्य-रीति में पारंगत होने से भी क्या? रागों की समझ और गान की चतुराई से भी क्या हासिल? यदि हिम्मत की ही कमी है तो इस सारी प्रवीणता को क्या कुएँ में डालें? 'हिम्मत की कमी' उन्हें इसी तरह कसकती रही।

आधुनिक काल में गणिकाएँ न रही हों, ऐसा नहीं है परन्तु उनकी मानसिकता बहुत कम बदली है। वे अपनी भाषा की काव्य-परम्पराओं का पालन करती है। एक खास तरह का संगीत, एक खास तरह की तहज़ीब और भाषा, जो उन्हें पारम्परिक शिक्षा से प्राप्त हुई थी।

सन् 1936 से 1945 तक का काल हिन्दी-प्रदेश के लिए विशेष महत्त्वपूर्ण रहा, खासतौर पर साहित्यिक दृष्टि से। राष्ट्रीय चेतना उसकी मूलधारा थी, पर

उसका सबसे अधिक रचाव साहित्य के क्षेत्र में था और स्त्रियाँ उसका अहम पहलू थीं। स्त्रियाँ संघर्ष का लक्ष्य भी थीं और माध्यम भी। पहली बार कवि के रूप में स्त्री पृथक रूप से पहचानी गयी। यही समय है कि हिन्दी और उर्दू दोनों में महिला-रचनाकारों के पृथक संकलन बने, 'महिला मृदुवाणी' (मुंशी देवीप्रसाद), 'स्त्री कवि कौमुदी' (ज्योति प्रसाद निर्मल), 'हिन्दी काव्य की कोकिलाएँ' (गिरजा दत्त), हिन्दी में और 'गुलशने बेखार' (नवाब मुस्तफा ख़ाँ शेफ्ता), 'सुखने-शोअरा' (मौलवी अब्दुल गफ़ूर नस्साख), 'शमीने सुखन' और 'तज़्क़िरातुल खवातीन' उर्दू में प्रकाशित हुए। डॉ. जमील अहमद ने अपनी पुस्तक 'शायराते उर्दू' (1944) में पहली बार उर्दू कवयित्रियों को कालानुक्रम में प्रस्तुत किया है। इससे पहले जो संग्रह आये, उनकी सबसे बड़ी विशेषता यह थी कि उनमें तवायफ़ों के शेर शामिल किए गये थे, यह बात दूसरी थी कि उनकी संख्या एक या दो से अधिक नहीं थी। परन्तु डॉ. अहमद ने अपने संग्रह में उन शेरों को हटा दिया है। डॉ. अन्दलीब शादानी ने इस सम्बन्ध में दलील दी है, 'शायरातों के इन तमाम तज़्क़िरों में दो बातें खसूसियत के साथ मुशतरक हैं। एक तो यह कि इनमें जिन शाएरा औरतों का जिक्र किया गया है, वह ज्यादातर तवायफें हैं। दूसरे यह कि शायरात के हालात निहायत नामुकम्मिल और नमूना कलाम बेहद मुख्तसर है। बाज शाएरात का महज तख़ल्लुस और सिर्फ एक शेर नक्ल करने पर एकतरफी की गयी है। हालात जब सिर्फ नाम या तख़ल्लुस तक महदूद हो तो पढ़ने वाले को शाएरा के माहौल का कोई अन्दाजा नहीं हो सकता और न वह यह मालूम कर सकता है कि शाएरा किन-किन चीजों से किस हद तक मुतासिर हुई है। इसी तरह जब नमूना कलाम एक-दो शेरों से ज्यादा न हो तो लिखने वाले के मीलानात और रुजहानात (प्रवृत्तियाँ और झुकाव) के मुत्तालिक कोई सही अन्दाजा नहीं किया जा सकता।' आगे वे तवायफों के शेरों को शामिल न किए जाने के सम्बन्ध में कहते हैं, 'दूसरे तज़्क़िरों के बरअक्स शायराते-उर्दू में उन शायरात का जिक्र यकक़लमतर्क (सिरे से गायब) कर दिया गया है जो ज़नाने-बाज़ारी के तबका (बाज़ारू औरतों का वर्ग) में शामिल है। जमील साहब का खयाल है कि अगर्चे बाज तवायफें खुद भी शेर कहती थीं और अच्छा कहती थीं लेकिन अक्सरोबेश्तर उनका कलाम उनके मर्द अहबाब का कहा हुआ है और जमील साहब का यह खयाल बेबुनियाद नहीं।'[12] श्री रामनाथ 'सुमन' की पुस्तक डॉ. अहमद के संग्रह का अनुगमन करती है अत: उसमें भी तवायफें अपनी कविता के साथ गुम हैं।

शमशेर शायद ऐसे पहले रचनाकार हैं, जिन्होंने अपने आलेख उर्दू कवयित्रियों में न केवल बेगमों और तवायफों की रचनाओं में अन्तर खोजा है बल्कि हिन्दू और मुस्लिम कवयित्रियों को लेकर कुछ मौलिक उद्भावनाएँ की हैं। शमशेर उर्दू

कवयित्रियों में सुसंस्कृत तवायफों के भावुक वर्ग की कवयित्रियों को गृहस्थ जीवन वाली मुस्लिम कवयित्रियों को अलग-अलग करके देखते हैं और उनकी कई विशेषताओं को अलग-अलग पहचानते हैं। उर्दू भाषा का सहजतम स्वाभाविक लोच, उसका सरल अकलुष सौन्दर्य और गम्भीर माधुर्य हमें केवल देहली और लखनऊ की बेगमात की जबान में मिल सकता है। उनकी भावनाओं में एक शिक्षित विलास है, जिसके कारण कल्पना के गहरे रंग उनके यहाँ नहीं मिलते। लेकिन अधिकारपूर्ण लहजे में एक हल्की-सी बेपरवाही की शान पदों में एक अजनबी-सी रागात्मिका, एक लय पर जिसमें बहुधा ताल और सुर की वैसी स्पष्ट-सी झलक नहीं जैसी कि वेश्याओं की ग़ज़लों में है। उनके (वेश्याओं) जीवन की आधारहीनता दारुण कृत्रिमता के पीछे सहानुभूति की कुचली हुई आकांक्षाएँ और अन्त में स्वप्न सुखों की नश्वरता का आभास कहीं-कहीं उनके भावों को जिस प्रकार मार्मिकता से पूर्ण कर देता है वह उन्हीं के हृदय की नहीं, मानवता की वस्तु हो जाती है।[13]

शमशेर का यह भी मानना कि उर्दू में स्त्री कवियों की परम्परा का कोई अर्थ नहीं। यही नहीं कि इनकी अपनी प्रतिभा का असर कभी किसी युग की शैली पर नहीं पड़ सका बल्कि उनमें हम बराबर उस्तादों का ही अनुकरण पाते हैं। अभिव्यक्ति में उन्हीं का लहजा, उन्हीं जैसे शब्दों का चुनाव, बल्कि अक्सर उनकी भावनाओं का रूप भी अस्वाभाविक और कृत्रिम हो जाता है। सम्भवत: इस आरोप के पीछे उर्दू कविता की वह चारित्रिक विशेषता है जिसमें क्रियाओं में लिंग भेद नहीं किया जाता। केवल शब्दों से इस बात की पहचान नहीं की जा सकती कि इनका रचयिता पुरुष है या स्त्री। जब सन्देह उत्पन्न किया जाता है तब उसका लाभ पुरुष को मिलता है स्त्री को नहीं। जहाँ तक प्रभाव का प्रश्न है तो यह एक तथ्य है कि उर्दू शायरी की सबसे लोकप्रिय विधा 'ग़ज़ल' का विकास ही 'स्त्री से संवाद' की स्थितियों में हुआ। लेकिन इससे इनकार नहीं किया जा सकता कि तवायफों की कविताएँ व्यक्तित्वविहीन कविताएँ हैं। उन्हें नामांकित कर पहचानना कठिन है, जब तक वे स्वयं अपना नाम न लें। उर्दू कवयित्रियों का संसार इस्लामी संसार है, और तवायफों का संसार 'महफिल'। यही कारण है कि वातावरण में तुर्की-ईरानी दरबारों और इस्लामी सभा-रंगतों की परम्परा में इतना गहरा सम्बन्ध हुआ कि कलाभावों की पृष्ठभूमि देशकाल से ऊपर तो उठ गयी पर साथ ही जनसाधारण के जीवन से भी दूर चली गयी।

किसी वास्तविक और ठोस तुलनात्मक अध्ययन के लिए सबसे अधिक आवश्यक प्रचुर सामग्री का होना है, जो कि न तो है और न जिसकी क्षतिपूर्ति की सम्भावना है। डॉ. अन्दलीब शादानी का यह कथन नितान्त सच है, 'जब नमूना

कलाम एक-दो शेरों से ज्यादह न हों तो लिखने वाले के मीलानात और रुजहानात के मुत्तलिक कोई सही अन्दाज़ा नहीं किया जा सकता। उदाहरण के लिए इंशा की ठठोलबाजी से कौन वाक़िफ नहीं है, लेकिन अगर उनकी सिर्फ यह ग़ज़ल—

*कमर बाँधे हुए चलने को याँ सब यार बैठे हैं,*
*बहुत आगे गये बाकी जो हैं तैयार बैठे हैं।*

नमूने के तौर पर हमारे समने मौजूद होती तो यकीनन हम उन्हें एक निहायत संजीदागो शायर समझते और ज़ाहिर है कि हमारी यह राय हक़ीकत के सरासर ख़िलाफ़ होती। बिनाबारी (इसके सिवाय) शायरात के हालात और उनका कलाम मुहय्या करने में जिस बेतवजह से काम लिया गया है अब उसकी तलाफी (क्षतिपूर्ति) का कोई इम्कान नहीं।' ऐसी स्थिति में बेगमों और तवायफों की कविता में किसी निर्णय पर पहुँचना जल्दबाजी होगी। खासतौर पर इसलिए भी कि बेगमों से भरा हरम और तवायफों के यातनाघर अलग-अलग किस्म के थे। उनकी परिस्थितियाँ भी अलग थीं और उनकी शायरी की वजह भी अलग ही थी।

यहाँ शमशेर हिन्दू स्त्रियों और मुस्लिम स्त्रियों की तुलना करते हुए एक विचित्र निष्कर्ष पर पहुँचते हैं। उनके अनुसार 'गृहस्थ जीवन में मुस्लिम स्त्रियों का व्यक्तित्व यद्यपि स्वतन्त्र नहीं रहा पर एक और प्रकार का अपनापन उनमें था जो विवाहित हिन्दू स्त्रियों के व्यक्तित्व से एकदम भिन्न है, क्योंकि उनका परम आत्मसमर्पण पति के चरणों में नहीं, बल्कि खुदा के सिजदे में है। पुरुष की अनुगामिनी होकर भी वे अपना स्वत्व उसकी सत्ता में लीन कर देने को बाध्य नहीं। उनके जीवन में जो तलाक का सम्भाव्य है वह मानो मुक्ति की राह उनके लिए पृथक कर देता है।... सामान्य गृहस्थ जीवन व्यतीत करते हुए भी मुसलमान स्त्रियों के लिए आत्माभिव्यक्ति अथवा व्यक्तित्व प्रकाशन जिस प्रकार सहज और स्वाभाविक रहा है उस प्रकार हिन्दू स्त्रियों के लिए वह सम्भव ही नहीं हो सकता। सामाजिक बन्धन और बेड़ियाँ दोनों के लिए भारी रही हैं। फिर भी मनुष्य का जो निजत्व कला को अनुप्राणित करता है, वह उन बन्धनों के बावजूद मुसलमान कवयित्रियों को शुरू से स्वाभाविक रूप से मिलता है।'

शमशेर की यह धारणा कैसे बन गयी, कहा नहीं जा सकता, शायद उनके ध्यान में प्रत्येक काल की कवयित्रियों की रचनाएँ नहीं रही हैं। 'पतिपरमेश्वर' की धारणा मध्ययुग में पायी अवश्य जाती है पर उसमें 'परमेश्वर' या अभिव्यक्ति का निषेध नहीं है। इसके विपरीत वे 'परमेश्वर' को भी पति रूप में स्वीकार करती हैं और उसका खुल्लम-खुल्ला ऐलान करती हैं। मीरा और ताज के उदाहरण इसलिए भी प्रासंगिक हैं क्योंकि वे दोनों रानियाँ थीं और उन्होंने प्रत्येक स्तर पर विद्रोह किया था। तलाक यदि कोई सुविधा है भी तो, वह पुरुष के लिए ही है, स्त्री के लिए

तो वह यातना ही है।

एक दूसरी दृष्टि से रानियों और बेगमों के काव्य की तुलना की जा सकती है। दोनों ने अपने को भक्ति-काव्य तक सीमित रखा। बात सिर्फ मध्यकाल की ही नहीं है आधुनिक काल में भी, उन्नीसवीं शताब्दी में जब स्त्रियों के लिए क्षितिज काफी व्यापक हो चुका था। सामान्य स्त्री और कुछ रानियाँ और बेगमें भी आजादी की लड़ाई में उतर चुकी थीं, कविता में स्त्री ने अपना पुराना स्वर बनाए रखा। खानदानी महिलाओं को शेरी सभाओं में सम्मिलित होने पर प्रतिबन्ध था, मुशायरों में भाग लेने हेतु मनाही थी, नाम एवं कविता के प्रकाशन पर आपत्ति के कारण इनकी महत्त्वपूर्ण और रुचिकर घरों की चारदीवारी के बाहर नहीं निकल पाती थीं, इसलिए वे केवल धार्मिक शायरी 'हम्द', 'मुनाजात', 'कसीदा', 'मनकबत', 'सलाम' तथा 'नौहा' आदि लिखा करती थीं। रानियों ने 'राम' और 'कृष्ण' को माध्यम बनाकर अनुभूतियों को उड़ेला। ये रचनाएँ हमें सुरक्षित इसीलिए मिल सकीं क्योंकि 'राज्य' ने उनका संरक्षण किया और 'धर्म' ने गायन-वादन।

यहीं तवायफों की रचनाएँ जुदा हो जाती हैं। उनका प्रस्थान बिन्दु भी पृथक है और लक्ष्य भी। वे दरबारी थीं। दरबार हिन्दू भी थे और मुसलमान भी, परन्तु दरबारी संस्कृति एक ही थी। शिक्षा दोनों को ही मिली थी, रानियों को भी और तवायफों को भी। लेकिन उसकी तराश अलग थी। गिरिराज कुँवरि जो उन्नीसवीं सदी के उत्तरार्ध में जन्मी थीं, अपनी पुस्तक 'ब्रजराज विलास' की भूमिका में लिखती हैं, 'स्त्री का सांसारिक देवपति और पारमार्थिक श्री गोपाल महाराज हैं। इन्हीं दोनों को प्रसन्न करने में स्त्री को इस (गान) विद्या में भी निपुण होना चाहिए।' ऐसा लगता है आलोचक इस विभाजन से खुश नहीं है, वह लिखता है— 'यत्र-तत्र हमने इस बात पर खेद प्रकट किया है कि काव्य रचना करते समय देवियों ने पुरुषों की तरह लज्जाहीनता से काम लिया।'[14] रानी रघुवंश कुमारी बाकायदा पति-भक्ति की वकालत करती हैं—

*पग दाबे से जीवन मुक्ति लही।*
*विष्णुपदी सम पति-पद पंकज छुवत परमपद होवे सही।*
*निरखि-निरखि मुख अति सुख पावत प्रेम समुद की धार बही।*

इसके विपरीत तवायफों की चुनौती दूसरी थी। उन्हें राजा या नवाब के साथ दरबार के प्रतिष्ठित सभासदों को भी प्रसन्न करना था और वह भी अपनी कला के बल पर।

इरफान अब्बासी साहब ने उर्दू कवयित्रियों पर लिखते हुए बड़े संकोच के साथ तवायफों का नाम लिया है और साथ ही क्षमा याचना भी की है, 'कुछ इज्जतदार व पाकबाज कवयित्रियों का व्यक्तित्व काव्यात्मक सृजन शक्तियाँ तथा विधा वर्णन

अवध की चन्द्रमुखियों एवं सुन्दरियों के साथ आवश्यकतानुसार एवं मजबूरी से कर रहा हूँ। ईश्वर मुझे क्षमा करे।[15] यही कुछ नाम हैं जो हमें उपलब्ध हैं, हम उसे पूरा उद्धृत करना चाहेंगे क्योंकि अनुभव हमें बताता है कि आगे शायद ये भी न मिलें।

**अमीर लखनवी**— लखनऊ की एक तीक्ष्ण बुद्धि एवं शिक्षित वेश्या। 1270 हि. तक जीवित थी। तज़किरों में इनका उल्लेख है। 'सुखने शोअरा' के लेखक अब्दुल गफूर नस्साख उनसे मिले थे। उन्होंने तज़किरे में भेंट का उल्लेख किया है—

*जिधर के देखने से जाने ज़ार जाती है,*
*उसी तरफ को नज़र बार-बार जाती है।*

**जाफ़री लखनवी**— प्रसिद्ध मुंशी फिदा हुसैन की शिष्या। 1286 हि. में वर्तमान।

*मुँह को आ जाए कलेजा ज़ब्त की ताक़त न हो,*
*गर हमारा दिल रहे दमभर किसी के दिल के पास।*

**चहारम लखनवी (अमीर जान)**— सम्भवतः वे 'नाज़' उपनाम धारण करती थीं—

*अपने पहलू में जगह दी सरे महफ़िल मुझे,*
*दिल्लगी यार ने की देख के बेदिल मुझे॥*

**हसन लखनवी उर्फ वजीर जान**— मुहल्ला पाटानाला में रहती थीं।

*नातये सोजाँ जो खींचे मैंने रो के हिज्र में,*
*रश्क़ से बिजली जली शरमिन्दा अश्के तर हुआ।*
*वो मरीजे गम हूँ मैं जिसको दवा आयी न रास,*
*सर पे जब सन्दल लगाया और दर्दे सर हुआ।*

**हुसैन फैजाबादी उर्फ हशमत जान**—

*फिक्रे अंजामे मोहब्बत हो गयी आग़ाज़ में,*
*हम से भी कम लोग देखे होंगे दीवाना मिज़ाज।*
*ऐ हुसैन हमको तो दिल से खाकसारी है पसन्द,*
*हो मुबारक उस परी पैकर को शाहादा मिज़ाज।*

**हूर लखनवी उर्फ मुन्नाजान**— मु. रज़ातूर की शिष्या।

*बदी की जिसने हमसे, हमने उसके साथ नेकी की*
*हमारी खू यह है हम दोस्ती करते हैं दुश्मन से।*

**खुर्शीद लखनवी उर्फ खुर्शीदजान—**

*जान लेने को है जुम्बिशे अबरू काफी*
*कब्ले आशिक के लिए बाँधी है शमशीर अबस।*

**ज़हरा खैराबादी उमराव जान उर्फ छुट्टन—** इमामबादी वेश्या की पुत्री जो स्वयं डेरेदार वेश्या थी। खैराबाद जनपद सीतापुर में जनमी बाद में लखनऊ आ गयी। मीर आगा अली शम्स की शिष्या थीं। इनकी बहन मुश्तरी थीं। दोनों मिर्ज़ा ग़ालिब की प्रतिद्वन्द्वी थीं। इनके आलोचनात्मक निबन्ध 'अख़बार अवध' में निकलते थे। दोनों का फारसी एवं उर्दू पर अधिकार था। वे कुशल नर्तकी थीं।

*मैंने वल्लाह दी दुआ तुझको,*
*तू ख़ुदा जाने दिल में क्या समझा।*

**ज़ीनत लखनवी 'बिग्गन'—** मीर असगर अली 'असगर' से इस्लाह लेती थीं। अन्त में कलकत्ता चली गयीं।

*जुनूँ के हाथ से दामन बचा के रखा था*
*लिपट के दश्त में काँटों ने तार-तार किया।*

**शर्म लखनवी उर्फ इमामी जान—** अकबरी गेट के पास रहती थीं।

*असर खाके लहद पे यह है कि छू जाने से*
*मरीजे हिज्र के बीमार शफा पाते हैं।*

**शीरीं लखनवी—** चौक की सुन्दर वेश्या, अन्त में कलकत्ता चली गयीं।

*देर से हम सर झुकाए मुन्तज़िर हैं तेग के*
*दस्तो बाजू को तेरे इस वक़्त क़ातिल क्या हुआ।*

**फ़रहत फैजाबादी उर्फ फरहत बेगम—** संगीत पर पूर्ण अधिकार था। 1857 में वर्तमान थीं।

*दिल लगाया है तेरी जुल्फ़े रसा से कुछ हो*
*साँप को छेड़ लिया अब तो बला से कुछ हो।*

**मज़नब लखनवी उर्फ अमीरजान—** यूसुफ लखनवी की शिष्या।

*हो गयी है शाम अब तो तेरे कूचे की करीब*
*शब की शब रहने दे ओ जालिम जरा मंजिल के पास।*

**मुश्तरी खैराबादी—** इनका फारसी काव्य-संग्रह तथा गद्य-संग्रह 'खाना-ए-ख़याल' प्रकाशित है। बाद में सैयद एज़ाज हुसैन से धार्मिक रीति के अनुसार विवाह कर लिया था—

*क़ातिल के हाथ पाँव से सुर्खी न जाएगी*
*ख़ूने शहीदे नाज है रंगे हिना नहीं।*

**नाज सन्दीलवी उर्फ उमराव जान—** सन्दीला जिला हरदोई की थीं वहाँ से

खैराबाद चली गयीं।

*जी भर आया बस इक आह के साथ*
*जोशे हसरत उठा निगाह के साथ।*

इस विवरण से हमें कूदकर इस निष्कर्ष पर नहीं पहुँचना चाहिए कि केवल मुसलमान वेश्याएँ ही लिखती थीं या केवल मुसलमान ही वेश्याएँ होती थीं। दरअसल इसका सम्बन्ध धर्म से नहीं 'पेशे' से है और परवर्ती मुगलकाल की संस्कृति और ललित कलाओं पर उसी की छाप है जो सहज ही एक मिश्रित संस्कृति है। दूसरी बात यह कि बाजार में पेश करने से पहले, उनके नाम बदल दिए जाते थे। दरबारी भाषा चूँकि उर्दू थी, इसलिए उनकी अभिव्यक्ति की भाषा भी उर्दू रही। इस सम्बन्ध में एक उदाहरण देना सुविधाजनक होगा। लगभग इसी काल में हिन्दू कवयित्रियाँ भी हुईं जिन्होंने उर्दू में लिखा, परन्तु पूर्व सन्दर्भित संग्रहों में उन्हें स्थान नहीं मिला। प्रायः उनके नाम हिन्दू थे परन्तु तखल्लुस मुस्लिम; जैसे कि दुर्वा देवी जो 'सनम अकबराबादी' के नाम से लिखा करती थीं और मिर्जा ग़ालिब के समकालीन थीं, गोपी देवी माथुर 'इफ्फत' के नाम से लिखती थीं। उस समय लिखनेवाली उर्दू कवयित्रियों में कुछ बंगाल की हैं, कुछ गुजरात की, कुछ कश्मीर की परन्तु इनके लेखन की भाषा उर्दू है। शायरा रूपकुँवर ब्राह्मण परिवार में जन्मी थीं परन्तु 'मुल्लाफाज़िल' के पास थीं। राजकुमारी 'सरवर' के काव्य के सम्बन्ध में रघुपति सहाय 'फ़िराक़' की टिप्पणी है, 'मैंने खुद सरवर के कलाम का यह गुलदस्ता देखा है, जिसमें मेरे मसाम में ताज़गी और शगुफ़्तगी पैदा हुई। इन अशआर में कितनी शीरीनी, नमीं, खुलूस और पाकीज़गी है, इसका अन्दाज़ अहलेज़ौक को यह मज़मुआ देखकर ख़ुद हो जाएगा।'[16]

इस तरह तवायफों की कविताएँ जिनके कुछ छींटे मात्र हमारे पास हैं, दोनों वर्गों से अलग थीं। एक तरफ वे रानियों और बेगमों की रचनाओं से फर्क थीं, और दूसरी ओर सामान्य मध्यवर्ग की कवयित्रियों से। रानियाँ बेगमें और तवायफें दोनों सामन्ती व्यवस्था की वस्तु थीं, लेकिन उनकी भूमिकाएँ पृथक थीं। इसीलिए उनकी कविताओं की जरूरतें भी अलग थीं। रानियों और बेगमों से भरे हुए रनिवासों में वे अपनी मुक्ति धर्म में तलाशती रहीं। दूसरी ओर तवायफों की गिनती और उनके कला कौशल से आँकी जाती थी। सामन्ती व्यवस्था को बनाए रखना उनके अस्तित्व की शर्त थी। तीसरी ओर नये पढ़े-लिखे परिवारों की महिलाएँ थीं, जो लिख रही थीं, देख रही थीं और महसूस कर रही थीं। उनमें एक बदलाव की खुनक है। इतिहास की समानान्तर पर्तों को देखना हो तो इन तीनों प्रकार की रचनाएँ देखिये।

तवायफों की कविताओं की विशिष्टता इस बात में है कि वे केवल लिखने की, केवल मुशायरे में पढ़ने की कला नहीं हैं, वे एक 'सम्पूर्ण प्रदर्शन' की कला

हैं जिसमें एक साथ कई कलाओं का संगम होता है। कलाम का अच्छा होना काफी नहीं है स्वर भी अच्छा हो, रियाज़ भी हो, साज़ों का अनुकूलन हो और नृत्य की थिरकन भी। तब महफिल जमती है। फिर प्रस्तुत करनेवाली सुन्दर भी हो, कम-से-कम सुन्दर दिखने की क्षमता हो और अपने आश्रयदाता को लुभा सके। कल्पना कीजिये महफिल में तवायफ 'भक्ति' की रचना पढ़ना शुरू कर दे तो उसका परिणाम क्या होगा। इसी प्रकार वह 'जागो फिर एक बार' गाना शुरू कर दे तो सभा-भंग हो जाएगी। अत: वे वही लिख सकीं, जिसकी उनसे अपेक्षा की जाती थी, जिसके लिए वे दूर-दूर तक बुलाई जाती थीं, उसी प्रकार गाती और नाचती रहीं जिससे उनकी कीमत आँकी जाती थी। सब कुछ एक अभिनय जो कुछ वे महसूस नहीं कर रही हैं, उसी को महसूस करने का अनुभव। यथार्थ का निषेध कर यथार्थ का प्रस्तुतीकरण। जैसे 'प्रोफेशनल डोनर' इसीलिए रक्त देते हैं कि वे रोटी खा सकें और रोटी इसीलिए खाते हैं कि रक्त दे सकें।

सन्दर्भ


1. प्रिहिस्टॉरिक एक्टिक्विटीज़ ऑव द आर्यन पीपुल्स, पृ. 12
2. 'असुर इंडिया', पृ. 110, 117
3. 'थेरी गाथा', पृ. 14
4. वही, पृ. 17, 18
5. वही
6. वही, पृ. 15
7. वही, पृ. 83
8. वही
9. डॉ. सावित्री सिन्हा, 'मध्ययुगीन कवयित्रियाँ', पृ. 143
10. रामचन्द्र शुक्ल, 'हिन्दी साहित्य का इतिहास', पृ. 336
11. डॉ. जमील अहमद, 'शायराते उर्दू' की भूमिका
12. सापेक्ष, शमशेर अंक
13. 'हिन्दी काव्य की कोकिलाएँ', पृ. 79
14. नया दौर, अवध अंक, पृ. 176
15. 'उर्दू कवयित्रियाँ', पृ. 3

# मध्ययुगीन महिला लेखन में तीन चेहरे

मध्ययुगीन नवजागरण के साथ ही हिन्दी साहित्येतिहास में महिला-लेखन का प्रारम्भ हुआ। हिन्दी साहित्येतिहास के पुरोधा इतिहासकारों ने दसवीं से लेकर चौदहवीं शताब्दी तक के काल को आदिकाल मानकर उसे वीरगाथा काल का नाम दिया है। यह अवधारणा विविध विवादों से घिरी है, जिसकी चर्चा यहाँ अनावश्यक है। परन्तु इतना तो सत्य है ही कि अन्य भारतीय भाषाओं के साथ-साथ हिन्दी का भी विकास हुआ है। नाना कारणों से वह साहित्य अपने मूल रूप में आज प्राप्त नहीं है। इस युग का महिला-लेखन लोक साहित्य के रूप में था। अमीर ख़ुसरो के नाम से जो लोकगीत मिलते हैं, वे आज भी स्त्री समाज द्वारा गाए जाते हैं और कम-से-कम अपनी प्राचीनता तो प्रमाणित करते ही हैं।

सम्यक रूप से पूरे युग पर दृष्टि डालने से मध्ययुगीन महिला लेखन के तीन चेहरे उभरते हैं। आकृतियाँ स्पष्ट नहीं हैं और रेखाएँ भी बीच-बीच में खंडित हैं। सामग्री के अभाव की जिम्मेदारी जितनी काल और व्यवस्था की है, उससे कम हमारी नहीं है। जो रचनाएँ काल के प्रभाव से नष्ट हो गयीं उनकी बात छोड़ भी दें, फिर भी जो रचनाएँ शोध में प्राप्त हुईं, विवरणों में जिनके नामोल्लेख हैं, उनकी सुरक्षा भी हम कर नहीं सके हैं। क्योंकि इस अन्धकार युग को प्रकाशित करने योग्य जो भी चिनगारी मिल जाए उसे सावधानी से जिन्दा रखना हमारा कर्तव्य है, क्योंकि वह बहुत बड़े आलोक की सम्भावना लेकर आयी होती है, क्योंकि उसके पेट में केवल उस युग के रसिक-हृदय की धड़कन का ही नहीं, केवल सुशिक्षित चित्त के संयत ओर सुचिन्तित वाक्यपाटव का ही नहीं, बल्कि उस युग के सम्पूर्ण मनुष्य को उद्‌भासित करने की क्षमता छिपी होती है।[1]

मध्ययुगीन महिला लेखन का पहला चेहरा है उस युग में अरबी, फारसी एवं संस्कृत में किया गया रचनात्मक लेखन। दोनों ही वर्ग की रचनाएँ शासक वर्ग से जुड़ी हुई हैं। सम्भवत: इसलिए कि जनसामान्य में उनको समझने की शक्ति ही नहीं थी। अरबी-फारसी तो विदेशी भाषाएँ थीं और संस्कृत उच्चवर्ग, खासतौर पर दक्षिण भारत से सम्बन्धित थी। संस्कृत भाषा में कवयित्रियों की परम्परा तो सातवीं

शताब्दी से मिलने लगती है, परन्तु हमारी मुराद यहाँ केवल मध्यकालीन कवयित्रियों से है। संख्या और परिमाण में ये रचनाएँ अधिक नहीं हैं, फिर भी वे महिला-लेखन से सम्बन्धित हमारे बहुत से भ्रमों को तोड़ती हैं। जैसे यह कि स्त्रियों ने ऐतिहासिक चरित-काव्य नहीं लिखे। इस युग की संस्कृत कवयित्रियों ने प्राय: ऐतिहासिक चरित-काव्य ही लिखे हैं। जैसे यह कि महिलाएँ वीर रस की रचनाएँ नहीं करतीं, जबकि अधिकांश चरित-काव्य वीर रस के हैं और प्रशस्ति-काव्य ही हैं। अपने पति की वीरता का चित्रण कर गंगा देवी ने तो एक मानक ही प्रस्तुत कर दिया है। वीर काव्यों की पारम्परिक रूढ़ियों का पालन भी यहाँ यथावत् किया गया है, यहाँ तक कि शत्रु-स्त्रियों की दुर्दशा का बयान भी उसी अन्दाज में किया गया है : 'चन्द्रमुखी, मोर जैसी सुन्दर गात्र वाली, कोप से डरे चकोर जैसे नेत्रों वाली, तुम्हारे शत्रु की स्त्री की कामभावाविष्ट मधुमक्खियाँ पहाड़ में सेवा कर रही हैं।'[2] ये रचनाएँ शृंगार और प्रकृति-चित्रण की दृष्टि से दरबारी काव्य ही हैं, इसीलिए नायिका, दूती, जलक्रीड़ा जैसे प्रसंग बहुत हैं। दूती और नायिका का एक प्रसंग इस प्रकार है— 'साँस क्यों ले रही है? जल्दी (जल्दी) आयी। रोमांचित क्यों है? (उनकी) कृपा से। वेणी खुली क्यों है? पैरों पर गिरने से। (और) नीवि? आने-जाने से। पसीने से भीगा मुख क्यों? धूप से हुआ। थकी क्यों? बोलने से। हे दूती, तू (अपने) कुम्हलाए कमलाकार होठ के लिए क्या कहती है?'[3]

दरबारी कविता होने पर भी फारसी और संस्कृत कविता में साफ-साफ अन्तर दिखाई देता है। फ़ारसी में लिखने वाली महिला रचनाकारों की कविता इस अर्थ में दरबारी कविता नहीं है कि वे कवि की हैसियत से दरबार में थीं, बल्कि सिर्फ इसीलिए कि उनका सम्बन्ध राजपरिवार से था। उनकी संवेदना वैयक्तिक है और उसके केन्द्र में प्रेम है। किसी सीमा तक उस प्रेम को आध्यात्मिक कहा जा सकता है। संस्कृत कविता सौन्दर्य और प्रेम को चित्रित करते हुए रूढ़ियों का सहारा अधिक लेती है। सम्भवत: यह कहना अधिक उचित होगा कि दोनों स्थानों पर अपनी-अपनी काव्य भाषा की परम्पराओं का पालन किया जा रहा था। यही बात हिन्दी की दरबारी और भक्त कवयित्रियों के लिए भी कही जा सकती है। केवल मीरा और ताज जैसे अपवाद छोड़ने होंगे। वे अपने स्तर पर परम्पराओं का निर्माण करती हैं निर्वाह नहीं। खासतौर पर मीरा जैसी विद्रोहिणी कवयित्री सम्पूर्ण साहित्य में दूसरी नहीं। उनकी तुलना कबीर से की जा सकती थी, लेकिन कबीर को स्त्री होने का दुख नहीं झेलना पड़ा था, इसलिए यहाँ वे अन्य भक्त कवियों की तरह 'एक कनक और कामनी दुहूँ अगन की झाल' की धारणा से अपने को बचा नहीं सके। मीरा का विद्रोह अपने परिवार में पति-सत्ता से, देश में राज्य-सत्ता से, समाज में परम्परा और रूढ़ियों से तो था ही। उन्होंने धर्म को भी नहीं छोड़ा था। वृन्दावन में

यात्रा करते हुए जब जीव गोस्वामी ने स्त्री होने के कारण मिलना स्वीकार नहीं किया तो वे 'यह दूसरा पुरुष कौन-सा है, मैं तो समझती थी कृष्ण ही एकमात्र पुरुष हैं' कहकर जिस मुद्रा में चल पड़ी थीं, उसकी समानता कहीं नहीं है। मीरा के तेवर तो अलग हैं ही, लेकिन ताज में भी अनुभूति की गहरायी तथा समर्पण की भावना अनूठी है। उन्होंने एक ऐसे समय में, जिसमें इस्लाम को राज्य-धर्म की गरिमा प्राप्त थी, तुर्कानी होते हुए भी हिन्दुआनी होकर रहने की चुनौती दी थी। यह आसान नहीं रहा होगा; और यदि हम उन्हें बादशाह अकबर की पत्नी मानें, जैसा कि परम्परा कहती है, तो स्थिति और भी जटिल हो जाएगी। यह बात दूसरी है कि मीरा की तरह उन्होंने पत्नीत्व एवं रानीत्व का त्याग नहीं किया था। कहना चाहिए, खतरे के बिन्दु से थोड़ी दूर रहते हुए ही उन्होंने भक्तिमार्ग अपनाया था, इसीलिए उन्हें बादशाह पति का सहयोग मिलता रहा।

लेकिन परवर्ती कवयित्रियों में ये दोनों ही चीजें नहीं मिलतीं। न तो विद्रोह, न उत्कट भक्ति, न उन्मुक्त शृंगार। परवर्ती कविता में खुलापन नहीं है और न ही जोखिम भरे रास्तों की यात्रा का साहस। एक प्रकार से हम इसे सुरक्षित भक्ति-काव्य कह सकते हैं कि जिसमें 'भक्तिपन भी न जाए और रानीपन भी बना रहे।' यह उपेक्षा करने वाला तथ्य नहीं है कि जहाँ भक्ति-काव्य की रचना भक्तों ने मन्दिरों-मठों और तीर्थों में की, वहीं स्त्रियों ने राजघरानों और रनिवासों में रहकर। इससे उनकी कविता में गुणात्मक अन्तर आया है। डॉ. सावित्री सिन्हा ने अपने शोध प्रबन्ध, 'मध्ययुगीन हिन्दी कवयित्रियाँ' में रामभक्त और कृष्ण भक्त कवयित्रियों की अलग-अलग विवेचना की है। इस विभाजन की आवश्यकता सम्भवतः नहीं थी। रामकाव्य लिखते समय भी राम का चरित्र भर स्वीकार किया गया है, अनुभूति और अभिव्यक्ति वही कृष्णकाव्य की ही रही। सम्भव है राम भक्ति के 'रसिक' सम्प्रदाय का प्रभाव रहा हो या नारी-जीवन की 'कोमल-वृत्ति' का तकाजा। उदाहरण के लिए तुलछराय का यह पद देखा जा सकता है—

सियावर श्याम लगे मोय प्यारे हैं।
*क्रीट मुकुट मकराकृत कुंडल भालतिलक सुखकारी है।*
*मुख की शोभा कहा कहूँ उनकी कोटि चन्द उज्यारी है।*
*गलबिच कंठी है रतनारी, बनमाल उरधारी है।*
*केसरियो जामे जरकस कौ, दुपटो लाल लघारी है।*
*पीताम्बर पट, कटि पर सोहे, पाँयन झंझर न्यारी है।*
*तुलछराय कहै मो हिरदय बिच, आय बसौ धनुधारी है।*

कृष्ण भक्ति और पति भक्ति का सुरक्षित मिश्रण इन सभी रचनाओं में देखा जा सकता है, जिसके साथ स्त्री-शास्त्र की परम्परागत मान्यताओं को भी स्वीकार

किया गया है। रानी रघुवंश कुमारी जो लगभग उन्नीसवीं शताब्दी के अन्त में जन्म लेती हैं, अपनी रचनाओं के नाम रखती हैं : 'भामिनी-विलास', 'बनिता बुद्धिविलास' तथा 'सूपशास्त्र'। गिरिराज कुँवरि और रानी रघुवंश कुमारी पति को परमेश्वर मानकर उनकी उपासना करती हैं और सभी को ऐसा करने की हिदायत भी देती हैं।

आलोचक की राय है, 'रानी रघुवंश कुमारी पति को इहलोक और परलोक दोनों की ही सिद्धि का साधन मानती थीं। वास्तव में साधारण शक्ति-सम्पन्न हमारे समाज को रानी रघुवंश कुमारी द्वारा प्रदर्शित आदर्श ही ग्रहण करना अधिक श्रेयस्कर होगा।'[4]

राजघरानों से ही सम्बद्ध है चारणियों का काव्य, यद्यपि वह इतनी कम मात्रा में उपलब्ध है कि उसकी पहचान अधूरी है। परम्परा से चारण कविता-जीवी जातियाँ हैं अतः चारणियों में कविता के संस्कार होने स्वाभाविक हैं। परन्तु कठिनाई यह है कि इनके कवितांश संस्मरण, ऐतिहासिक कथा-वार्ताओं के बहाने से कुछ उद्धरणों में मिलते हैं। इनसे दो बातें तो बिल्कुल स्पष्ट हैं जो निश्चित रूप से महत्त्वपूर्ण हैं। पहली तो यह कि ये डिंगल भाषा की रचनाएँ हैं। शेष उपलब्ध कविताएँ प्रायः पिंगल भाषा में लिखी गयी हैं। दूसरी बात यह कि चारण कविता जहाँ वीर रस के लिए प्रसिद्ध है, चारणियों की कविताएँ शृंगार रस की हैं। एक ही राज्य में, एक ही भाषा में और एक ही परिवार में कविता का विरोधी स्वर बनाए रखना इस कविता की शक्ति है और पहचान भी।

जो सच परवर्ती भक्ति काव्य का है, वही सन्त-कवयित्रियों का भी। यह बात दूसरी है कि उनका सम्बन्ध राजघरानों से नहीं है। सहजोबाई और दयाबाई की कविताएँ सन्त-परम्परा का अनुकरण अवश्य करती हैं परन्तु उनमें उसका सामाजिक पक्ष अनुपस्थित है।

यह बात चौंकाने वाली तो नहीं, लेकिन अलगाने वाली जरूर है कि बराबरी की शृंगारिक रचनाएँ करने वाली कवयित्रियाँ किसी-न-किसी स्तर पर वारवनिताओं के कुल से जुड़ी थीं। फिर भी वे अपने को पतिव्रता मानती थीं। वे स्वयं ही नहीं केशवदास जैसे पंडित महाकवि उनकी तुलना लक्ष्मी, सरस्वती, पार्वती से करते थे। यह प्रसंग प्रवीणराय का है जिसने अकबर बादशाह को प्रसन्न भी कर दिया और अपना 'पतिव्रत भंग' भी नहीं होने दिया। केशवदास उसकी प्रशंसा करते हुए थकते नहीं—

*रतनाकर लालित सदा परमानन्दहि लीन।*
*अमल कमल कमनीय कर, रमा कि राय प्रबीन॥*
*रायप्रबीन कि शारदा, शुचि, रुचि राजत अंग।*

*वीणा पुस्तक धारिणी राजहंस सुत अंग॥*
*वृषभ वाहिनी अंग उर, बासुकि लसत प्रबीन।*
*शिव संग सोहे सर्वदा, शिवा कि राय प्रबीन॥*

निश्चित रूप से रायप्रबीन की सामाजिक प्रतिष्ठा भी रही होगी। रूपमती का सम्बन्ध भी वारवनिता कुल से था। बाजबहादुर ने उससे विवाह किया था और एक पारम्परिक भारतीय नारी की तरह प्राण देकर रूपमती ने अपने सतीत्व की रक्षा की थी। शेख का सम्बन्ध वारांगना-कुल से नहीं था, वह रंगरेजिन थी तथा आलम से विवाह करने के पश्चात भी शहज़ादा मुअज्जम यह भौंडा मजाक करने से नहीं चूके, "आप ही आलम (संसार) की बीवी हैं?" शेख ने उत्तर दिया, "जी हाँ हुजूर, मैं ही जहान (संसार/पुत्र का नाम) की माँ हूँ।" यह उत्तर शेख की हाजिरजवाबी का ही प्रतीक नहीं, उस परिवेश का भी परिचायक है जिसमें होकर महिला रचनाकारों को गुजरना होता था और जिसमें 'माँ' एक सम्बोधन मात्र नहीं एक दृष्टि का नाम है। सुजानराय भी दरबारी वेश्या थी और घनानन्द से प्रेम करती थी। यह प्रेम ही घनानन्द के देशनिकाले का कारण बना। घनानन्द के प्रस्ताव रखने पर भी उनके साथ न जा सकी और 'हिम्मत की कमी' को कोसती रह गयी। इन युगलों के बीच एक सामान्य सूत्र 'कविता' ही थी। वही उनके परिचय का माध्यम बनी और वही उन्हें अन्त तक जोड़े भी रही। विवाह के बाद भी कविता उनका धर्म बना रहा। उन्होंने कला एवं समाज दोनों में ही ऊँचा मुकाम हासिल किया। यहाँ वर्जनाएँ दोनों ही प्रकार की थीं, कुल की भी और धर्म की भी। शेख मुसलमान थी और आलम हिन्दू ब्राह्मण, रूपमती हिन्दू थी और बाजबहादुर मुसलमान, सुजान मुसलमान थी और घनानन्द हिन्दू। इस प्रकार के सम्बन्ध समाज में तनाव के कारण रहे होंगे। यहाँ हम पंडितराज जगन्नाथ का स्मरण कर सकते हैं। आन्ध्र से संस्कृत पठन-पाठन के लिए बनारस आकर बसे पंडितराज जगन्नाथ दाराशुकोह को पढ़ाने के लिए दिल्ली दरबार में पहुँचे। वहाँ एक मुसलमान युवती से प्रेम हो जाने के कारण उससे विवाह कर लिया। चारों ओर विरोध हुआ परन्तु वे डिगे नहीं। जीवन के अन्तिम दिनों में 'गंगालहरी' लिखी। कहते हैं कि अपनी यवन पत्नी के साथ वे काशी में गंगा की सीढ़ियों पर जा बैठे और 'लहरी' के एक-एक पद गाने के साथ गंगा एक-एक सीढ़ी ऊपर चढ़ती आयी और 'लहरी' के समाप्त होने के साथ दोनों को अपनी गोद में लेकर चली गयी।[5] साहित्य, व्याकरण और दर्शन के प्रकांड पंडित तथा दाराशुकोह के कृपापात्र का यह अन्त हुआ तो किसी दूसरे को क्या कहा जाए? इस सम्बन्ध का सबसे आश्चर्यजनक पहलू यह है कि इसमें एक पक्ष का धर्मपरिवर्तन अवश्यम्भावी रहा होगा। क्योंकि मध्ययुग में मुसलमान को हिन्दू बन सकने की व्यवस्था नहीं थी, सम्भावना यही है कि दूसरा पक्ष मुसलमान हुआ होगा,

लेकिन सिर्फ समाज की निगाह में। कविता में दो व्यक्तियों को, दो धर्मों को, दो काव्य-शैलियों को अलगाना सम्भव नहीं है। यह संगम हर तरह से पूर्ण है और अपने में एक मिसाल है।

मध्ययुगीन कवि-युगलों ने उन्मुक्त भाव से प्रेम-शृंगार के गीत गाये हैं। खास तौर पर महिलाओं द्वारा खुला शृंगार-वर्णन उस समय की आसानी से पचने वाली बात नहीं रही होगी। प्रवीणराय ने तो 'इन्द्रजीत' का नाम ले-लेकर संयोग का वर्णन किया है। पुरुषों— पुरुष कवियों द्वारा, नायिका-भेद की बारीकियों में रस लेना एक बात है; वेश्या, पत्नी और कवयित्री तीनों की भूमिका निर्वाह करते हुए स्वयं को नायिका के रूप में प्रस्तुत करना बिल्कुल दूसरी बात है—

*कूर कुक्कुट कोटि कोठरी किवारि राखौ*
*चुनि दै चिरैयन कौ मूँदि राखौ जालियौ।*
*सारंग में सारंग सुनाइ के प्रबीन बीन,*
*सारंग के सारंग की जीति करौ थालियौ।*
*बैठि पर्यंक पै निसंक ह्वै कै अंक भरौ*
*करौगी अधरपान मैन मत्र मिलियौ।*
*मोहि मिले इन्द्रजीत धीरज नरिन्दराय*
*एहो चन्द आजु नेकु मन्द गति चलियौ।*

यह तथ्य हमारे ध्यान की माँग करता है कि सन् 1857 से राजनीतिक क्षेत्र में और 1824 तथा 1850 से साहित्यक क्षेत्र में परिवर्तन की प्रक्रिया शुरू हो चुकी थी। इसमें स्त्रियाँ, रानियाँ भी शामिल थीं। झाँसी की रानी लक्ष्मीबाई ने (1857) बुन्देलखंड में, बेगम हज़रतमहल ने (1856) अवध में तथा रामगढ़ की रानी ने विद्रोह की अग्नि सुलगायी थी। उन्होंने अन्तिम समय तक अँग्रेजों से संघर्ष किया। उन्नीसवीं सदी समाप्त होते-होते कुमुदिनी मित्तर, सरलो देवी (1905), ऐनी बेसेंट (1914), वासन्ती देवी, उर्मिला देवी, बाई अमर (1879), सरोजिनी नायडू (1913), विजयलक्ष्मी पंडित (1900) का उदय क्षितिज पर हो चुका थ। आधुनिक काल के जन्मदाता इस नवजागरण में राजनीतिक, सामाजिक, सांस्कृतिक एवं साहित्यिक बिन्दु समाहित रहे हैं। इसके विपरीत जीमन महाराज की माँ, भरपुर की राजमाता गिरिराज कुँअरि, छतरपुर के राजा विश्वनाथ सिंह जूदेव की पत्नी जुगलप्रिया, रीवा महाराज रथुनाथ सिंह की पुत्री बाघेली विष्णु प्रसाद कुँअरि, प्रतापगढ़ के राजा प्रतापबहादुर सिंह की पत्नी रामप्रिया, उनकी भतीजी रत्न कुँअरि बाई आदि सन् 1950 के लगभग की कवयित्रियाँ हैं जिनमें बदलते हुए समय की कोई हलचल नहीं है। यदि साहित्य को समाज का दर्पण माना जाता है, तो यहाँ दर्पण उलटकर रखा हुआ है। ऐसा नहीं है कि इस समय साहित्य में पूर्ण आधुनिक

चेतना विकसित हो चुकी थी। स्वयं भारतेन्दु एवं उनके साथ के रचनाकार पारम्परिक रचनाओं के साथ नये युग को भी आकार देते रहे हैं। एक अन्तर्विरोध तब स्पष्ट हो जाता है, जब हम देखते हैं कि रानी रघुराज कुँअरि का जन्म 1883 में हुआ था और बुन्देलबाला का भी। रामप्रिया विदेश यात्रा भी कर चुकी थीं। उनकी एक रचना है—

*मृग-मनहारे मीन खंजन निहारे वारे,*
*प्यारे रतनारे कजरारे अनियारे हैं।*
*पैन सर धारे, कारी भृकुटि धनुष वारे,*
*सुठि सुकुमारे शोभा सुभग सुढारे हैं।*
*कैधों हैं जलज कारे, कैधों ये त्रिगुण युक्त,*
*चन्द्रमा पै चंचला के चपल सितारे हैं।*
*'रामप्रिया' राम मन रमन अगारे कैंधो,*
*जनक-किशोरी बाँके लोचन तिहारे हैं।*

इसके विपरीत बुन्देलबाला के पति लाला भगवान दीन ख्यात शृंगार रस के कवि तथा विवेचक हैं, परन्तु वे लिख रही थीं—

*हे प्यारे, कदापि तू इसको तुच्छ श्याम रेखा मत मान*
*यह है शैल हिमालय इसको भारत भूमि पिता पहचान।*
*नेह सहित ज्यों पितु-पुत्री का सादर पालन करता है,*
*यह हिमगिरि त्यों ही भारत-हित पितृ-भाव हिय धरता है।*

ऐसी स्थिति में, जब रानियाँ स्वयं स्वतन्त्रता-संग्राम में उतर चुकी हों और उसका प्रारम्भ हिन्दी-प्रदेश से ही हुआ हो, साहित्य में वे कविता की लीक क्यों पकड़े रहीं, इसका कोई उत्तर इतिहास के पास नहीं है। यहाँ तक कि 'मुश्तरी' का उल्लेख करते हुए डॉ. सावित्री सिन्हा ने लिखा है— "ये लखनऊ के किसी वेश्या की पुत्री थीं। होली, खम्माच इत्यादि हल्के पदों की रचना की है, जिनका साहित्यिक मूल्य कुछ भी नहीं है।... इसके अतिरिक्त इन्होंने अन्य विषयों पर भी रचना की है। देशप्रेम, पतिभक्ति, स्त्री के आदर्श तथा कर्तव्य आदि उनके प्रिय विषय हैं। खेद है कि उनका एक भी उद्धरण नहीं मिलता, फिर भी यह रेखांकित किया जाने वाला तथ्य है कि उसने इस 'अरण्य' में पैर तो रखा।"

मध्यकालीन महिला-रचनात्मकता का तीसरा चेहरा लोकगीत है। यह ग्रामीण नारी का अपना चेहरा है। काफी गड्ड-मड्ड है परन्तु थोड़ी-सी कोशिश से इसे साफ पहचाना जा सकता है। यह वह इतिहास है जो किताबों में लिखा ही नहीं मिलता। अथक परिश्रम, गरीबी और स्त्री देह का संकट। तुर्कों, मुगलों से, देसी राजाओं और जमींदारों से, घर में और हर कहीं। पति के मरने पर सती होने, सतीत्व

पर शंका से अग्नि परीक्षा, बलिदान, हत्या, आत्महत्या से भरे हैं ये गीत जो स्त्रियाँ आधी रात से चक्की पीसते हुए गाती हैं। स्त्री के नितान्त निजी अनुभव, आशाएँ, दुख-सुख सभी कुछ। इन्हीं गीतों में नारी शक्तियों के इतिहास भी छिपे हैं, जो सामान्य जन के बीच उठी थीं, जिन्होंने अपने स्तर पर अपने मूल्यों के लिए संघर्ष किया, लेकिन जिनका जिक्र इतिहास में कभी होता नहीं और लोक-मानस उसे कभी भूलता नहीं। इन गीतों में ही विभिन्न जातियों के अपने विशिष्ट चेहरे अपनी भाषिक भंगिमा के साथ अंकित हुए हैं जिन्हें इस दृष्टि से कभी पहचाना ही नहीं गया। यह साहित्य अपने समय की गतिशीलता से गहरा जुड़ा है और उसके हर बदलाव पर अपनी प्रतिक्रिया व्यक्त करता है। यह दरबारों और राजघरानों के तहखानों में बन्द साहित्य नहीं है, इसीलिए तो शिष्ट विद्वान इसे साहित्येतिहास में शामिल करते डरते हैं।

अस्तु, फिलहाल ये तीन चेहरे हमारे पास हैं। यदि हम इन्हें मिला दें तो मध्यकालीन महिला लेखन का इतिहास मुकम्मिल हो जाएगा।

सन्दर्भ

1. हजारीप्रसाद द्विवेदी, 'हिन्दी साहित्य का आदिकाल', पृ. 29
2. राहुल सांकृत्यायन, 'संस्कृत काव्यधारा', पृ. 105
3. वही, पृ. 709
4. गिरिजादत्त शुक्ल, 'हिन्दी काव्य की कोकिलाएँ', पृ. 79
5. राहुल सांकृत्यायन, 'संस्कृत काव्यधारा', पृ. 109

# साहित्येतिहास की पारिस्थितिकी और राजघरानों का महिला-लेखन

(सन् 1857 की क्रान्ति के सन्दर्भ में)

आचार्य रामचन्द्र शुक्ल का 'हिन्दी साहित्य का इतिहास' किसी भी भारतीय भाषा का सम्भवतः पहला साहित्येतिहास है जिसमें तत्कालीन परिस्थितियों के बरक्स रखकर साहित्य को देखा गया और एक कार्य-कारण सम्बन्ध की तलाश की गयी। यह सन् 1930 के आसपास की बात है। जरूरत इस बात की थी कि इस सिद्धान्त की पड़ताल होती और अनुप्रयोग के 'डिटेल्स' तैयार किए जाते। लेकिन हमने उसे यथावत् स्वीकार कर लिया। एक विशाल और बहुभाषाभाषी देश में राजनैतिक-आक्रमण इतने प्रभावशाली नहीं होते कि समूची जनता एक दिशा में सोचने लगे और एक भाषा बोलने लगे। खास तौर पर एक स्वतन्त्र चेतना रखने वाला जागरूक देश, जिसकी अपनी समृद्ध सांस्कृतिक और साहित्यिक परम्पराएँ हों। परम्परा का अपना दबाव होता है और यह दबाव भाषा के माध्यम से बनता है। स्वयं शुक्ल जी ने सिद्धान्त रूप में साहित्येतिहास को समकालीन परिस्थितियों के साथ रखकर देखने का संकल्प तो कर लिया परन्तु उसे पूरी तरह अमली जामा नहीं पहना सके। उन्होंने कुछ संक्षिप्त नोट तैयार किये थे जिनमें परिस्थितियों के अनुसार शिक्षित जनसमूह की बदलती हुई प्रवृत्तियों को लक्ष्य करके हिन्दी साहित्य के इतिहास के काल-विभाग और रचना की भिन्न-भिन्न शाखाओं के निरूपण का एक कच्चा ढाँचा खड़ा किया गया था।[1] वे वीरगाथा काल में विदेशी आक्रमण का सिद्धान्त रखते हैं, भक्तिकाल में पराजय के अवसाद का और रीतिकाल में अवसाद से उपजी कुंठा का। आधुनिककाल में उनका सारा ध्यान गद्य की परम्परा-खोज निकालने में लगा है। परिस्थितियाँ नेपथ्य में हैं।

सन् 1857 की क्रान्ति भारतीय इतिहास में एक नये दौर की आहट थी। लगभग यही समय साहित्य में आधुनिककाल की शुरुआत का भी है। महिलाएँ इस समय क्या लिख रही थीं और उनके लेखन में समाज का कौन-सा चेहरा है, यह पता लगाना दिलचस्पी का केन्द्र तो है ही, यह साहित्येतिहास की पारिस्थितिकी की

परख भी है। अठारहवीं सदी के अन्तिम भाग में भारतीय राजशक्ति टुकड़ों में बँटी हुई थी। खास तौर पर हिन्दी प्रदेश में शासन के भीतर शासन का दौर चल रहा था। दिल्ली में मुग़ल बादशाहत थी तो, परन्तु उसकी धमक जा चुकी थी। वह भीतर और बाहर, दोनों तरफ हिल रही थी। लगभग यही हाल बंगाल का था। दक्षिण का सूबा निज़ामेमुल्क के सुपुर्द था, परन्तु व्यावहारिक रूप से लगभग स्वतन्त्र था। वे मराठों को 'सरदेशमुखी' देकर सन्तुष्ट रखते थे और अपनी स्वतन्त्र सत्ता बनाए रखते थे। मराठे अपने चरम उत्कर्ष पर थे। सन् 1761 ई. के बाद भी ग्वालियर, नागपुर, इन्दौर, बड़ौदा तथा महाराष्ट्र में इनके शक्तिशाली राज्य थे। कई मुग़लिया प्रदेशों से भी वे 'चौथ' और 'सरदेशमुखी' वसूलते थे। इधर औरंगज़ेब के बाद राजपूत राजाओं ने अपने-अपने क्षेत्रों में स्वतन्त्रता प्राप्त कर ली थी। इसी समय गुरु गोविन्द सिंह के नेतृत्व में सिक्खों ने सैनिक उत्कर्ष आरम्भ किया था। सन् 1767 ई. में अहमदशाह अब्दाली की पराजय के बाद पंजाब में इनके कई स्वतन्त्र राज्य स्थापित हो गये। अठारहवीं सदी के मध्य तक आगरा और मथुरा के समीपवर्ती प्रदेशों में अनेक छोटे-छोटे जाट राज्य उभरे। मराठों की पराजय के पश्चात् ये बली हुए। सूरजमल जाट के नेतृत्व में उन्होंने आगरा, धौलपुर, मैनपुरी, हाथरस, अलीगढ़, इटावा, मेरठ, रोहतक, फर्रुखाबाद, मेवाड़, रिवाड़ी, गुड़गाँव और मथुरा पर अधिकार कर लिया और भरतपुर को राजधानी घोषित कर दिया। अब, स्थिति यह बनी कि हिन्दी प्रदेश जो मुस्लिम शासन के अधीन था, वह क्रमशः मराठों, जाटों और फिर अँग्रेजों के शासन में आता गया। वे चौथ, या जो भी कर उन पर लगाए जाते थे, पहले मुगलों को देते थे, फिर मराठों को देने लगे और फिर जाटों को, अन्त में अँग्रेजों को। जनता के लिए सत्ता का हस्तान्तरण करों का हस्तान्तरण था। जो भी युद्ध यहाँ हुए उनमें लड़ने वाले दोनों ही पक्ष उसके लिए पराये थे। किसी एक की जीत या हार का उसके लिए कोई अर्थ नहीं था। हिन्दी प्रदेशवासियों की सत्ता के प्रति उदासीनता की एक वजह यह भी हो सकती है कि वे केवल 'करदाता' और 'अत्याचार'-भोक्ता थे।

सन् 1857 की क्रान्ति और उसकी असफलता के बाद जो स्थितियाँ बनीं वे 'गदर' नाम मे सिमटी हैं, उनके दहलाने वाले चित्र अँग्रेज़ इतिहासकारों ने भी अंकित किये हैं। उनके समकक्ष रखकर जब महिला-लेखन के छिटपुट अवशेष देखते हैं, तो इतनी बड़ी फाँक दिखाई पड़ती है कि साहित्येतिहास की पारिस्थितिकी पर एक बड़ा प्रश्नचिह्न लग जाता है। विशेष रूप से उस स्थिति में जबकि सारा महिला-लेखन— यह जितना भी है और जैसा भी है— राजघरानों और बेगमों द्वारा किया गया है। राजनैतिक उथल-पुथल का सबसे बड़ा असर तो राजाओं और नवाबों पर ही हुआ था। दिल्ली के अन्तिम बादशाह बहादुरशाह ज़फ़र—

जिन्होंने क्रान्ति में सहयोग किया था और जो पराजित होने के बाद बर्मा भेज दिये गये थे— के समय का वर्णन लार्ड राबर्ट ने इस प्रकार किया है—

'हम सुबह को लाहौरी दरवाज़े से चाँदनी चौक में थे तो हमको शहर हक़ीकत में मुर्दों का शहर नज़र आता था। कोई आवाज़ सिवाय हमारे घोड़ों की टापों के सुनाई नहीं देती थी। कोई ज़िन्दा आदमी नज़र नहीं आया। सब तरफ मुर्दों का बिछौना बिछा हुआ था, जिसमें बहुत से सिसक रहे थे। हम चल रहे थे तो बहुत आहिस्ता-आहिस्ता बात करते थे, खौफ था कि हमारी आवाज से मुर्दे चौंक न पड़ें।... सब कैदी मौजूदा जेलखाने के करीब पहुँचे तो हड्सन साहब ने बादशाह, जीनतमहल और जमाल बख्श की पालकियों को एक तरफ ठहरा दिया और मिर्ज़ा मुगल, मिर्ज़ा खिजर, सुलतान, मिर्ज़ा अबूबकर और मिर्ज़ा अब्दुल्ला चार शाहज़ादों को रथों से उतारा और अपने हाथ से उन्हें कत्ल करके एक चुल्लू खून का पिया और कहा कि अगर मैं इनका खून न पीता तो मेरा दिमाग़ खराब हो जाता।'[2]

फाँसी सिर्फ राजकुमारों के लिए हो, ऐसी बात नहीं थी। उनकी कई किस्म थी। 'एक तो वे लोग थे जो बादशाह से ताल्लुक-खास रखते थे या उनके नौकर थे और उन्होंने किले में कत्ल किये, औरतों और बच्चों के कत्ल में हिस्सा लिया था, दूसरे वे थे जिन्होंने ज़ेहाद के नाम पर लड़ाई में हिस्सा लिया, तीसरे वे थे जिन्होंने मेगज़ीन में अँग्रेजों को दिक किया था, चौथे बागी सिपाही थे जो छिपे-छिपाये कहीं-न-कहीं से मिल जाते थे। पाँचवें अजमेरी दरवाजे के वे मुसलमान मोची थे जिन्होंने मैकटॉफ साहब पर बाँसों से हमला किया था, जबकि वे बाग़ियों से भागकर अजमेरी दरवाजों की तरफ से शहर के बाहर जाना चाहते थे। छठे बागी और गूजर थे जिन्होंने चारों तरफ लूट मचा रखी थी।'[3]

इस ऐतिहासिक परिप्रेक्ष्य में कवियों के दिल्ली से अवध की ओर सामूहिक प्रवास को समझा जा सकता है। वे फर्रुखाबाद, टाँडा, अवध, अजीमाबाद, हैदराबाद तक फैल गये। उत्तर में अवध सबसे समृद्ध राज्य था, यद्यपि स्वतन्त्र नहीं था। उसने साहित्यकारों को संरक्षण दिया और हिन्दुस्तान की साहित्यिक राजधानी दिल्ली से हटकर लखनऊ आ पहुँची। सौदा, मीर, हसन, मुसहफी, जुरअत, इंशा तथा अन्य कई कवि लखनऊ में आ बसे। लखनऊ में इस समय अमजद अलीशाह के बड़े बेटे वाजिद अलीशाह तख्त पर बैठे। उनका जमाना इस पूर्वी दरबार के इतिहास का अन्तिम पृष्ठ है और उस प्राचीन शोकगीत का अन्तिम पद है।[4] शाही महल बेगमों से भरे हुए थे। मुत्ता (निश्चित अवधि के लिए विवाह) के तहत किसी को भी बेगम का पद दिया जा सकता था। 'यह एहतियात उस हद तक बढ़ी थी कि एक जवान भिश्तन जो बादशाह के सामने जनाने में पानी लाती थी उसे भी 'मुत्ता' करके नवाब ने आबरसाँ बेगम का खिताब दे दिया। एक जवान भंगन जिसकी हजूरी

में आमद-रफ्त रहती उसे भी मुतआशुदा बेगमात में शामिल करके नवाब मुसफ्फा बेगम का खिताब दिया गया। स्थिति यहाँ तक पहुँची कि इन मुत्ताशुदा औरतों की पार्टियाँ बना दी गयी थीं जिन्हें विभिन्न प्रकार के नृत्यगान की शिक्षा दी जाती थी। एक राधा मंजिलवालियाँ, एक नथवालियाँ, एक घूँघटवालियाँ और इस तरह के बीसों गिरोह थे, जिनके नाच-गाने में उनका दिल बहलता था।'[5]

नवाब-दरबार की तरह जनाना ड्योढ़ी में भी नाच-गाना और शेर-शाइरी का दौर चलता था और कुछ विधाओं को छोड़कर अधिकांश का लेखन-गायन भी होता था। हिन्दी की तरह उर्दू में भी कवयित्रियों का नोटिस काफी बाद में लिया गया। ज़मील अहमद साहब का कथन है—

'ज़माना कभी एक हाल पर नहीं रहता। चुनांचे रफ्ता-रफ्ता हमारे 'जिंसी एख़लाक' का आइना आज़ादी की हवा से मुत्तसिर होना शुरू हुआ। वो अगली-सी पाबन्दियाँ और सख्तियाँ न रहीं और हमारे शोअरा के तज़्क़िरों में मर्दों के साथ-साथ औरतों का जिक्र भी खाल-खाल किया जाने लग। चुनांचे नवाब मुस्तफा ख़ाँ शेफ्ता ने 'गुलशने-बेखार' में चन्द शाएराखवातीन का निहायत मुख्तसर हाल और नमूनाए-कलाम दर्ज किया है। मौलवी अब्दुल कभूर नस्साख शेफ्ता से चन्द कदम आगे बढ़े और 'सुखने-शोअरा' में बतौर ज़मीना' (परिशिष्ट) शाएरात का मुख्तसर तज़किरा शामिले-किताब किया। ज्यों-ज्यों ज़माना आगे बढ़ता गया आज़ादी की राहें खुलती गयीं और शाएरात के मुस्तकिल तज़्क़िरे लिखे जाने लगे। चुनांचे 'शमीने सुखन' और 'तज़्क़िरतुल खवातीन' वगैरह वजूद में आये।' स्वयं ज़मील अहमद साहब ने 'शायराते उर्दू' के नाम पर उर्दू कवयित्रियों का संकलन किया जिसमें प्राचीनतम कवयित्री औरंगज़ेब की बेटी जेबुन्निसा मानी गयी हैं। जेबुन्निसा फ़ारसी की बड़ी कवयित्री हैं, लेकिन उर्दू में भी उन्होंने लिखा है जो उपलब्ध नहीं है। उर्दू में उनके तीन शेर बताए जाते हैं, जिनमें फ़ारसी जैसी गम्भीरता नहीं है—

*कहते हो तुम न घर मेरे आया करे कोई।*
*पर दिल न रह सके तो भला क्या करे कोई॥*

मीर और सौदा के जमाने की अनेक उर्दू कवयित्रियाँ हैं, जिन्हें दिल्ली-काव्य-परम्परा के अन्तर्गत रखा जा सकता है। बेगम, हुमाँ, कामिला बेगम, जाफ़री, हया, अख़्तर, असीर बेगम, गन्ना बेगम, शेख, क़मर आदि के नाम गिनाए जा सकते हैं। इनमें गौहर बेगम काबुल में जनमी थीं और एक कबीले के साथ अमृतसर आयी थीं। वे फ़ारसी, पख्तो और उर्दू तीनों में रचना करती थीं। जैसे-जैसे साहित्य का केन्द्र लखनऊ बनता गया, कविता पर लखनऊ परम्परा प्रभावी होती गयी। इसमें एक खास तरह की रसिकता, विलासिता और आशिकमिज़ाजी थी। 'इस आख़िरी दौरों पर नज़र डालने से साफ नज़र आ जाता है कि ज़बान की खूबी और शाइरी

ने लखनऊ में कैसी मज़बूत जगह पकड़ी थी। चन्द ही रोज़ में शेर कहना लखनऊ में एक फैशन बन गया और शाइरों की यहाँ ऐसी भरमार हो गयी कि शायद ही किसी जबान में हुई हो। औरतों तक में शेरो-शाइरी का चर्चा हुआ और जाहिलों के कलाम में भी शाइराना खयाल, उपमाओं और अलंकारों की झलक नज़र आने लगी।'[6] इसका एक परिणाम तो यह हुआ कि स्त्रियों की भाषा में एक खास तरह की विशिष्टता आने लगी। भारतीय काव्य-खास तौर पर नाटक-परम्परा में वह पहले ही थी जिसके चलते स्त्रियों के संवाद प्राकृत भाषा में लिखे जाते थे। उर्दू में सदाकत यार खाँ 'रंगीन' को यह खयाल आया कि स्त्रियों की इस विशिष्ट भाषा में शाइरी की जाए, इसलिए उन्होंने इस भाषा में ग़ज़लें कहीं और उसका नाम रेख़ती रखा। अपनी मस्ती, रंगीनी और दिलचस्पी के कारण यह विधा बहुत लोकप्रिय हुई। इस तथ्य का दिलचस्प पहलू यह भी है कि स्त्रियों ने जो शाइरी की है, उनके प्रयोग पुल्लिग में हैं। उर्दू शाइरी हमेशा सिर्फ पुरुषों की भाषा में रही। यहाँ तक कि उसमें यदि स्त्रियाँ लिखती हैं तो मर्द बनकर। वे पुरुषों की ही भाषा प्रयोग करती हैं और अपने लिए सर्वनाम तक पुल्लिग के इस्तेमाल करती हैं। अगर शाइर का नाम न पता हो तो यह बताना कठिन होगा कि रचना स्त्री की है या पुरुष की।

इस काल में उर्दू शायराओं की जो भी रचनाएँ बची रह सकी हैं वे नवाबों की बेगमों और उनके सम्बन्धियों की हैं। संग्रहों में नवाब आसिफउद्दौला की बेगम, जो 'दुल्हन' के नाम से लिखती थीं, के अतिरिक्त कई अन्य बेगमों की रचनाएँ उपलब्ध हैं। नवाब सद्रमहल 'सद्र' सन् 1877 तक वर्तमान थीं। इनकी रचनाएँ 'बादशाहनामा' तथा 'नमाइस्म' मिलती हैं। बादशाहमहल 'आलम' वाज़िद अलीशाह की पटरानी बताई जाती हैं। कहते हैं कि बीच में इनके दाम्पत्य सम्बन्ध तल्ख हो गये थे। लेकिन जब वाजिदअलीशाह का निर्वासन हुआ, तो वे उनके साथ गयीं और सेवा में रहीं। उनका दीवान भी प्रकाशित हो गया है। हैदरी बेगम 'कमर' मिर्जा हुमायूँ बख़्त की बेटी और वाजिदअलीशाह की बेगम थी, ये भी उनके साथ मटियाबुर्ज गयी थीं। वे फारसी और उर्दू दोनों में लिखती थीं। नवाब बेगम 'हिजाब' जो उनकी महलखास थीं, वे भी उनके साथ रहीं। लखनऊ के अतिरिक्त, आस-पास की एक दो रियासतें बच गयी थीं, वहाँ की रानियों की रचनाओं के उदाहरण भी मिलते हैं। रामपुर नरेश युसुफ अली खाँ की पटरानी 'बहूबेगम' के नाम से लिखती थीं, जिनके मात्र दो शेर ही संकलित मिलते हैं। भूपाल की रानी का नाम नवाब शाहजहाँ बेगम 'शीरीं' था वे सन् 1870 में गद्‌दी पर बैठीं। उनका दीवान भी छपा है। इनकी और इस तरह की कुछ अन्य कविताओं की विशेषता एक प्रकार की समरूपता है। अधिकांश के दीवान उपलब्ध नहीं हैं, सम्भव है कि रहे हों। प्राय: कवयित्रियों ने एक से अधिक भाषा में लिखा है, जिसमें फारसी उनकी पहली

पसन्द थी। यह स्वाभाविक ही है कि उसका प्रभाव उर्दू पर भी पड़ा, क्योंकि 'जाहिलों और औरतों तक की ज़बान पर फारसी की सन्धियाँ, शब्दविन्यास और कारक मौजूद हैं।'[7]

ग़ज़लों और शेरों के अतिरिक्त 'मर्सियाख्वानी' का प्रचलन भी स्त्रियों में था। शरर का एक संस्मरण इस सम्बन्ध में उल्लेखनीय है। 'हम सब आवाज़ को सुनकर उत्सुकतावश शिविर से बाहर निकले और देखा कि रात का सन्नाटा है। चाँदनी खेत किये हुए है और उसमें औरतों का एक झुंड ताजिया लिये हुए आ रहा है। सबके बाल खुले हुए और सिर नंगे हैं। बीच में एक औरत हाथ में शमा लिये है। उसकी रोशनी में एक लम्बे कद की खूबसूरत औरत कुछ पन्नों में से पढ़-पढ़कर मर्सियाख्वानी कर रही है। उस सन्नाटे, उस वक़्त, उस चाँदनी, उन नंगे सिर सुन्दरियों और उस पुरसोज गीत ने जो समाँ पैदा कर रखा था उसे मैं बयान नहीं कर सकता। नाजुक अदाओं का यह समूह जैसे ही कर्बला के फाटक में दाख़िल हुआ उस लम्बी हसीना ने परज की धुन में यह मर्सिया शुरू किया—

*जब कारवान-ए-शहर मदीना लुटा हुआ,*
*पहुँचा करीब शाम के क़ैदी बना हुआ।*
*नेज़े पे सिर हुसैन का आगे धरा हुआ,*
*और पीछे-पीछे बीसियों का सिर खुला हुआ।*

इस मर्सिया ने जो स्थिति के सर्वथा अनुकूल था यकायक ऐसा समाँ बाँध दिया कि शुब्हा होता था कि इन शेरों के जरिये से वह महिला कर्बला की घटना का चित्रण कर रही है या खुद अपने उस मातमी जुलूस और कर्बला में दाखिले का वर्णन कर रही है।'[8]

बेगमों और राजघरानों से इतर वेश्याएँ भी लखनऊ के जीवन का एक अहम हिस्सा रही हैं। प्रारम्भ से लेकर साहित्यिक परम्पराओं में इनकी भागीदारी रही है। लखनऊ की वारांगनाओं का वर्णन गुजिश्ता लखनऊ में विस्तार से किया गया है। डॉ. अन्दलीब शादानी अपनी पुस्तक 'शायराते उर्दू' की भूमिका में लिखते हैं, 'शाएरात के इन तमाम तज़्क़िरों में दो बातें खसूसियत के साथ मुशतरक हैं। एक तो यह कि इनमें जिन शाएरा औरतों का जिक्र किया गया है वो ज्यादातर तवाएफें हैं। दूसरे यह कि शाएरात के हालात निहायत नामुकम्मिल और नमूना कलाम बेहद मुख़्तसर है।'[9] उसके बाद जो संकलन बने, उनमें संकलन से ये नाम शामिल नहीं किये गये। कारण यह बताया गया कि 'अगर्चे बाज़ तवायफें खुद भी शेर कहती थीं और अच्छा कहती थीं, लेकिन अकसरो-बेश्तर उनका कलाम उनके मर्द अहबाब का कहा हुआ है', वस्तुतः नृत्य और गायन के साथ मिलकर उनकी कविता अपनी पृथक पहचान खो बैठी है। शरर के अनुसार 'जोहरा और मुश्तरी

कवयित्रियाँ और गायिकाएँ ही नहीं, उच्चकोटि की नर्तकियाँ भी थीं। मुश्तरी का उल्लेख डॉ. सावित्री सिन्हा ने भी किया है परन्तु विस्तृत जानकारी उपलब्ध नहीं है। डॉ. सिन्हा ने भी सिर्फ कुछ अनुमान लगाये हैं, 'इन्होंने होली खम्माच इत्यादि के हल्के पदों की रचना की है जिसका साहित्यिक मूल्य कुछ भी नहीं है। इसके अतिरिक्त अन्य विषयों पर भी रचना की है। देशप्रेम, पतिभक्ति, स्त्री के आदर्श तथा कर्तव्य उनके प्रिय विषय हैं।'[10] यह बात न तो इतिहास से काटने की है न भुलाने की कि जब राजघराने विलास में डूबे हुए थे तो वेश्याएँ देशभक्ति और पतिभक्ति पर कविताएँ लिख रही थीं। खेद है कि वह समूचा साहित्य नष्ट हो गया इस टिप्पणी के साथ कि उसका साहित्यिक मूल्य कुछ भी नहीं है।

अवध के बादशाह वाजिदअली शाह ने यद्यपि पेंशन स्वीकार कर ली थी और अपनी बेगमों के साथ मटियाबुर्ज (कलकत्ता) चले गये थे, परन्तु उन्हीं की बेगम हजरत महल ने विद्रोह में भरपूर हिस्सा लिया। इसका नतीजा यह हुआ कि अवध और उसके आसपास का हिस्सा जल उठा। इन घटनाओं का वर्णन अँग्रेज इतिहासकारों ने रस ले-लेकर किया है। 'हर रोज हम लोग विद्रोही ग्रामों को जलाने और मिटा देने के लिए निकलते थे। और हमने अपना बदला ले लिया है।... लोगों की जान हमारे हाथों में है और मैं तुम्हें विश्वास दिलाता हूँ कि हम किसी को नहीं छोड़ते।'[11] सन् 1857 में जनरल हेवलॉक और रिनॉल्ड के अधीन कम्पनी की सेना की इलाहाबाद से कानपुर तक की यात्रा के विषय में सर चार्ल्स ने लिखा है, 'मैंने आज की अँग्रेजी तारीख में खूब शिकार किया। बागियों को उड़ा दिया। यह याद रखना चाहिए कि जिन लोगों को इस प्रकार फाँसी दी गयी, या तोप से उड़ाया गया वे सशस्त्र बागी न थे, बल्कि गाँव के रहने वाले थे, जिन्हें केवल सन्देह पर पकड़ लिया जाता था। इस कूच में गाँव-के-गाँव इस क्रूरता के साथ जला डाले गये और इस निर्दयता के साथ निर्दोष ग्रामवासियों का संहार किया गया कि जिसे देखकर एक बार मुहम्मद तुगलक भी शर्मा जाता।'[12] इसी सम्बन्ध में रसल ने अपनी डायरी में दर्ज किया है कि कभी-कभी मुसलमानों को मारने से पहले उन्हें सुअर की खालों में सी दिया जाता था, उन पर सुअर की चर्बी मल दी जाती थी और फिर उनके शरीर जला दिए जाते थे और हिन्दुओं को भी धर्म-भ्रष्ट किया जाता था।'[13]

आधुनिक युग की पूर्वसन्ध्या में हिन्दी में लिखी गयी महिला-रचनाएँ भी अधिकांश राजस्थान और आसपास के घरानों की हैं। स्वतन्त्रता के पूर्व आधुनिक राजस्थान इक्कीस देशी रियासतों में बँटा हुआ था। कर्नल टॉड ने सबसे पहले इनके लिए राजस्थान शब्द का प्रयोग किया था और तब से यह इसी अर्थ में रूढ़ हो गया। राजस्थान सन् 1857 के विद्रोह में शामिल नहीं हुआ। उसके अधिकांश राज्य पहले से मुग़लों को और फिर मराठों को और बाद में अँग्रेजों को कर देते आ रहे थे। विद्रोह

में भाग न लेने पर भी उनमें पारस्परिक विवाद-युद्ध चलते रहते थे। महिला रचनाकारों में जयपुर राज्य की कछवाहा वंशीय ब्रजरानीदासी 'बाँकीवती', कृष्णगढ़ के महाराज राजसिंह से विवाही गयी थीं। इस वंश के अनेक राजा स्वयं सुकवि तथा कवियों के आश्रयदाता रहे थे, उनकी रानियाँ तथा कन्याएँ भी काव्य-रचना में काफी निपुण थीं। ब्रजरानी ने भागवत का दोहा-चौपाई छन्द में अनुवाद किया था। इनकी पुत्री थी सुन्दर कुँवरि बाई। पारिवारिक झगड़ों और पिता का देहान्त शीघ्र हो जाने के कारण उनका विवाह विलम्ब से हुआ। रूपनगर के खींची वंश के राजकुमार बलवन्त सिंह के साथ विवाह होने के बाद भी राजनैतिक उपद्रवों के कारण उनके पति का देहान्त हो गया। उनके द्वारा रचित ग्यारह ग्रन्थ बताए जाते हैं जिनमें अधिकांश कृष्ण-कथा से सम्बन्धित हैं। नागरीदास जी, बनीठनीजी एवं छत्रकुँवरि बाई भी इसी वंश-परम्परा से सम्बन्धित हैं। छत्रकुँवरि बाई का ग्रन्थ 'प्रेम विनोद' एक उत्कृष्ट कोटि का कृष्ण काव्य है—

*जुरन धुरन पुनि दुरन मुरन लोचन अनियारे।*
*भवनागति उर मैन, बानलगि फूट दुसारे॥*

जोधपुर के राजा मानसिंह की द्वितीय पत्नी रानी चावड़ी जी अठारहवीं शती के उत्तरार्द्ध में वर्तमान थीं। उनकी रचनाएँ स्वतन्त्र रूप से कहीं संकलित नहीं मिलतीं। यत्र-तत्र उद्धरण मिलते हैं। पति-प्रिया होने के बावजूद बहुविवाह के उस युग में राजा मानसिंह ने उनके बाद भी कई विवाह किये। कवयित्री पत्नी की विडम्बना यह कि पति के विवाह में मंगल-गीत भी उन्होंने ही लिखे और गाये भी—

*चाली मृगा नैणियाँ जी चम्पा ब्याहियाँ।*
*उठे लाल तम्बूड़ा तणियाँ*
*पनी सुमरे संगरा साथी*
*ज्यूँ माल्या रा मणियाँ*
*रसीलों राज नींद मदमाती।*
*सुख समाज रंग वणियाँ*
*फेर बँधावण चालो सखी*
*पिव केसरिया वणियाँ।*

राजा की विलासप्रियता ने पुत्र को विद्रोह के लिए उकसाया, शायद रानी ने पुत्र का साथ दिया। फलतः उस कवयित्री पत्नी को अपने ही शयनकक्ष की एक कोठरी में बन्दी हो भूख-प्यास से तड़पते हुए प्राण त्याग करने पड़े।[14] बीकानेर राज्य में इसी प्रकार का प्रसंग चम्पादे रानी का मिलता है जो राजा के अनुज पृथ्वीराज की पत्नी थी। पृथ्वीराज स्वयं डिंगल के प्रतिष्ठित कवि थे। उनकी प्रथम पत्नी

लीलादे की मृत्यु हो चुकी थी और वे लगभग निराश थे, तब चम्पादे उनके जीवन में आयीं। एक दिन दर्पण में देखकर पृथ्वीराज ने एक श्वेत केश तोड़ा। उसी दर्पण में चम्पादे का मुस्कराता प्रतिबिम्ब देख उन्होंने कुछ दोहे कहे—

*पीथल धोता आबियाँ, बहुली लग्गी खोड़।*
*पूरे जोवन मदमणी, अभी मूह मरोड़।*

चम्पादे ने उत्तर दिया—

*प्यारी कहे पीथल सुनो, धोला दिस मत जोय।*
*नरा नहारा बनफलाँ, पाका ही रस होय॥*

मारवाड़ के रारधरा प्रान्त के राणा की पुत्री सिरोही के राजा को विवाहित थी। नाम दोनों के ही नहीं मिलते। कुछ सरस-विवाद की पंक्तियाँ शेष हैं, जिनमें दोनों अपने-अपने देश की प्रशंसा करते हैं। गुजरात प्रान्त के अन्तर्गत काकरेची का विवाह मारवाड़ के चौहान नरहरिदास से हुआ था जो युद्ध करते हुए वीरगति को प्राप्त हुए। उनके भी स्फुट दोहे मिलते हैं। ये उदाहरण लौकिक शृंगार के हैं। मारवाड़ के राजा मानसिंह की पत्नी प्रताप कुँवरि भी राजघरानों की बहुविवाह प्रथा से पीड़ित थीं। पति की मृत्यु के बाद वे पूर्णतः भक्ति की ओर उन्मुख हुईं। उनके लिखे पन्द्रह ग्रन्थ राम-चरित्र पर हैं। प्रताप कुँवरि की सपत्नी तुलछराय ने भी राम भक्ति की कविताएँ लिखी हैं, जिसका संस्कार कृष्ण-काव्य का-सा है।

दतिया राज्य, राजस्थान से पृथक मराठों की प्रभाव सीमा में रहा। वहाँ की रानी वख्त कुँवरि 'प्रिया सखी' उपनाम से कृष्ण भक्ति की कविताएँ लिख रही थीं। दतिया के पास ही ओरछा राज्य है, जिसके दरबार में केशवदास जैसे भक्त, भूषण जैसे वीर और प्रवीण राय जैसी विदुषी कवयित्री वारांगना थी। वारांगना होते हुए भी वह इन्द्रजीत राजा के प्रति पतिव्रत का निर्वाह करती हैं और उन्मुक्त शृंगार की रचनाएँ भी। वहीं पर एकाध उदाहरण केशव की पुत्रवधू का भी मिलता है, यद्यपि उनका नाम नहीं दिया है। एक ही काल और भूगोल के एक ही बिन्दु पर रहते हुए भी उनमें स्पष्ट अन्तर दिखाई पड़ता है। रानी होना, राजा की पत्नी होना और राजदरबार में वेश्या होना एक ही बात नहीं है। ओरछा नरेश मधुकर शाह के आश्रय में मधुर अली ने दो ग्रन्थ लिखे थे, परन्तु उपलब्ध नहीं हैं। बृषभान कुँवरि ओरछा राज्य की महारानी थी। उनकी रचनाओं के नाम हैं 'भक्ति विरुदावली', 'रंग चन्द्रिका' तथा 'दानलीला'। मधुकर नरेश के दरबार में तीनतरंग नामक वेश्या का भी उल्लेख मिलता है जो कविताएँ लिखती थीं।

मध्यभारत में और भी छोटी-छोटी रियासतें थीं, जिनके रनिवासों में कविताएँ लिखी जा रही थीं। भरतपुर की राजमाता गिरिराज कुँवरि ने 'ब्रजराज विलास' की रचना की थी। जुगलप्रिया छतरपुर नरेश विश्वनाथ सिंह जू देव की पत्नी थीं जिन्होंने

पदों में श्रीकृष्ण लीला का गायन किया। रींवा की राजकुमारी बाघेली विष्णु प्रसाद कुँवरि भी कृष्णभक्ति परम्परा की कवयित्री हैं और उनकी रचनाओं के नाम 'अवध विलास', 'कृष्ण विलास' और 'राधा विलास' हैं। रामप्रिया प्रतापगढ़ के राजा प्रताप बहादुर सिंह जी की पत्नी थीं। इनकी भतीजी रत्न कुँवरि बाई थीं, जिन्होंने रामभक्ति परम्परा की रचनाएँ कीं।

ज्योति प्रसाद निर्मल की 'स्त्री कवि कौमुदी' की भूमिका लिखते हुए डॉ. रमाशंकर शुक्ल 'रसाल' ने सम्भवतः पहली बार इस ओर ध्यान दिया है। यह हम पहले लिख चुके हैं कि हिन्दी साहित्य रचना का कार्य विशेष रूप से उन्हीं देवियों ने किया है जो राजघरानों या धनी-मानी शिष्ट घरानों की सुगृहणियाँ थीं। इसकी पुष्टि के लिए बहुत-सी रानियों की रचनाएँ उपस्थित की जा सकती हैं। हम इन सबका एक वर्ग बना लेते हैं और साधारण घरों की स्त्री कवियों से इन्हें पृथक करके 'रानी कवि वर्ग' में रखते हैं। इनके देखने से प्रकट होता है कि जितना अधिक कार्य रानियों ने अधिक संख्या में किया है उतना अधिक कार्य उतनी अधिक संख्या में उस समय हमारे राजाओं ने नहीं किया। यह अवश्य है कि राजाओं में से बहुतों ने काव्य-शास्त्र जैसे गम्भीर विषयों पर भी सुन्दर रचनाएँ की हैं और रानियों ने नहीं कीं। किन्तु यह बात विचारणीय नहीं क्योंकि रानियों को काव्य-शास्त्रादि विषयों पर सुशिक्षा यदि साधारण स्त्रियों के समान अप्राप्य न थी तो दुष्प्राप्य अवश्य थी। प्रायः सभी रानियों ने भक्ति विषयक काव्य ही रचा है। कारणवश किसी-किसी ने विप्रलम्भ शृंगार सम्बन्धी कुछ रचनाएँ अवश्य कर दी हैं किन्तु समुदाय में व्यापकता विशेषतया भक्ति-काव्य की ही रही है।[15]

हिन्दी साहित्येतिहास का आधुनिककाल भारतीय नवजागरण के साथ-साथ घटित होता है। भारतेन्दु हरिश्चन्द्र, जिन्हें हम हरावल दस्ते का नायक कहते हैं, का काल वही है जो स्वतन्त्रता संग्राम की प्रथम क्रान्ति का। कहना चाहिए क्रान्ति की अस्थायी असफलता का पूरा सन्त्रास खास तौर पर हिन्दी प्रदेश के धरातल पर फदक रहा था, इनमें वे प्रदेश भी शामिल हैं, जहाँ ये क्रान्तियाँ घटित हुईं। अर्थात झाँसी, कानपुर, लखनऊ और दिल्ली के आस-पास का प्रदेश। और यह संयोग से कुछ अधिक है कि झाँसी और लखनऊ में क्रान्ति की सूत्रधार एवं पक्षधर स्त्रियाँ थीं। लखनऊ में नवाब वाजिदअली शाह के पेंशन स्वीकार कर मटियाबुर्ज चले जाने के बाद भी बेगम हज़रत महल ने युद्ध को अन्तिम सीमा तक लड़ा। यहाँ हमें कुछ वाजिब सवाल उठाने चाहिए और उनके जवाब इतिहास/साहित्येतिहास में खोजने चाहिए। सबसे पहली बात तो यह कि अधिकांश महिला-लेखन राजघरानों और खास तौर पर रानियों/बेगमों द्वारा क्यों किया गया? इसका एक कामचलाऊ जवाब तो यही दिया जा सकता है कि रानियों की रचनाएँ सुरक्षित रखी गयीं। शिक्षा एवं

साहित्यिक संस्कार उन्हें परिवार में प्राप्त थे। इन छोटे-छोटे राज्यों एवं रियासतों में बहुविवाह प्रथा प्रचलित थी। इस बात का कोई अर्थ नहीं था कि राज्य हिन्दुओं के थे या मुसलमानों के। कविता एक गली का दरवाजा थी, जो उनके अन्तःपुर में भी खुलता था। यहीं पर सवाल यह उठाया जा सकता है कि रानियों की कविता परम्परागत भक्ति की ओर मुड़ी और बेगमों की शृंगार की ओर। इसका उत्तर हमें साहित्यिक परम्पराओं, जो वस्तुतः भाषिक परम्पराएँ ही हैं, में खोजना होगा। अधिकांश स्थानों पर ब्रजभाषा अपने भक्ति संस्कारों के साथ रानियों को प्राप्त हुई है। कहीं-कहीं राजस्थानी एवं अन्य बोलियों का प्रयोग हुआ है। इसके विपरीत बेगमों को फारसी काव्य-परम्पराएँ उर्दू के माध्यम से प्राप्त हुई थीं। ब्रजभाषा भक्तिकाव्य के लिए राजपथ था। कृष्णकाव्य उसमें शृंगार की जरूरतें भी पूरी कर देता है। यही कारण है कि अधिकांश रानियों ने कृष्णकाव्य को अपनाया। जहाँ राम काव्य की रचना हुई भी है वहाँ तुलसी-परम्परा की अनन्यता और मर्यादावाद नहीं है कृष्ण-काव्य का रसोत्सव ही अधिक है। दयाबाई और सहजोबाई मात्र दो कवयित्रियाँ सन्तकाव्य की हैं तो पूरी तरह से सन्त सम्प्रदाय में दीक्षित हैं और उन्हें उक्त रानियों के साथ नहीं रखा जा सकता। उर्दू का विकास यद्यपि खड़ी बोली के मूल ढाँचे पर हुआ था परन्तु साहित्य में वह फ़ारसी की परम्पराएँ लेकर आयी थी। यह आश्चर्यजनक नहीं है कि लगभग सभी बेगमें फ़ारसी भाषा और साहित्य की जानकार हैं, और प्रायः समानान्तर लेखन भी करती रही हैं। अतः उन्होंने उस खिड़की का सहारा लिया। बात सिर्फ काव्य परम्पराओं की भी नहीं है, ऐतिहासिक और पारिवारिक परिवेश की भी है। रनिवास में रहनेवाली कवयित्रियाँ उन्मुक्त शृंगार में जा नहीं सकती थीं। इसके लिए कृष्ण-राधा या इसी तरह का कोई और रूपक जरूरी था। इसीलिए उसका खुलकर प्रयोग किया गया। राजस्थान में जहाँ वीरगाथाओं की परम्परा रही, महिलाएँ यही कहती रही हैं—

*भल्ला हुआ जु म्हारिया बहिणु म्हारा कन्तु*
*लज्जेतु वयसहिं जे भग्गा घर अन्तु॥*

वहाँ भी चारणियाँ रनिवासों में 'कुटिनी' का काम करती दिखाई पड़ती हैं और उससे जुड़ी रचनाएँ करती हैं। उर्दू में इस तरह का कोई चित्र या चरित्र नहीं है, इसीलिए उसे सूफ़ियाना रंग दे दिया गया। लेकिन विशेष बात यह कि काव्य-परम्पराएँ भाषिक सीमाओं के अन्दर ही प्रभावी होती हैं। संस्कृत में इस अवधि में महिलाओं ने ऐतिहासिक वीरगाथाएँ भी लिखी हैं, लेकिन हिन्दी या उर्दू में ऐसे उदाहरण नहीं मिलते। पारस्परिक भिन्नता होते हुए भी, ये कवयित्रियाँ एक बिन्दु पर सहमत हैं, वह बिन्दु है 'पतिभक्ति' का। एक तरह से यह न तो मीरा का विद्रोही भक्तिकाव्य है, न ताज का समर्पित प्रेम जो यह कहने का साहस रखता

हो 'हौं तो तुरकानी हिन्दुआनी हौं रहूँगी मैं।' यह एक तरह का सुरक्षित भक्तिकाव्य है, जिसमें 'रानीपन' भी बना रहे और 'भक्तिपन' भी जाने न पाये। उन्नीसवीं सदी के बिल्कुल अन्त में जनमी रानी रघुवंश कुमारी लिखती हैं—

*पिय के पदकंजन-राती*
*विष्णु विरंचि सम्भु सम पति में*
*छिन-छिन प्रेम लगाती।*
*तन-मन वचन छाँड़ि छल भामिनि*
*पति सेवहु बहु भाँती।*
*कबहु नहिं प्रीति सुनाती*
*पिय के पद कंजन-राती।*

साहित्येतिहास की पारिस्थितिकी की ओर उसकी प्रभाव की दिशाएँ तय करने से पहले यह तय करना जरूरी है कि हम देख कहाँ से रहे हैं। इस एक बिन्दु से ही 'दृष्टि' का निर्धारण होता है। रामचन्द्र शुक्ल ने महत्त्वपूर्ण कार्य किया था साहित्येतिहास को इतिहास से जोड़कर देखने का। उन्होंने स्वयं स्वीकार किया कि यह कार्य कुछ हड़बड़ी में किया गया है। कुछ लोगों ने इसे स्वीकार भी हड़बड़ी में किया। उन्होंने यह नहीं कहा कि साहित्य युगीन परिस्थितियों का उत्पाद्य है। उनका प्रमेय है—

प्रत्येक देश का साहित्य वहाँ की जनता की चित्तवृत्ति का संचित प्रतिबिम्ब होता है।

अतः चित्तवृत्ति परिवर्तन के साथ साहित्य में भी परिवर्तन होता चला जाता है।

आदि से अन्त तक इन्हीं चित्तवृत्तियों की परम्पराओं को परखते हुए साहित्य परम्परा के साथ उसका सामंजस्य दिखाना ही साहित्य का इतिहास है।

जनता की चित्तवृत्ति बहुत कुछ (सब कुछ नहीं) राजनैतिक, सामाजिक, साम्प्रदायिक तथा धार्मिक परिस्थिति के अनुसार होती है।

अतः कारण स्वरूप इन परिस्थितियों का किंचित (पृथुल नहीं) दिग्दर्शन भी साथ-ही-साथ आवश्यक है।

यहाँ प्रभाव की जिस प्रच्छन्न प्रक्रिया का जिक्र है, उसे बाद में कार्य--कारण सम्बन्ध मान लिया गया। बात जनता की है लेकिन रचनाकार एक 'व्यक्ति' होता है, अतः 'संचित चित्तवृत्ति' का कितना उसमें प्रतिबिम्बित होता है, कितना वह ग्रहण करता है और कितना अभिव्यक्त कर पाता है यह एक महत्त्वपूर्ण तथ्य है। शुक्ल जी ने 'वीरगाथा काल' में युद्ध को, 'भक्तिकाल' में उसकी पराजय को और 'रीतिकाल' में पराजय की कुंठा को रचना का कारण मान लिया है। विचार करने की बात यह है कि युद्ध, लड़ने वाले राजा, उसके सैनिक अधिकारी, सैनिक,

सैनिक परिवार तथा शेष लुटती-पिटती जनता पर एक-सा प्रभाव नहीं डाल सकते। हर-एक के लिए उसका अर्थ अलग होता है। अतः वर्ग चरित्र और रचना केन्द्र इस पारिस्थितिकी में अहम भूमिका अदा करते हैं। तभी हम एक युग में अन्य प्रकार के साहित्य की उपस्थिति की कोई तर्कसंगत व्याख्या कर सकेंगे। वीरगाथा काल (जैसाकि शुक्ल जी कहते हैं) के बाद भक्तिकाल का उदय रचना केन्द्रों का स्थानान्तरण है। राजदरबारों में भक्त और दार्शनिक नहीं हुए। उनका प्रभाव पहुँचा, पर उसका वह चरित्र नहीं है। रीतिकाल में रचना केन्द्र पुनः स्थानान्तरित हुए, लेकिन बदले हुए चरित्र के साथ। इस बार उसमें वीरगाथाओं, भक्ति और शृंगार कविता तीनों के रंग शामिल थे।

महिला-लेखन के लिए यही बात विश्वासपूर्वक नहीं कही जा सकती। बड़े-से-बड़े वृत्त और छोटे-से-छोटे केन्द्र में भी उनका एक स्वायत्त बिन्दु होता अवश्य है जिसकी भूमिकाएँ स्थानान्तरित नहीं होतीं। जहाँ होती हैं वहीं एक विद्रोही साहित्य का जन्म होता है। ऐसा कभी-कभी ही होता है। सारे युगीन प्रभाव उन तक उतने ही पहुँचते हैं, जितने उनके स्वायत्त वृत्त को स्पर्श करते हैं। यह स्पर्श कितना और कैसा होगा, यह उनकी विशिष्ट भूमिका पर भी निर्भर करता है। जिस काल के महिला-लेखन की चर्चा हम कर रहे हैं, वहाँ स्वयं रानी होना, राजा की पत्नी होना, राजा के दरबार में होना एक ही बात नहीं है। अपने 'पतिव्रत' का संकल्प दोहराने वाली प्रवीण राय खुलेआम राजा इन्द्रजीत का नाम ले-लेकर उन्मुक्त शृंगार की पेशकश कर सकती हैं।

लेकिन रानी रघुराज कुँवरि, जिनका जन्म सन् 1883 ई. में हुआ उनका काव्य-सरोकार भक्ति है।

मध्ययुग से आधुनिक युग में अवतरण फिर रचना केन्द्रों में परिवर्तन है। अब राजदरबार और मन्दिर रचना के केन्द्र में नहीं है। एक पूरा नया वर्ग जिसे 'मध्यवर्ग' कहते हैं अस्तित्व में आ चुका है और इसके परिणाम मूलभूत तथा दूरगामी सिद्ध हुए हैं। उल्लेखनीय है कि सन 1857 से राजनैतिक क्षेत्र में तथा 1850 ई. से साहित्यिक क्षेत्र में परिवर्तन की प्रक्रिया आरम्भ हो चुकी थी। इसमें स्त्रियाँ भी शामिल थीं। झाँसी की रानी (1857 ई.) बुन्देलखंड में, बेगम हज़रत महल (1856 ई.) अवध में और रामगढ़ की रानी ने विद्रोह की अग्नि सुलगायी थी। उन्नीसवीं सदी समाप्त होते-होते कुमुदिनी मित्तर, सरला देवी (1905 ई.), एनी बेसेंट (1914 ई.), बासन्ती देवी, उर्मिला देवी, बाई अमर (1879 ई.), सरोजनी नायडू (1913 ई.), विजय लक्ष्मी पंडित (1900 ई.) का उदय क्षितिज पर हो चुका था। कवयित्रियों में भी राजरानी देवी (1870 ई.), तोरनदेवी शुक्ल 'लली' (1896 ई.), बुन्देल बाला (1883 ई.) आदि राष्ट्रीय कविता धारा की रचनाकारों का आगमन भी

हो चुका था। परन्तु जीमन महाराज की माँ, गिरिराज कुँवरि, जुगल प्रिया, बाघेली विष्णुप्रसाद कुँवरि, रामप्रिया, रत्न कुँवरि बाई आदि सन् 1950 के लगभग की कवयित्रियाँ हैं जिनमें समय की कोई हलचल नहीं है। ऐसी स्थिति में जब स्वयं रानियाँ स्वतन्त्रता-संग्राम में उतर चुकी थीं, कविता की लीक वे क्यों पकड़े रहीं? इसका एक उत्तर हम यही दे सकते हैं कि यह अन्तर रचना केन्द्रों के चरित्र में बदलाव से आया है। पर, यह भी आंशिक उत्तर ही होगा।

अन्तिम (फिलहाल) सवाल पारिस्थितिकी के प्रभाव की दिशाओं और संरचनाओं के सम्बन्ध में। इस सन्दर्भ में तो यही कहा जा सकता है कि जिस तरह प्रकृति में असंख्य संरचनाएँ हैं वैसे ही साहित्य में भी। आखिर अनन्त सम्भावनाओं का नाम ही तो साहित्य है।

सन्दर्भ :


1. रामचन्द्र शुक्ल, 'हिन्दी साहित्य का इतिहास', प्रथम संस्करण 1929 ई.
2. चाँद, फाँसी अंक, पृ. 108 पर उद्धृत
3. वही, पृ. 111
4. अब्दुल हलीम 'शरर', 'गुज़िश्ता लखनऊ', पृ. 51
5. वही, पृ. 61
6. वही
7. वही, पृ. 99
8. वही, पृ. 173-74
9. जनमत, जनवरी-मार्च 2002, पृ. 36
10. डॉ. सावित्री सिन्हा, 'मध्यकालीन हिन्दी कवयित्रियाँ', परिशिष्ट 1
11. Charls Balls, 'Indian Militiny', Vol. I, p. 257
12. Sir Charles Dilke, 'Great Britain', p. 154
13. 'Russll's Diary', Vol. II, p. 43
14. डॉ. सावित्री सिन्हा, 'मध्यकालीन हिन्दी कवयित्रियाँ', पृ. 40
15. ज्योति प्रसाद निर्मल, 'स्त्री कवि कौमुदी', भूमिका, पृ. 25-26

# महिला-लेखन की हिन्दी-उर्दू साझी संघर्ष-कथा

आज की स्मृतिहीनता इतिहास-हीनता की ओर जाने वाली यात्रा है। यदि ऐसा न होता तो राष्ट्रीय आन्दोलन के कई पक्ष नेपथ्य में न रह गए होते। विश्व का शक्तिशाली राष्ट्र कहलाने को उत्सुक देश को अपनी दृष्टि साफ करनी चाहिए और अपनी परम्पराएँ शुद्ध। विदेशी इतिहासकार ही नहीं, भारतीय मनीषी भी यही मानते हैं कि भारतीय नवजागरण का श्रेय अँग्रेजी के सम्पर्क को है। 'भारत की खोज' करते हुए जवाहर लाल नेहरू कहते हैं, 'अँग्रेज भारत में प्रभुतावान होकर विश्व की अग्रगण्य शक्ति ही इसलिए बन सके कि वे नवीन वृहद यन्त्रमूलक औद्योगिक सभ्यता के अग्रदूत थे। वे उस नवीन ऐतिहासिक शक्ति के प्रतिनिधि थे जो विश्व में रूपान्तर लाने वाली थी और इस प्रकार वे अपने आप से अज्ञात रूप में परिवर्तन और क्रान्ति के अग्रदूत हो गये।' सीधे-सीधे शायद इस तर्क को काटा नहीं जा सकता, परन्तु इस तर्क का एक दूसरा पहलू भी है, जिसे स्वीकार करने का समय अब आ गया है। स्वतन्त्रता आन्दोलन की पृष्ठभूमि में ऐसे कितने ही जन-आन्दोलन है, जो विस्मृति के गर्भ में ढकेल दिए गये हैं। किसान विद्रोह (सन् 1763-1800) आदिवासी किसानों का विद्रोह (1766-67), असम की जनजातियों का विद्रोह (सन् 1770-1800), नमक के कारीगरों का संग्राम (सन् 1770-1804), चकमा-विद्रोह (सन् 1776-89) दक्षिण भारत का सिपाही विद्रोह (सन् 1806) एवं भीलों का विद्रोह (सन् 1818-1831) आदि एक पूरी श्रृंखला है, जिसे अँग्रेजी-चेतना से तो नहीं जोड़ा जा सकता, परन्तु उनके द्वारा उत्पन्न परिस्थितियों के विरुद्ध जरूर जोड़ा जा सकता है। आज भारतीय स्वतन्त्रता संग्राम का जो इतिहास नयी पीढ़ी को रटाया जाता है उसमें इन जन-आन्दोलनों का कोई जिक्र नहीं है। सच तो यह है कि वृत्ति इतिहास के भीतर इतिहास को नकारने की है, जिसका पूरा प्रभाव साहित्येतिहास पर भी पड़ा है।

सम्भवत: सभी भारतीय भाषाओं के साहित्येतिहासों में आचार्य रामचन्द्र शुक्ल एकमात्र इतिहासकार हैं जिन्होंने साहित्येतिहास को उसकी पारिस्थितिकी से जोड़कर देखा और एक नयी पद्धति की शुरुआत की। लेकिन आश्चर्य की बात है

कि आधुनिक काल को 'गद्ययुग' का नाम देते हुए उनकी पूरी शक्ति गद्य के विकास और खड़ीबोली कविता के संस्थापन में लग जाती है। इसका परिणाम यह हुआ कि जिस राष्ट्रीय-चेतना के तहत गद्य और कविता का जन्म तथा पालन-पोषण हुआ, उस 'मूल्य' को केन्द्र में न रखा, वे अलग-अलग सन्दर्भों में उसका नाम लेते हैं और समूचे युग को खंड-खंड में प्रस्तुत करते हैं। उनका पूरा ध्यान ब्रजभाषा और खड़ीबोली की कविता के द्वन्द्वात्मक परख पर है, विधाधर्मिता पर है। आश्चर्य नहीं कि यह परम्परा हम आज भी ढो ही नहीं रहे बल्कि छात्रों पर लाद भी रहे हैं। यह सच है कि परस्पर अन्तर्विरोधी रचनाओं से भरा यह समय भ्रम की स्थितियाँ उत्पन्न करता है, परन्तु उन्हें एक साथ रखकर देखा जाना भी जरूरी है। यह भी एक अन्तर्विरोध ही है कि अपने इतिहास को निरन्तर संशोधित करने के बावजूद शुक्ल जी ने आधुनिक युग में महादेवी को छोड़कर और किसी कवयित्री का उल्लेख नहीं किया। सुभद्रा कुमारी चौहान का उन्होंने नाम भर लिया है। गद्य में भी स्थिति बदली नहीं है। 'बंग महिला' का नाम कहानी के जन्म के सम्बन्ध में लेते हैं, बस।

यह देखना काफी दिलचस्प है कि फ़िराक़ गोरखपुरी ने जो 'उर्दू भाषा और साहित्य' लिखा है, उसमें भी कोई बदलाव नहीं है। यद्यपि उसका पहला संस्करण 1962 में छपा था। वे 'सामाजिक चेतना और नयी कविता' शीर्षक से एक अध्याय अवश्य लिखते हैं परन्तु महिलाएँ वहाँ भी नहीं हैं। इसके विपरीत कथा साहित्य में इस्मत चुगताई, ख़दीजा मस्तूर, हाजरा मसरूर का नाम लेते हैं। उल्लेखनीय तथ्य यह भी है कि इससे पहले हिन्दी में 'महिला मदुवाणी', 'स्त्री कवि कौमुदी' और 'हिन्दी काव्य की कोकिलाएँ' और उर्दू में 'तज़्क़िरातुल खवातीन', 'शायराते उर्दू' प्रकाशित हो चुके थे। क्या यह सिर्फ एक ऐतिहासिक भूल थी? यदि भूल थी फिर कत्ल क्या होता होगा? क्या यह मानकर चला जा सकता है कि हिन्दी और उर्दू में कवयित्रियाँ नहीं थीं? या राष्ट्रीय चेतना नहीं थी? अथवा दोनों नहीं थे। इस बात से इनकार नहीं किया जा सकता कि स्त्रियाँ उस समय एक दोहरी सामन्ती व्यवस्था और दोहरी गुलामी ढो रही थीं और व्यवस्था के अन्तर्गत व्यवस्था से संघर्ष कर रही थीं। उस समय जो पौराणिक और ऐतिहासिक कविताएँ लिखी गयीं उनका चरित्र इस अर्थ में भिन्न है कि वे एक साथ पौराणिक और समकालीन दोनों हैं। भारतेन्दु युग से लेकर स्वतन्त्रता-प्राप्ति तक यह क्रम अविच्छिन्न है। उस युग की उपेक्षा से इन रचनाओं का अधिकांश भाग तत्कालीन पत्र-पत्रिकाओं के साथ नष्ट हो गया। जितना कुछ शेष है वह हमारी आँखें खोलने के लिए कम नहीं है।

भारतेन्दु युग का प्रथम प्रभाव राजरानी देवी में मिलता है। उनकी दो पुस्तकें 'प्रभुदा प्रमोद' तथा 'सती संयुक्ता' ऐतिहासिक-बन्ध से फूटती हुई राष्ट्रीय चेतना

है, जो आनेवाले समय में और गहराती गयी। खास बात यह है कि यहाँ नेतृत्व करनेवाली भी 'स्त्री' है। पूरे भारतीय इतिहास में इस तथ्य की अनदेखी हुई है—

*देवियो! क्या पतन अपना देखकर*
*नेत्र से आँसू निकलते हैं नहीं?*
*भाग्यहीना स्वयं को क्या लेखकर*
*पाप से कलुषित हृदय जलते नहीं?*

*क्या न कुछ देश का अभिमान है*
*खो गयी सुखमय सभी स्वाधीनता*
*हो रहा कितना अधिक अपमान है?*
*समुद इसको कौन सकता है बता!*

इन पंक्तियों के समकक्ष मुगल राजवंश में जन्म लेने वाली शहजादी तैमूर जहाँ देहलवी की पंक्तियाँ देखिये जो 'हिजाब' तख़ल्लुस रखती थीं। शीर्षक है 'कौमुदी'—

*गर है हिम्मत तो न यूँ वक़्फ़े-फुगाँ[1] हो जाओ,*
*एक दिल एक जिगर एक ज़बाँ हो जाओ।*
*क़तरे मिल जाएँ जो आपस में तो दरिया होगा,*
*क़ौम के दर्द का इस तरह मुदावा[2] होगा।*
*जान और माल दो तुम अपनी ही इज़्ज़त के लिए,*
*ज़िन्दगी वक़्फ़ करो क़ौम की ख़िदमत के लिए।*

भारतीय स्त्री-विमर्श पाश्चात्य स्त्री-विमर्श से इस अर्थ में भिन्न और विशिष्ट है कि उसमें नारी-जागरण व्यापक राष्ट्रीय सरोकारों का हिस्सा बनकर आया है। आजादी की लड़ाई भी साथ मिलकर लड़ी गयी है।

जरूरी नहीं कि राष्ट्रीय कविताएँ पारम्परिक अन्दाज़ में ही लिखी गयी हों, वो हर प्रकार की रचना हो सकती हैं, राष्ट्रीयता उसकी बुनावट में शामिल है। हिन्दी के प्रसिद्ध कवि लाला भगवान दीन की पत्नी 'बुन्देलबाला' को केवल छब्बीस वर्ष की आयु प्राप्त हुई थी, परन्तु उनकी राष्ट्रीय चेतना बाल-कविताओं में भी झलकती है। भारत-भूमि की वन्दना सभी देशभक्तों ने अपनी-अपनी तरह से की है, उनमें 'माता और पुत्र' का संवाद निराला है—

माता— *हे प्यारे! कदापि तू इसको तुच्छ श्याम रेखा मत मान,*
*यह है शैल हिमाचल इसको भारत भूमि पिता पहचान।*
*नेह सहित ज्यों पितु पुत्री का सादर पालन करता है,*
*यह हिम-गिरि त्यों ही भारत हित पितृ-भाव धरता है।*

इस बात पर हमारा ध्यान जाता जरूर है कि रूपक के रूप में पिता और पुत्री का स्नेह लिया गया है, पिता और पुत्र का नहीं। शायद इसलिए कि हम मातृभूमि कहते हैं। बुन्देलबाला की राष्ट्रीय चेतना सीधे नयी पीढ़ी की ओर अभिमुख है। उनकी 'चाहिए ऐसे बालक' अथवा 'सावधान' शीर्षक कविताएँ इस दृष्टि से महत्त्वपूर्ण हैं। जिस प्रकार बुन्देलबाला युवा पीढ़ी को जाग्रत करती हैं, लगभग उसी प्रकार मेरठ की हूर 'मेरठी' एक आत्मीयता के साथ सभी 'बहनों' के लिए जागरण-गान प्रस्तुत करती हैं—

*जागो, जागो बहिनो जागो*
*क़ौम है मुर्दा जान तुम्हीं हो, जीने का सामान तुम्हीं हो।*
*शान है तुमसे शान तुम्हीं हो, शान तुम्हीं हो आन तुम्हीं हो।*
*जागो, जागो बहिनो जागो!*

राष्ट्रीय जागरण की आधारभूमि सामाजिक चेतना की थी। यही कारण है चाहे 'प्रगतिवाद' का लेबिल चस्पाँ करें या नहीं, भारतीय सामाजिक रूढ़ियाँ और बदहाली उस चेतना का आधारभूत अंग है। उसे चाहे हिन्दी के नाम से पुकारें या उर्दू के, आज़ादी की छटपटाहट दोनों में दिखाई पड़ती है। परम्परा साक्षी है कि बलिदान के प्रसंग में वीरपुत्रों को ही याद किया जाता है, पहली बार कविता के इतिहास में यह कामना अंकित हुई है—

*जननी-जन्म भूमि के हित में हो जाऊँ सहर्ष बलिदान,*
*बनकर वीर-बालिका मैं भी कर दूँ भारत का उत्थान,*
*वीणा की प्रतिध्वनि में मिलकर गाऊँ माँ का गौरवगान,*
*रहूँ मात-सेवा में तन्मय, चाहे संकट पड़े महान।*

यह सच है कि भारतेन्दु युग से स्वतन्त्रता-प्राप्ति के पूर्व तक फैले इस राष्ट्रीय चेतना के काल में जिन कवयित्रियों ने लिखा है— बहुत ही विषम परिस्थितियों में लिखा है। बहुत कम ऐसी लेखिकाएँ हैं जिन्हें औपचारिक शिक्षा का लाभ मिला था। पारिवारिक विसंगतियाँ जब इक्कीसवीं सदी में भी इतनी हैं, तो उस समय की स्थिति की केवल कल्पना की जा सकती है। सीमित साधनों और परिवेश से घिरी नारी-चेतना की जागृति के लिए छटपटाहट एवं तीखी संकल्प-शक्ति साहित्येतिहास लेखक से पूरे ध्यान की माँग करती है। रफीआ बानू 'मुज़्मिर' की कविता 'अज़्म' (संकल्प) इस दृष्टि से महत्त्वपूर्ण है—

*बदल दूँगी निज़ामे-ज़िन्दगी को सईए-पैहम*[3] *से*
*ज़माना काँप उट्ठेगा मेरे अज़्मे-मुसम्मम*[4] *से*
*समाजो क़ुव्वतो को ज़ोरे-बाज़ू से मसल दूँगी*
*ये महक़ूमी*[5]*, ये बन्दिश, ये मज़ाको-फ़िक्र की पस्ती*[6]

*यह रूहों की ग़ुलामी, यह सियहकारी यह बदमस्ती*
*मैं उस दुनिया को 'मुज़्मिर' अपने नारों से हिलाऊँगी*
*फ़रोगे-सोजे-ग़म[7] से आग दुनिया में लगाऊँगी*
*उठूँगी मैं जलालो-अज़्मो-हिम्मत[8] का अलम लेकर*
*मेरे बिगड़े हुए तेवर से तूफ़ाँ-दम-बख़ुद[9] होंगे।*
*मेरे बिफरे हुए नारों से इंसा-दम-बखुद होंगे।*

उर्दू कवयित्रियों की विशिष्टता इस बात में है कि वे अपने को केवल भारतीय नारी के रूप में प्रस्तुत नहीं करतीं, बल्कि वे पूर्वी एशिया की बात करती हैं। यद्यपि जिन गुणों का उल्लेख उन्होंने किया है वे केवल भारतीय ही नहीं स्त्री मात्र के गुण हैं। जबलपुर का ख़ालिदा बेगम 'ख़ालिदा' अपनी कविता 'पूरब की औरत में' अपने स्त्री होने पर गर्व करती हैं—

*कुर्बानि-मुहब्बत हूँ, तस्वीरे-मसर्रत हूँ*
*फूलों की मैं न कहती हूँ, दुनिया की मैं जन्नत हूँ*
*मशरिक की मैं औरत हूँ*
*दरिया-लताफ़त हूँ[10], इक गौहरे-इस्मत[11] हूँ*
*इक राज़े-हक़ीकत हूँ, परवाने की फ़ितरत हूँ*
*मशरिक की मैं औरत हूँ*

हिन्दी कवयित्रियों ने पौराणिक नाम अवश्य लिये हैं, लेकिन वे आज उनका अन्धानुकरण नहीं करना चाहतीं। समय के अनुकूल प्रत्येक वस्तु बदलती है, फिर स्त्री की विचारधारा और कर्तव्य-बोध क्यों नहीं? चंचल कुमारी देवी की एक कविता उस समय छपी थी जो आज के युग से भी मुख़ातिब है। कवयित्री नये युग की नारी के समक्ष प्रश्न रखती है कि वह क्या बनना चाहेगी—

*बता-बता जीवन का तूने क्या उद्‌देश्य बनाया है?*
*जग में कर दिखलाने का तुझमें भाव समाया है?*

कवयित्री का उत्तर एक नये स्वर का आगाज़ है—

*अंकित है उर में सखि सब, सीता सावित्री गान्धारी।*
*इस युग में पर नहीं बनूँगी, मैं बीते युग की नारी।*
*अब तो इच्छा है निकलूँ घर से लेकर नंगी तलवार।*
*देख जिसे इस दबे देश में, हो कुछ साहस का संचार।*

हिन्दी कवयित्रियों में राष्ट्रीय और सामाजिक चेतना प्रखर रूप में है परन्तु उस पर किसी विचारधारा का आग्रह नहीं है। यदि प्रभाव है भी तो गाँधीवादी तेवर में। सुभद्रा कुमारी चौहान ने तो सक्रिय राजनीति में भाग भी लिया था, परन्तु उनका

स्वर शुरू से आखिर तक राष्ट्रीय था। इसके बरक्स उर्दू कवयित्रियों पर मार्क्सवादी विचारों का न भी हो, पर दृष्टि का प्रभाव पड़ने लगा था। इसीलिए सामाजिक चेतना के अन्तर्गत पीड़ित और दुखी तथा मजबूर मज़दूर एवं लड़कियाँ शामिल हैं। ताज़वर ज़ेब उस्मानियाँ उन्नीसवीं सदी के पूर्वार्ध में मौजूद थीं। उनके काव्य-संग्रह का नाम ही है 'मुताम हरम' यानी 'जीवन-उद्देश्य'। उनकी एक कविता है, जिसमें वे आशा करती हैं—

हिलाल और मज़दूर—

*वहाँ मजबूर भी होगा ज़माना*
*वहाँ मगरूर भी होगा ज़माना*
*मगर मज़दूर से नफ़रत न होगी*
*ग़रीबी बाइसे-ज़िल्लत न होगी*

सन् 1920 में जनमी शमीम मलीहाबादी, जोश मलीहाबादी की भाँजी थीं, उनमें इस प्रकार की संवेदनाएँ प्रमुखता से व्यक्त हुई हैं। 'दुख्तरे हिन्द' उनकी दोहरी वेदना की पुकार है, स्त्री होने की और ग़रीब होने की—

*आह! ये आफ़त ये बर्बादियाँ*
*हिन्द की ओर आह! ये शहज़ादियाँ*
*आह! ऐ हिन्दोस्तान-ख़स्ता-हाल*
*भूक से बेताब हैं यूँ तेरे लाल?*
*आह! ऐ जन्नत-निशाँ हिन्दोस्ताँ*
*तू कहाँ और यह तेरी हालत कहाँ।*

हिन्द की बेटियों की दशा पर वे तरस जरूर खातीं हैं, लेकिन उन्हें प्रेरित भी करती हैं, जाग उठने का सन्देश भी देती हैं—

*शबे-तारीक*[12] *से अनवारे-सहर पैदा कर*
*ज़र्रे-ज़र्रे में नये शम्शो-कमर*[13] *पैदा कर*
*कब से छाया है फ़ज़ाओं पे फलाकत*[14] *का गुबार*
*हिन्द की ख़ाक से फिर लालो गुहर*[15] *पैदा कर।*

स्त्री में परिवर्तन की क्षमता है और उसी क्षमता को शमीम मलीहाबादी पुकारती हैं। यह पुकार केवल व्यक्तिगत आज़ादी के लिए नहीं है बल्कि वे पूरी व्यवस्था में बदलाव चाहती हैं, उन्हें पूरा भरोसा है कि औरत के कमजोर कहे जाने वाले कन्धे इस बोझ को उठा सकते हैं—

*इक इशारे से बदल सकती है आलम का निज़ाम*[16]
*इक सदा से सारी दुनिया को जगा सकती है तू*

*आज की क़िस्मत पलट सकती है तू अक़वाम की*[17]
*आज भी हर .फ़र्द*[18] *को अर्जुन बना सकती है तू।*
*जो .ज़मीं क्या आस्मानों से हर्गिज न उठ सके*
*बोझ वह कमज़ोर शानों*[19] *पर उठा सकती है तू।*

यह धारणा सही नहीं है कि उर्दू में सिर्फ मुसलमान महिलाएँ ही लिखती थीं, हिन्दू स्त्रियों ने भी उर्दू में अपने हस्ताक्षर दर्ज किये हैं। दुर्गा देवी 'सनम अकबराबादी' के नाम से लिखती थीं और वे ग़ालिब की समकालीन थीं। सन् 1830 से 1862 तक वे अदबी मुशायरों में जाया करती थीं और अपना कलाम ख़ुद पढ़ती थीं। इन्तिजाम उल्लाह 'शहाबी' ने अपनी प्रसिद्ध पुस्तक 'बज़्मे आखिर' में लिखा है एक दफा मिर्ज़ा ग़ालिब देहली से आगरा आये, उनकी आमद पर आगरे में एक मुशायरा किया गया। दुर्गा देवी 'सनम' भी इस मुशायरे में तशरीफ लायीं। वह अपनी मजहबी पहचान के लिए हमेशा माथे पर तिलक और माँग में सिन्दूर, वगैरा लगाकर जाया करती थीं। चूँकि जाड़े का मौसम था इसलिए वह इस मुशायरे में हरे रंग का दुशाला भी ओढ़कर गयीं। ज्यों ही 'सनम' साहेबा मुशायरे में पहुँची उनका परिचय मिर्ज़ा ग़ालिब से कराया गया। मिर्ज़ा ग़ालिब ने उनके कीमती हरे रंग के दुशाले में छिपी हुई बालों की चोटी को देखकर कहा—

*स्याह चोटी जूर अ.फ़शाँ माँग सब्ज़ उस पर दुशाला है।*
*तमाशा है परे-ताऊस में काले को पाला है।*

श्रीमती सुशीला तिक्को और ब्रजकिशोरी उपनाम था। सन् 1889 में उच्च अधिकारियों के परिवार में जनमी थीं। उन्होंने औरतों का वर्णन औरतों की वाणी में किया है--

*सुन चुके माहे गुज़िश्ता में हो मर्दों का बयाँ।*
*अब सुनो मेरी ज़ुबानी औरतों की दास्ताँ।*
*क्यों न हम चिल्लाएँ चीख़ें शेवए-बेदाद पर*
*क्यों न हम फरियादी बनें हम भी तो रखती हैं ज़ुबाँ॥*
*और हमें देखो कि तुम से किस क़दर कमज़ोर हैं।*
*इसपे भी मेहरो व.फ़ा की हैं मुजस्सिम देवियाँ।*
*हो चुका बस हो चुका बस इन्तज़ामे-क़ौमो मुल्क*
*आपकी बदइन्तज़ामी पर है रोता आसमाँ॥*
*आज़माइश में हुए हो हर तरह नाकामयाब।*
*अब यह बेहतर है मिले हमको हुकूमत की अनाँ॥*

श्रीमती सरोजिनी नायडू 'भारत कोकिला' हैं, जो अँग्रेजी में कविताएँ लिखती हैं, यह तो सभी जानते हैं, परन्तु यह बहुत कम लोग जानते होंगे कि उन्होंने उर्दू

में भी लिखा है। उनका दीवान 'दुर्रे समीन' के नाम से प्रकाशित हुआ है। भूमिका में बख़्तर साहब लिखते हैं, 'मोहतरिमा नायडू की शायरी में जिस मुहब्बत की झलक आती है वह वही मुहब्बत है जो भक्ति की जानिब ले जाती है, जिसमें रूहानी रफ़अत और मजहबी जोश दोनों मौजूद हैं, जो हमेशा इख़लाक के दायरे में महसूर और मज़हब के अहकाम के ताबे रहती है, जिसमें मुहब्बत करनेवाली अपने महबूब को देवता और ख़ुद को एक अदना पुजारिन तसव्वुर करती है।... मुहब्बत के अलावा मोहतरिमा नायडू के कलाम में दीगर सबसे आला और बुलन्द मुक़ाम जज़्बात और तहरीकात को हासिल है। 'हुब्बे वतन', 'शफ़कते-मादरी', इनसानी हमदर्दी' गरज कोई भी काबिले-क़दर जज़्बा ऐसा नहीं जिसका उनकी किसी-न-किसी नज़्म में जलवा नज़र न आता हो। उनकी नज़्मों में मुअजन की अजाँ, पुजारी के भजन से लेकर पीसनहारियों के गीत, पालकीवालों और कहारों के गाने और फ़कीरों की सदा तक, सब किस्म के नग्मे मौजूद हैं। उनकी कविता 'ऐ मिरे प्यारे वतन' शीर्षक कविता उल्लेखनीय है—

*क्या सुनाऊँ हाले-दिल क्योंकर नया परवाज़ हूँ*
*इस सदाओं से भरी दुनिया में बे-आवाज़ हूँ।*
*ऐ मिरे प्यारे वतन।*
*इस मेरे टूटे हुए दिल का बना ले इक रबाब*
*फिर मुहब्बत के तराने हैं जहाँ में इन्तख़ाब*
*ऐ मिरे प्यारे वतन।*
*मैं तुझे क्या दूँ कि बेबस हूँ और नादार हूँ*
*क्या सहारा दूँ तुझे मजबूर और लाचार हूँ*
*ऐ मिरे प्यारे वतन।*
*ज़िन्दगी मेरी कमल का फूल बन जाती अगर*
*मैं तो क़दमों पर तिरे सौ बार रखता अपना सर*
*ऐ मिरे प्यारे वतन।*

इनके अतिरिक्त 1947 से पूर्व की लगभग एक दर्जन से ऊपर और भी कवयित्रियाँ हैं, जैसे कि धर्म देवी, राजकुमारी सरवर (1917), नामदासी माथुर (1910), गीता 'बरकत', बेज़ार 'देहलवी', शर्म 'लखनवी' (1902), कन्ती 'शबनम' (1910), कृष्ण कुमारी 'राहत', शारदा देवी 'तुलसी' आदि। इनमें से कुछ बंगाल की हैं, कुछ गुजरात की, कुछ कश्मीर की। परन्तु उनके लेखन की भाषा उर्दू है। भारतेन्दु युग के आस-पास पढ़े-लिखे सरकारी अमले की भाषा अँग्रेजी के बाद उर्दू ही मानी जाती थी। इसीलिए उन्हें कहना पड़ा था 'भाषा भई जग की उर्दू, अब इन ग्रन्थन नीर डुबोइए।' स्पष्ट है ये सभी कवयित्रियाँ पढ़े-लिखे अभिजात

परिवार की थीं। इसलिए उर्दू में लिखना उनके लिए सहज था।

राष्ट्रीय काव्यधारा में यदि किसी का थोड़ा बहुत नोटिस लिया गया था तो वे हैं सुभद्रा कुमारी चौहान। डॉ. देवराज शर्मा लिखते हैं, 'परतन्त्रता के युग में सुभद्रा जी का समूचा परिवार अँग्रेजी शासन का घोर शत्रु था। वे अँग्रेजी अदालतों में वकालत करना भी अपने परिवार के लिए राष्ट्र-द्रोह मानती थीं। यही कारण है कि उन्होंने अपने पति ठाकुर लक्ष्मण सिंह से वकालत छुड़वाकर श्री माखनलाल चतुर्वेदी के साप्ताहिक पत्र 'कर्मवीर' में सहायक सम्पादक पद का कार्य कराने में सफलता प्राप्त की। सुभद्रा जी काँग्रेसी देशभक्तों के साथ राजनैतिक आन्दोलनों में सक्रिय रहकर आगे बढ़ने लगीं। वस्तुतः इनकी साहित्यिक सेवा के मूल में अटूट राष्ट्रप्रेम की भावना सदैव क्रियाशील रही है। ये राष्ट्रीय आन्दोलन की शिथिलता के समय साहित्य-सृजन की ओर उन्मुख थीं। निःसन्देह श्रीमती चौहान मन में देशभक्ति का जाग्रत ज्वालामुखी लिये वाणी के माध्यम से शत्रु पर जय पाने हेतु अविरल अंगार-वर्षा करती रही हैं। यों तो श्रीमती चौहान का स्वरूप, वीर-काव्य के प्रणेता उन वीरों का रहा है, जिसके एक हाथ में कलम और एक हाथ में तलवार रहती थी। उद्‌बोधन का स्वर जागरण का सन्देश देता था तो कर्म की हुंकार स्वतन्त्रता की देवी के चरणों में अपना सर्वस्व होम करने के लिए तत्पर रहती थीं।'

अन्य हिन्दी-उर्दू कवयित्रियों से सुभद्रा कुमारी चौहान इस अर्थ में भिन्न हैं कि अन्य कवयित्रियों के रचना-संसार में राष्ट्रीय-धारा एक आनुषंगिक वस्तु है, जबकि सुभद्रा जी का पूरा रचना-कर्म राष्ट्रीयता का पर्याय है और इसकी महत्त्वपूर्ण उपलब्धि यह कि नारी-चेतना एक पल के लिए भी उसमें लुप्त नहीं होती। साहित्येतिहास में दबे स्वर से यदि राष्ट्रीय काव्य-धारा में उनकी उपस्थिति मान भी ली जाती है तो नारी-चेतना को नज़रअन्दाज़ कर दिया जाता है। यह संयोग मात्र नहीं है और न ही इसे संयोग माना जाना चाहिए कि झाँसी की रानी की अमर कथा को ओजस्वी वाणी देने वाली एक कवयित्री ने इस पर्व को परतन्त्रता से मुक्ति के साथ जोड़ दिया है। जिस कार्य को निराला ने 'राम की शक्तिपूजा' में अद्‌भुत काव्य-लोक में चित्रित किया है वही कार्य सुभद्रा कुमारी चौहान ने निहायत सादगी से कर दिया है। लेकिन एक खास बात जो 'निराला' की 'राम की शक्तिपूजा' में नहीं वह यहाँ है और शायद यहाँ ही हो सकती थी। वह नयी दृष्टि है चुनौती में 'पन्द्रह कोटि' असहयोगिनियों का आह्वान—

*सबल पुरुष यदि भीरु बने तो*
*हमको दे वरदान सखी।*
*पन्द्रह कोटि असहयोगिनियाँ*
*दहला दें ब्रह्मांड सखी।*

*खाना-पीना सोना-जीना*
*हो पापी का भार सखी।*
*मर-मर कर, कर दें पापों का*
*हम जगती से छार सखी।*

साहित्येतिहास में महिला रचनाकारों के प्रति बेरुखी कई तरह से दिखाई जाती है। सबसे पहला और आसान तरीका है उधर देखना ही नहीं, जो लगभग सभी इतिहासकारों ने अपनाया है। दूसरा तरीका है नामों की सूची में कहीं जोड़ देना जो सुभद्रा कुमारी चौहान के साथ किया गया। और तीसरा तरीका है, यदि नाम लेना अनिवार्यता बन जाए तो उसे सही जगह पर सही परिप्रेक्ष्य में न देखना न रखना। ऐसा महादेवी वर्मा के साथ हुआ। उनका नाम दर्ज किये बिना नहीं चल सकता था, इसलिए उन्हें छायावाद से भी परे 'रहस्यवादी' घोषित किसी और लोक की रासिनी कहकर कम-से-कम राष्ट्रीय काव्यधारा से तो खारिज कर दिया।

'अग्निरेखा' महादेवी की मृत्यु के बाद प्रकाशित उनका अन्तिम कविता-संग्रह है। प्रकाशन के क्रम में इसे भले ही अन्तिम कहा जाए इसमें उनकी प्रारम्भिक और अन्तिम कविताएँ सम्मिलित हैं। यह महज़ एक संयोग नहीं है कि 'दीपक' जो महादेवी की रचनाधर्मिता का लगभग 'प्रतीक चिह्न' माना जाता है, 'अग्निरेखा' में बदल गया है। परिवर्तन की यह प्रक्रिया इस गीत में साफ देखी जा सकती है—

*लौ की कीमत दीप्त अनी से तप की एक अरूप शिला पर,*
*तूने दिन के रूप गढ़े शत ज्वाला की रेखा अंकित कर*
*अपनी कृति में आज अमरता पाने की बेला आती रे।*
*धरती ने हर कण सौंपा उच्छ्वास शून्य विस्तार गगन ने*
*न्यास रहे आकार धरोहर स्पन्दन की सौंपी जीवन ने*
*अंगारों के तीर्थ! स्वर्णकर लौटा दे सबकी थाती रे।*
*दीपक अब रजनी जाती रे।*

ऐसा लगता है कि महादेवी के चित्रों में बहुतायत से प्रयुक्त प्रतीकों, दीपक धूप, अर्चना, पुष्प आदि के आधार पर ही उन्हें रहस्यवादी कवयित्री घोषित कर दिय गया है और इस प्रकार की कविताओं की अनदेखी कर दी गयी है—

*पूछो न प्रात की बात आज आँधी की राह चलो*
*ताप बिना खंडों का मिल पाना अनहोना*
*बिना अग्नि के जुड़ा न लोहा-माटी-सोना*
*ले टूटे संकल्प स्वप्न दर ज्वाला में पिघलो।*

महादेवी की प्रारम्भिक कविताओं में जो 'प्रथम आयाम' शीर्षक से संगृहीत हैं,

राष्ट्रीय काव्यधारा के सभी अंग मिल जाते हैं। 'देशगीत' की ओजस्वी स्वर-लहरी और 'भारतमाता' की बहुरंगी छवियाँ इस कविता में प्रमुखता और प्रबलता के साथ प्राप्त होती है। ये देशगीत प्रभात फेरियों में गाए जाते थे—

*बन्दिनी जननी! तुझे*
*हम मुक्त कर देंगे।*
*शृंखलाएँ ताप से उर के गलेंगी*
*भित्तियाँ यह लौह की रज में मिलेंगी*
*रक्त से अपना खिला कर*
*लाल बादल*
*तिमिर के अब हम उषा आरक्त*
*कर देंगे।*
*तुझे हम मुक्त कर देंगे।*

आज 'झंडा गीत' के नाम से हम सिर्फ 'झंडा ऊँचा रहे हमारा' को ही जानते हैं। किसी महिला रचनाकार द्वारा लिखा गया यह ध्वज-गीत पहला तो है ही शायद अन्तिम भी है—

*विजयिनी तेरी पताका*
*फहराता है आज तिरंगा।*
*इससे है पहचान हमारी*
*इसमें ज्ञान हमारा*
*इसके बन्दन में झुककर*
*हो उन्नत भाल हमारा।*
*मन का उज्ज्वल हंस*
*बनाती यह छाया सतरंगा।*

राष्ट्रीय चेतना कोई अलंकरण नहीं है जिसे काव्य में बुना जा सके, वरन् कर्मक्षेत्र से जुड़ी एक अभिन्न प्रक्रिया है। महादेवी का कार्यक्षेत्र कर्म का जनतन्त्र है जिसमें अबोध अशिक्षित बालक हैं, विधवाएँ हैं और है पीड़ा की अकथ गाथा। 'चाँद' का 'विदुषी अंक' इसी प्रक्रिया की देन है और देश में आपातकालीन स्थिति लागू करने के विरोध में उनका यह कथन भी 'हम सबकी ज़बान में ताले लगे हुए हैं और सारा देश कारागार बन गया है।' यदि यह सब कुछ रहस्यवाद के अन्तर्गत आता है तो राष्ट्रीयता को पुनः परिभाषित करना होगा।

विशेषज्ञ मानते हैं कि राष्ट्रीयता के लिए जरूरी होता है एक सामान्य भूखंड, एक साझा अतीत, एक सम्प्रेषण युक्त भाषा, एक सहयोगी संस्कृति। आज हमारे पास एक प्रभुसत्ता-संयुक्त, स्वतन्त्र विशाल भूखंड है, साझा इतिहास है, समृद्ध

भाषाएँ हैं जो विश्व की किसी भी भाषा से कमतर नहीं है और है विविधता में एकता के रंग रचती जीवन्त संस्कृति। फिर क्या चीज है जो पूरे परिदृश्य से गायब है? न अब लोगों में 'सरफरोशी की तमन्ना' है न 'मस्तक देकर ज्वाला' खरीदने का साहस। 'पुष्प की अभिलाषा' भी अब 'वीरों के पथ' पर बिछने की नहीं है। उनके लिए अब अधिक 'महत्त्वपूर्ण' कार्य आवंटित कर दिए गये हैं। दशकों चले इस आज़ादी के साझा आन्दोलन में सिर्फ साठ वर्ष काफी हुए दृश्य-परिवर्तन के लिए? एक मासूम-सी कामना थी उस युग के लोगों की 'शहीदों की चिताओं पर लगेंगे हर बरस मेले, वतन पर मिटने वालों का यही बाकी निशाँ होगा।' अब मेले लगते तो जरूर हैं, पर शहीदों की चिताओं पर नहीं। साझी-आज़ादी की लड़ाई का लेखन भी साझा होना चाहिए। जब तक यह हो नहीं जाता तब तक इतिहास का यह पन्ना अनलिखा ही रहेगा।

सन्दर्भ :

1. रोदन का उत्सर्ग
2. उपचार
3. निरन्तर श्रम
4. दृढ़ संकल्प
5. गुलामी
6. रुचि तथा विचारों का पतन
7. शोकाग्नि का ताप
8. उच्चता, संकल्प और साहस का झंडा
9. स्तब्ध
10. प्रेम की नदी
11. अस्मत का मोती
12. अँधेरी रात
13. सूर्य-चन्द्र
14. दरिद्रता
15. लाल और मोती
16. व्यवस्था
17. राष्ट्र की
18. व्यक्ति
19. कन्धों पर

# जीवनी और आत्मकथा का अर्धनारीश्वरत्व 'प्रेमचन्द घर में'

जीवनी और आत्मकथा के बीच एक अद्‌भुत विधा विकसित हुई है, जिसे हम 'साँझी-कथा' के नाम से पुकार सकते हैं। शायद यह हिन्दी की अपनी उपलब्धि है। 'साँझी-कथा' जो जीवनी भी होती है और आत्मकथा भी। 'कथ्य और कथन' 'दृष्टि और द्रष्टा' इतना जुड़ा और साँझा-बुना होता है कि एक साँझी कथा पति-पत्नी के बीच सम्भव होती है। पत्नी द्वारा लिखी गयी पति की जीवनी (इसका विपर्यय भी हो सकता है, परन्तु अभी तक हुआ नहीं) है जिसमें जीवन तो पति का होता है, जीना पत्नी का। अत: यह विधा जीवनी और आत्मकथा की संश्लिष्ट बुनावट वाली है जिसे आत्मपरक कथा का अर्धनारीश्वरत्व कहा जा सकता है। शृंगार रस के सन्दर्भ में जैसे आश्रय और आलम्बन परस्पर बदलते रहते हैं वैसे ही इस धूप-छाँही कथा में जीवनी और आत्मकथा के रंग बदलते रहते हैं।

जीवनी-लेखक यदि समकालिक भी हों, तो भी, उसे सामग्री जुटाने का काम करना होता है, तथ्यों की जाँच करनी होती है, फिर भी वह यह दावा नहीं कर सकता कि 'सत्य' उसने प्राप्त कर लिया है। जो तथ्य मिलते हैं वे घटनाएँ हैं, नायक की 'प्रतिक्रियाएँ' और अनुभूतियाँ नहीं। यह केवल अनुमान का विषय हो सकता है। जीवनी-नायक यदि साहित्यकार है, तो कल्पना और सत्य को छानना दु:साध्य ही है। फिर भी, उस सत्य के लिए अन्तिम शब्द का प्रयोग नहीं किया जा सकता। 'साँझी-कथा' में यह दिक्कत कभी पेश नहीं आती, क्योंकि उसका पूरा व्यक्तित्व अपने सम्पूर्ण विस्तार में जीवनीकार के सामने खुला पड़ा है और अपनी अनुभूतियाँ एवं प्रतिक्रियाएँ वे अनायास ही परस्पर बाँटते रहते हैं। ऐसा बहुत कुछ होता है जो कहा तो नहीं जाता पर साथ-साथ जिया जाता है और समझा जाता है। इस प्रसंग में सबसे संवेदनशील हिस्सा वह है जहाँ हम छिपाना चाहते हुए अपने को प्रकट करते हैं तथा छिपाने की क्रिया प्रकट करने की प्रक्रिया बन जाती है। किसी भी जीवनीकार के लिए कुछ हिस्से वर्जित क्षेत्र होते हैं जहाँ अनुमान भी प्रमाण नहीं

होता। यह नायक का निजी एकान्त है, जो पत्नी देख सकती है, और अन्तरंग के किसी पपड़ियाए कोने को उजागर कर सकती है, बशर्ते कि वह ऐसा करना चाहे और उसके पीछे कोई माकूल कारण हो।

आत्मकथा के लिए अक्सर आईने का रूपक प्रयोग किया जाता है। फलाँ साहित्यकार आईने के सामने...। यह एक असत्य और भ्रमित करने वाला रूपक है। आईने में व्यक्ति अपने को उस कोण से देखता है, जिससे वह समझता है कि वह बेहतर लगता है। आईने में चेहरा, कभी-कभी पूरा शरीर भी, प्रतिबिम्बित होता है, आत्मा नहीं, विचार नहीं। यदि आईने की सतह ही समतल न हो तो शरीर भी कितने रूप बदलता है, यह कोई छिपी बात नहीं। फिर, आईना न तो 'टाइम' पकड़ सकता है न 'स्पेस' और न ही गति, जबकि जीवनी हो या आत्मकथा ये सब उसकी बुनियादी जरूरतें हैं। आत्ममन्थन हो या आत्मालोचन या आत्मान्वेषण, आत्मकथा की परिभाषा उसे तब मिलती है, जब वह 'रचना' के रूप में हमारे सामने आती है इसलिए रचना के रूप में उसका खरा उतरना लगभग उसके होने की शर्त है। 'आईने' का रूपक इसलिए भी नाकाफी कि वह जानता कि यह आईना है; न दुनिया उसे देख रही है और न ही वह दुनिया को देख रहा है। इसलिए रचना-प्रक्रिया तो यहाँ आरम्भ हुई ही नहीं। जब तक उसका भाषा में रूपान्तरण नहीं होता वह पाठक और समाज की परिधि के बाहर है।

इस सन्दर्भ में 'कैलिडोस्कोप' का सच भी एक पूरा 'झूठ' है क्योंकि जो हम देखते हैं वह कहीं होता ही नहीं, न ही वह हमारा रचा हुआ होता है। उसके मूल में तो नियोजित वे आईने के टुकड़े हैं जो टूटी चूड़ियों में विभिन्न संयोजनों का आभास देते हैं। रचना कहीं होती नहीं है।

आत्मकथा लेखक की स्मृति में पुनर्जीवित होती है जिसे वह आत्मा का रस लेते हुए व्यक्त करता है। जीवनीकार में स्मृतितत्त्व कार्यशील नहीं होता। यात्रा वह भी अतीत से वर्तमान की ओर ही करता है लेकिन उसका कार्य तथ्यों को खोजना, जोड़ना, परखना, सजाना, जगाना और बुलवाना होता है। वह उसे इस रूप में प्रस्तुत करता है कि नायक को सजीव करते हुए वह स्वयं भी विशिष्ट हो सके। तटस्थता, निस्संगता और दूरी बनाए रखने की बात इसी प्रसंग में कही जा सकती है। इसके विपरीत 'साँझी-कथा' में जीवनीकार भी स्मृति से गुजरते हुए उसके पूरे वेग को सराहता है। यहाँ उसकी स्थिति इस रूप में विशिष्ट है कि उसकी कोई पूर्व तैयारी नहीं होती। कोई विशिष्ट स्थिति उसे इस बिन्दु पर लाकर खड़ा कर देती है। उस समय लेखक जीवनीकार की प्रक्रिया से परिचालित नहीं होता, वरन आत्मकथाकार की तरह स्मृति में उसे पुनः जीता है, फिर रचता है। तथ्यों के चुनाव का काम यहाँ काल स्वयं करता है। जो महत्त्वपूर्ण और प्रासंगिक होता है वह याद रह जाता है,

शेष नेपथ्य में चला जाता है।

जीवनी-लेखक का एक केन्द्र बिन्दु होता है जिसके चारों ओर जीवनी लिखी जाती है और आत्मकथा का भी एक विचार-केन्द्र होता है जहाँ से स्मृति-लेखा का प्रसारण होता है। जहाँ ये दोनों बिन्दु मिलते हैं वहीं इस 'साँझा-रूप' का जन्म होता है। इसकी परख तब होती है जब नायक स्वयं आत्मपरक या आत्मकथा लिखे और उसकी पत्नी जीनी भी लिखे। यदि दोनों दो भिन्न बिन्दुओं पर खड़े होकर एक ही जीवन को देख रहे हैं तो वे तस्वीर को मुकम्मिल करते हैं और यदि वे एक ही बिन्दु पर खड़े हैं तो यह देखना दिलचस्प होाग कि तस्वीर कैसी बनी है।

जीवनी और आत्मकथा का परीक्षण करते हुए प्रायः उसकी सचाई पर बहुत बल दिया गया है। बुनियादी बात तो यह है कि झूठ बोलने के लिए आत्मकथा लिखने की आवश्यकता ही क्या है? वह तो वैसे भी बोला जा सकता है— बोला जाता है। इसके झूठ को झूठ प्रमाणित करने वाला सच हम कहाँ पाएँगे? रही बात तथ्यों की तो वे अपने में सत्य नहीं होते, सत्य उनसे निकाला जाता है या खोजा जाता है। जिस तरह तथ्य की प्रामाणिकता को लेकर सवाल उठाया जाता है उसी तरह का सवाल सत्य खोजने के पीछे छिपी ईमानदारी को लेकर भी उठाया जाना चाहिए। जीवनी हो या आत्मकथा, किसी भी रचना का महत्त्वपूर्ण पहलू यह है कि लेखक किन तथ्यों का चुनाव करता है और उससे भी जरूरी यह है कि वह किन तथ्यों को छोड़ देता है। पूरे जीवन का यथातथ्य चित्रण न तो हो सकता है और न होना चाहिए। कोई चित्रकार जब जंगल का चित्र बनाता है तो वह पेड़ों की गिनती नहीं करता न ही उनकी ऊँचाई मोटाई की नापजोख करता है। कैनवास का निर्धारित आकार एक जीते-जागते जंगल के रूप में बदल जाता है, इसीलिए वह एक कलाकृति है जंगल नहीं। जीवनी और आत्मकथा में भी यही प्रविधि काम करती है। इसके लिए जरूरी यह है कि लेखक तथ्यों का चुनाव करे और चुनाव इस बात पर निर्भर करता है कि वह किस बिन्दु पर खड़े होकर अपने समूचे अतीत को देख रहा है और इस बिन्दु का निर्धारण उस लक्ष्य से होता है, जिसके लिए लेखक जीवनी या आत्मकथा लिखने में प्रवृत्त होता है। तो, हम फिर घूमकर आ जाते हैं कि आत्मकथा या जीवनी लिखी क्यों जा रही है?

यहाँ जीवनी और आत्मकथा में अन्तर किया जाना चाहिए। आत्मकथा और जीवनी लेखक का लक्ष्य एक ही नहीं होता, इसलिए उनका चुनाव भी एक ही नही होता। जीवनी-लेखक उसी को अपना आधार बनाता है, जिसका क़द परिवेश से ऊपर निकलता हुआ हो या जो नायक इतनी विविधताओं और संघर्षों से हेकर गुजरता है कि उसके जीवन में एक चुम्बकीय क्षेत्र बन जाता है। आत्मकथा लेखक के लिए यह जरूरी नहीं है। वह अपनी लघुता को भी अपना कथ्य बना सकता

है, जैसे कि मध्ययुगीन भक्त कवियों ने बनाया है।

अभिव्यक्ति के स्तर पर जो चीज जीवनी और आत्मकथा को अलगाने वाली होती है, वह है उत्तम पुरुष और अन्य पुरुष की भंगिमाएँ। वे अलंकरण के लिए भी प्रयोग की जा सकती हैं लेकिन तब हम उन्हें आत्मकथा नहीं कहते। एक-दूसरे के सामने मुँह पर खड़े हुए रूप, 'साँझी-कथा' में एक साथ आ जाते हैं क्योंकि जीवन का जो कच्चा माल है उसे तराशते हुए लेखक की कहानी भी जहाँ-तहाँ आ जाती है, तब 'हम' और 'तुम', 'मैं' और 'वह' एक संवाद की स्थिति में दिखाई देते हैं। हाँ, दृष्टि का झुकाव चीजों को सिरे से ही बदल देता है। एक अन्य दृष्टि से भी 'साँझी-कथा' की विशिष्टता रेखांकित की जा सकती है। जिसकी जीवनी लिखी जा रही है वह स्वयं रचनाकार है तो, उसकी रचनाओं में उसका व्यक्तित्व उसी तरह झाँकता है जैसे कि दार्शनिक शब्दावली में सृष्टि में उसका कर्ता। परन्तु यह धारणा भी एक तरह की प्राकल्पना ही है। लेखन आत्मव्यंजक तो होता है किन्तु आत्मपरक भी हो यह आवश्यक नहीं है। बड़ा लेखक वह होता है जो आत्म-तथ्यों से अलग भी विविध, आत्मीय और विश्वसनीय रचना कर सके। यह बात कथा साहित्य के सम्बन्ध में अधिक लागू होती है क्योंकि यह संकट भी वहीं उपजता है।

शिवरानी देवी द्वारा रचित प्रेमचन्द की जीवनी 'प्रेमचन्द घर में' साँझी-कथा की पहली रचना है जो कई अर्थों में विशिष्ट है। प्रेमचन्द कालजयी रचनाकार हैं, उन्होंने अपने लेखन का प्रारम्भ जीवनियों से किया था। आत्मकथाएँ उन्हें खींचती थीं, इसीलिए उन्होंने 'हंस' का 'आत्मकथा' विशेषांक भी निकाला था। वे आत्मकथा को परिभाषित करते हुए कहते हैं, "आत्मकथा अपने हृदयपट को, अपनी ठोकरों को, अपनी हारों को प्रकट करना है और उसके माध्यम से एक आदमी अपने जीवन के तत्त्व आपके सामने रखता है, अपनी आत्मा के संशय और संघर्ष लिखता है, आपसे अपनी बीती कहकर, अपने चित्त को शान्त करना चाहता है, आपसे अपील करके अपने उद्योगों के औचित्य पर राय लेना चाहता है।" शिवरानी देवी जीवनीकार के रूप में अपनी जिम्मेदारियों के प्रति पूरी तरह सजग हैं। दोनों रचनाकार हैं। दोनों कथाकार हैं। दोनों सामाजिक और राजनैतिक रूप से पूरी तरह सजग हैं। शिवरानी देवी अपने लक्ष्य को भूमिका में साफ कर देती हैं, 'पुस्तक का उद्‌देश्य लेखक की कीर्ति फैलाना नहीं है बल्कि उसमें आपको घरेलू संस्मरण मिलेंगे, पर इन संस्मरणों का साहित्यिक मूल्य भी इस दृष्टि से है कि इनमें उस महान साहित्यिक के व्यक्तित्व का परिचय मिलता है। मानवता की दृष्टि से भी वह व्यक्ति कितन महान, कितना विशाल था यही बताना इस पुस्तक का उद्‌देश्य है।' वे लेखक के रूप में अपनी जिम्मेदारी और कर्तव्यबोध के प्रति जितनी सावधान

हैं, उतना ही अपने अधिकार के प्रति भी और यह बताने का अधिकार जितना मुझे है उतना और किसी को नहीं क्योंकि हम दोनों एक ही नाव के यात्री थे और हमने साथ-साथ ही ज़िन्दगी के सब तूफानों को झेला था, दुख और सुख में मैं हमेशा उनके साथ, उनके बगल में थी। आदमी की पहचान तकलीफ के भँवर में पड़कर ही होती है और चूँकि हम दोनों साथ-साथ उन तकलीफों से लड़े, साथ-साथ रोये और हँसे, इसीलिए मुझे उनकी विशालता का थोड़ा-सा अन्दाज़ा लगाने का मौका मिला। इसलिए मैंने अपना दायित्व समझा कि इससे पाठकों को परिचित कराएँ क्योंकि यह पुस्तक साहित्यिक आलोचकों को भी प्रेमचन्द साहित्य समझने में मदद पहुँचाएगी क्योंकि उनकी आदमीयत की छाप उनकी एक-एक पंक्ति और एक-एक शब्द पर है।

पुस्तक लिखने का उद्देश्य हो सकता है यही रहा हो, परन्तु उसका वास्तविक आवेगात्मक बहाव उस छोटी नदी की तरह है जो अपना मार्ग स्वयं खोजती है और उस पर कभी धीमी कभी तेज़ गति से बहती है। बीच-बीच में आत्म-स्वीकार के क्षण भी आते हैं, ''मैं यह लिख नहीं रही हूँ बल्कि शान्ति पाने का एक बहाना ढूँढ़ रखा है। बीसों वर्ष की पुरानी बातें याद करके मेरा दिल बैठा जाता है। मेरे वश में है ही क्या? हाँ, पहली बातों को सोचकर मुझे नशा हो जाता है।'' यद्यपि वे स्वयं इस रचना को 'संस्मरण' ही कहती हैं परन्तु इसकी प्रक्रिया और संयोजनक्रम यह बताता है कि सम्भवतः अनजाने ही वे इस पुस्तक में एक नयी विधा को जन्म दे चुकी हैं। रचना स्मृति की प्रक्रिया से गुजरते हुए ही की गयी है, वे लिखती हैं—''पुस्तक लिखने में मैंने एक बात का अधिक-से-अधिक ध्यान रखा है और वह है ईमानदारी, सच्चाई। घटनाएँ जैसे-जैसे याद आती गयीं, मैं उन्हें लिखती गयी हूँ।... मैंने तो सभी बातें, बगैर अपनी तरफ से कुछ भी मिलाए, ज्यों-की-त्यों कह दी हैं।''

'साँझी-कथा' की एक सीमा तो यह होती है कि लेखक बचपन में नहीं झाँक सकता। इसके लिए शिवरानी ने प्रेमचन्द के दिए गये विवरणों का प्रयोग किया है। यहाँ इस बात पर हमारा ध्यान जाए बिना नहीं रहता कि प्रेमचन्द ने आत्मकथा नहीं लिखी लेकिन वे 'जीवन-सार' लिख चुके थे जिसमें उन्होंने अपने बचपन को तल्लीनता के साथ याद किया है, परन्तु दोनों में विरोध भले ही न हो, समानता बहुत कम है। शिवरानी देवी ने प्रेमचन्द के बताये या उनसे समय-समय पर सुने अंश को 'कॉमा' के बीच में ही रखा है। दृष्टि की विभिन्नता इनके स्वरूप को भी बदलती है। सबसे बड़ी बात इन संवादों की नाटकीयता है। बीच-बीच में उनकी उपस्थिति प्रश्नकर्ता के रूप में होती है। वे निष्क्रिय श्रोता नहीं हैं, विवरण को स्वीकारती हैं, नकारती हैं और आगे बढ़ाती हैं। पति-पत्नी दोनों ही कथाकार हैं,

अत: छोटे-छोटे शीर्षकों में बँधी यह कथा कहीं-कहीं 'स्क्रीनप्ले' का रूप ले लेती है। जीवनीकार एक पात्र के रूप में बदल जाता है।

"एक रोज़ मेरे पिता के दोस्त बड़े बाबू ने मुझे बुलाया। मैं गया। मेरी पीठ पर हाथ फेरकर बोले— तू दुबला क्यों हो गया है? क्या दूध-घी तुझे नहीं मिलता? तेरी माँ नहीं देती? तुम दूध खूब पिया करो। घी भी खूब खाया करो।"

"उनके इन शब्दों को सुन मैं रो पड़ा। उन्होंने मुझे गले से लगा लिया। कहा— बेटा, रो मत। दूसरे रोज़ मैंने देखा कि चाची (विमाता) ने मेरी दाल में कच्चा घी डाल दिया।"

"मैंने कहा— मेरी दाल में कच्चा घी क्यों डाल दिया?"

"कच्चा नहीं पकता है?"

"मैंने कहा— दाल में घी डाला ही क्यों?"

"तुम्हीं तो घर-घर रोते हो कि मुझे कुछ नहीं मिलता।"

"मैंने किससे कहा?"

"बड़े बाबू से कहा कि मेरी चाची मुझे घी-दूध नहीं देती और किससे कहेगा?"

"मैंने कुछ नहीं कहा।"

"झूठा! मक्कार!"

"मुझे रोना आ गया।"

जाहिर है कि यहाँ प्रेमचन्द आत्मकथाकार के रूप में हैं, तब जीवनी लेखिका पत्नी का प्रवेश होता है—

मैं— "जब आपको खाना नहीं था तो रोने क्यों लगे?"

वे— "अब तुम मुझे कैसे खिलाती हो? स्त्री में स्त्रीत्व ही नहीं, बल्कि मातृत्व भी होना चाहिए। जब तक वह भाव न हो, तब तक किसी से प्यार, पालन, कुछ भी सम्भव नहीं।"

इस प्रकार की नाटकीयता जीवनी नायक और जीवनीकार के चरित्रों के वैशिष्ट्य को तो प्रकट करती ही है उनके पारस्परिक सम्बन्ध और वैचारिक ढाँचे की ओर भी संकेत करती है। जीवनीकार अपनी ओर से कुछ नहीं कहती।

यह सम्भवत: संयोग से कुछ अधिक ही है कि महान लेखक अपनी पहली पत्नी को छोड़ देते हैं और आश्चर्य यह कि दूसरी पत्नी को शिकायत पति से होती है। प्रेमचन्द ने अपने जीवनसार में इस घटना का उल्लेख नपे-तुले शब्दों में किया है, "मेरी पहली स्त्री एक अभागी स्त्री थी, तनिक भी सुदर्शन नहीं और यद्यपि मैं उससे सन्तुष्ट नहीं था तो भी बिना शिकवा-शिकायत निभाए चला रहा था, जैसे कि सब पुराने पति करते हैं।"

''झगड़ा आये दिन हुआ करता था। खानगी तरद्दुदात का ताँता बँधा। औरतों ने एक दूसरे को जली-कटी सुनायी, हमारी मखदूमा ने जल-भुन कर गले में फाँसी लगायी। माँ ने आधी रात को भाँपा, दौड़ी, उसको रिहा किया। सुबह हुई, मैंने खबर पायी। झल्लाया, बिगड़ा, लानत-मलामत की। बीवी साहिबा ने अब जिद पकड़ी कि यहाँ न रहूँगी। मैके जाऊँगी। मेरे पास रुपया न था। लाचार होकर खेत का मुनाफ़ा वसूल किया। उनकी रुखसती की तैयारी की। वह रो-धोकर चली गयी। मैंने पहुँचाना भी पसन्द नहीं किया।'' प्रेमचन्द जैसे दलितों, दीन-दुखियों के मसीहा कहलाने वाले महान साहित्यकार अपनी पत्नी से इस प्रकार का सलूक करेंगे, सोचा नहीं जा सकता। इस विवरण का सबसे विकट पहलू यह है कि जीवनीकार अपने लेखकीय दायित्व से बाहर निकलती और पत्नी के संकोच तथा कर्तव्यबोध को पीछे छोड़ती है, एक निपट स्त्री और उसकी अस्मिता को लेकर पीछे पड़ जाती है। दुनिया का कोई जीवनीकार ऐसा नहीं हुआ जो अपने कथा-नायक के जीवन-रुख को मोड़ने की कोशिश करे। केवल 'साँझी-कथा' ही यह जोखिम उठाने का अधिकार भी रखती है, क्षमता भी और साहस भी। प्रेमचन्द रस ले-लेकर अपने विवाह की कथा सुना रहे थे—

''उमर में वह मुझसे कुछ ज्यादा थी। मैंने उसकी सूरत देखी तो मेरा खून सूख गया।''

यहाँ जीवनीकार का हस्तक्षेप होता है—

मैं— ''ठीक तो थीं। तुम भी सीधी ग़रीब को पाकर अपने को कुछ लगाते हो।''

''नहीं जी, बेशर्मी मुझे पसन्द न थी। जो जितनी ही दूर रहता है, उसे उतना ही देखने के लिए दिल में कुतूहल होता है।''

मैं कहती— ''इसके माने तो यह हुआ कि औरतें हमेशा पुरुषों से तेज़ रहती हैं। यह तो अच्छी रही। मरे को मारे शाह मदार। बड़े से दबना छोटे को दबाना। यह तो कोई अच्छी बात नहीं।''

बात यहाँ तक पहुँचती है कि वे खुला ऐलान कर देती हैं—

''अगर आप मेरी बीवी होते तो मैं बताती कि स्त्रियों के साथ कैसे रहना चाहिए।''

यहाँ पति-पत्नी के संवाद में जीवनीकार का व्यक्तित्व प्रमुख और प्रखर हो जाता है। शायद इसीलिए अपने 'जीवनसार' में प्रेमचन्द ने उन्हें 'दोष की सीमा तक दायित्वशील और अत्यधिक भावुक कहा है।' ऐसे अवसरों में प्रेमचन्द के तर्क वे ही हैं जोकि पुरुषों के होते हैं। वे कहते हैं, ''वह बदसूरत तो थी ही, उसके साथ-साथ जबान की भी मीठी न थी। यह इनसान को और भी दूर कर देता है।'' आगे

जो बात वे कहती हैं वह दबंगई से किया गया एक सैद्धान्तिक प्रतिरोध था। यहाँ वे यह भी नहीं सोचतीं कि हाय! लोग क्या कहेंगे।

मैं— "आप दावे के साथ कह सकते हैं कि आपका अपना चरित्र अच्छा था?— खामोश! जब आदमी खुद वैसा न हो तो दूसरे से आशा करना व्यर्थ है।" (यह रहस्य प्रेमचन्द अपनी अन्तिम बीमारी के समय खोलते हैं कि तब उनके किसी अन्य स्त्री से सम्बन्ध थे जो कि शिवरानी के साथ विवाह के बाद भी कुछ समय तक रहे। तब शिवरानी गम्भीरता के साथ स्वीकार करती हैं कि यह बात वे पहले से ही जानती हैं लेकिन उन्होंने कभी कहा नहीं।) परस्पर प्रेम, विश्वास और निष्ठा के साथ जो बात स्पष्ट होती है वह यह कि शिवरानी अपने प्रति किए गये अपराध की अनदेखी कर सकती हैं लेकिन किसी दूसरी स्त्री के प्रति किए गये अन्याय की नहीं।

बात आयी-गयी नहीं हो गयी। '1914 बस्ती' शीर्षक से वे लिखती हैं (जैसे कोई कहानी लिखनी शुरू कर रही हों) प्रेमचन्द के पहले साले आये थे, अपनी बहन के सम्बन्ध में बात करने। शिवरानी वहाँ अपनी लड़की को लेने गयीं। अभी तक वे यही समझती थीं कि प्रेमचन्द की पहली पत्नी की मृत्यु हो चुकी है। उन्हें यही बताया गया था। पहली बार उन्हें पता चला कि वे अभी जीवित हैं। वे प्रेमचन्द से उनके पहले साले के बारे में पूछती हैं तो वे साफ मुकर जाते हैं। कहानी फिर जोर पकड़ती है—

"मुझे आपसे ऐसी उम्मीद न थी कि आप झूठ बोलेंगे।"

आप बोले— "जिसको इनसान समझते कि जीवित है, वही जीवित है। जिसे समझे मर गया, वह मर गया।" (क्या तर्क है?)

मैं— "मैं उसे मानने के लिए तैयार नहीं हूँ। आप कृपा करके उन्हें ले आइए।"

"मैं तो लेने नहीं जाऊँगा।"

मैं— "क्यों नहीं जाइएगा? शादी हुई थी, तमाशा नहीं था।"

"मैंने शादी नहीं की थी। मेरे बाप ने शादी की थी।"

मैं— "बाप ने तो जो अपनी शादी की थी, उसे आप गले बाँधे फिर रहे हैं। आपकी शादी की जिम्मेदारी तो आपके सिर है, अपनी नहीं? यह जिम्मेदारी का तुक नहीं है।"

"चाहे हो या न हो। मैं लाऊँगा नहीं।"

शिवरानी मनुहार पर उतर आयीं। प्यार से बोलीं— "आप उनको लिवा लाइए, उनकी जिम्मेदारी मेरे सिर रहेगी।" इस सम्बन्ध में वे कसम लेने को तैयार हैं कि प्रेमचन्द को कोई परेशानी नहीं होगी।

शिवरानी उन्हें 'प्रिय बहन' कहकर चिट्ठी लिखती हैं। उत्तर भी मिलता है 'उन्हें लिवाने भेजिये।' प्रेमचन्द जाते नहीं। वह भी स्वाभिमानिनी है। स्वयं आती नहीं। लेकिन शिवरानी से पत्र-व्यवहार चलता रहा।

यहाँ यह सवाल उठाया जा सकता है कि इन भीतरी बातों को उन्होंने जीवनी में लिखना जरूरी क्यों समझा? क्या वे प्रेमचन्द के चरित्र को धुँधला करना चाहती थीं या अपने को उभारना चाहती थीं? मुझे लगता है ये दोनों ही बातें सच नहीं हैं। सम्भावना यही है कि वे अपने चरित्र नायक के उदात्त चित्र पर एक धब्बा भी नहीं लगने देना चाहती थीं और उसे मिटाने के लिए स्वयं कुछ भी कर गुजरने के लिए तैयार थीं। इस तरह के अंश प्रेमचन्द के चरित्र को उसी तरह सहज मानवीय बना देते हैं, जैसे कि उनके उपन्यासों के पात्र होते हैं।

किसी की जीवनी जब काफी समय बाद लिखी जाती है तो जीवनीकार का समय जीवनी को प्रभावित कर सकता है। सम्भव है तथ्य अपरिवर्तित हों परन्तु उनकी प्रासंगिकता बदल सकती है। 'साँझी-कथा' में यह समय भी साँझा होता है इसलिए दोनों एक-दूसरे को प्रमाणित करते हैं। 'प्रेमचन्द घर में' यह समय अपने पूरे रंग के साथ मौजूद है। एक नितान्त आत्मीय चित्र देखिये।

एक दिन की बात है। वे जब खाना-खाने बैठते तो मैं तत्काल अपने हाथों उन्हें गरम-गरम रोटियाँ पकाकर देती थी। जब आप खाना खाने बैठे तो घी नदारत। मुझसे पूछा— "क्या दाल में घी नहीं पड़ा।"

मैं— "घर में हो तब न?"

खासी चख-चख हुई। प्रेमचन्द खाना बिना खाये उठ गये।

मैंने तुरन्त आठ आने का घी गाँव में से मँगवाया और मूँग की दाल धूप में बैठकर मैंने खुद पीसी। मुँगोड़े और हलुआ बनाया। जब तैयार हो गया तो इनके पास डरते-डरते ले गयी। बोले, "इस समय कुछ न खाऊँगा।" मैंने कहा— "बड़ी मेहनत से अभी मैंने तैयार किया है और मैंने भी अभी तक कुछ नहीं खाया है।" मेरी यह धमकी काम कर गयी और उन्हें खाना पड़ा।

ऐसी ही एक और घटना का जिक्र शिवरानी देवी ने किया है। वैसे तो रोज़मर्रा की चीजें हैं, परन्तु इनके पीछे जो चरित्र और संवेदनाएँ हैं वे विशिष्ट हैं। गाँव घर की बात, कच्चे-पक्के खपरैल वाले घर। एक बार तेज़ आँधी-पानी आया। बड़े-बड़े पत्थर भी गिरने लगे। बरामदे में प्रेमचन्द के लिखे हुए काग़ज़ रखे थे। उन्हें समेट कर शिवरानी ने अन्दर रख दिया। तब-तक पत्थर अन्दर भी खपड़ा तोड़कर आने लगे। तब आप घबराकर बोले, "देखो रानी, बच्चों का सिर फूटा।" हम जल्दी में बच्चों के ऊपर एक लिहाफ तानकर दोनों तरफ खड़े हो गये। बच्चों के सिर बचने की उम्मीद तो थी, पर अपने कैसे बचाते। हम दोनों के सिर पर पत्थर लगे। वे बोले,

"अब सिर कैसे बचाए जाएँगे?"

मैंने बच्चों को एक तख्ते के नीचे डाल दिया। मैंने उनसे कहा, "आप भी जल्दी चले जाइए।"

"तुम भी इसी के नीचे आ जाओ।"

"नौकर, तू भी चल भीतर।"

हम पाँचों उस तख्त के नीचे पेट के बल पड़े थे। बिछावन-ओढ़न सब भीग गये थे।

आप बोले— "तुम्हें मौके पर बात सूझ जाती है, लेकिन मुझे नहीं सूझती, क्या बात है? अगर आज न होतीं तो दो-एक सिर अवश्य फूट गये होते।"... देखते हैं तो कमर बराबर पत्थर लगा हुआ है। मेज़ पर काग़ज़ न देखकर बोले, "मेरे काग़ज़ उड़-पड़ गये।"

मैं— "नहीं, चारपाई के नीचे सब पड़े हैं। मैंने उन्हें रख दिया है।"

किसी जीवनी में ऐसे नामालूम लेकिन बहुमूल्य मार्मिक विवरण नहीं मिल सकते और आत्मकथा में भी नहीं, क्योंकि जीवनीकार उन्हें जानता नहीं तथा आत्मकथाकार उन्हें लिखता नहीं। ये सिर्फ 'साँझी-कथा' में ही मिल सकते हैं कारण, ये दो चरित्रों को नहीं, कथ्य और लेखक को भी नहीं, एक साँझा-जीवन को भी नहीं, बल्कि दोनों के बीच जो संवेदन का एक बिन्दु है और एक सम्बन्ध है, उसे दोनों तरफ से प्रतिबिम्बित करते हैं। आचार्य रामचन्द्र शुक्ल से शब्द उधार लें तो बिम्ब-प्रतिबिम्ब भाव से। जीवनी और आत्मकथा से ममेतर की माँग करने वाले आलोचकों को ये अंश देखने चाहिए।

बीच में शिवरानी देवी अपना छोटा-सा परिचय देती हैं और आत्मकथाकार की भूमिका में उतरती हैं। 'मेरी पहली शादी ग्यारहवें साल में हुई थी। वह शादी कब हुई उसकी मुझे खबर नहीं। कब मैं विधवा हुई, उसकी भी मुझे खबर नहीं। विवाह के तीन-चार महीने बाद ही मैं विधवा हुई।... मुझे यह भी नहीं मालूम कि मेरी शादी कहाँ से हो रही है। मेरी शादी में आपकी चाची वगैरह किसी की राय नहीं थी। मगर यह आपकी दिलेरी थी। आप समाज का बन्धन तोड़ना चाहते थे। यहाँ तक कि आपने अपने घरवालों को भी खबर नहीं दी। मेरी शादी हुई। शादी ही में मैं घर आयी और चौदह रोज रही। मेरी तबीयत लगती न थी क्योंकि मेरी माँ मर चुकी थीं। मेरा एक भाई पाँच बरस का था।'

आत्मकथाकार के रूप में शिवरानी देवी ने निर्ममतापूर्वक अपनी बखिया भी उधेड़ी है। लगभग आठ साल तक वे वैवाहिक जीवन में सामंजस्य न बना सकीं। घर में विमाता का शासन चलता था। पहली पत्नी ने भी उनसे तंग आकर घर छोड़ा था। प्रेमचन्द स्वयं विरोध करने की स्थिति में नहीं थे, पर वे चाहते थे शिवरानी

देवी अपना अधिकार प्राप्त करें। परन्तु शिवरानी की ज्यादा दिलचस्पी अपने मायके रहने में थी जिसका कारण वे अपने मातृहीन छोटे भाई के प्रति प्रेम बताती हैं। वे यह भी स्वीकार करती हैं कि मायके बहुत रहने के कारण एक बार प्रेमचन्द ने उन्हें दो चपत भी मारे थे। हुआ यह कि जिस मातृवत् प्रेम के कारण वे मायके में रहती थीं, उसी के कारण प्रेमचन्द के लिए भी उनके मन में अनुराग जाग उठा और उस मातृहीन के प्रति करुणा भी। माँ का नाम लेते ही उनकी आँखें सजल हो गयीं। उस रोज़ से मुझे उन पर दया आने लगी। उस दिन से मैं उनसे मिलना चाहने लगी। जब वे उठने लगे तो मुझसे बोले, "सच मानो, मैंने अपने को तुम्हें सौंप दिया है।" तभी से मैं वाक़ई उन पर शासन करने लगी। तभी से मैं उनके घर को अपना घर भी समझने लगी? इसीलिए हम देखते हैं कि उनके प्रेम में एक प्रकार से संरक्षण देने की प्रवृत्ति विकसित होती गयी। इतना बड़ा लेखक उन पर आश्रित होता चला गया। शिवरानी देवी ने अपने स्त्री-सुलभ ज्ञान से समझ लिया कि प्राय: बीमार रहने वाला और 'दुनियादारी' में बालक, यह लेखक उनके प्रेम का ही नहीं 'ममता' का भी पात्र है। एक सफर का उल्लेख करती हुई वे बताती हैं कि प्रेमचन्द बीमार थे। गाड़ी में उस समय आरक्षण जैसी सुविधा की व्यवस्था थी नहीं अत: प्रेमचन्द को नीचे सीट पर ही सुला दिया। स्वयं बैठी रहीं। एक स्टेशन पर दो मुसाफिर आये। बोले— "औरों को बैठने की जगह नहीं, पर ये सो रहे हैं?"

मैं— "तुम भी कहीं बैठ जाओ।"

"उनको उठा दो।"

"उनकी तबीयत अच्छी नहीं है।"

मुसाफिर— "जब तबीयत ठीक नहीं थी तो चले क्यों थे?"

मैं— "बक-बक मत करो।"

"गाड़ी का किराया तुम्हीं ने दिया है?"

मैं— "अच्छा, जहाँ तुम्हें जगह मिले वहीं बैठो।"

मुसाफिर— "इन्हें उठाकर बैठेंगे।"

मैं— "उठाओ। मैं ज़रा देखूँ तो।"

वह आगे बढ़ा। मुझे क्रोध आया। मैंने क्रोध के साथ कहा— "ख़बरदार! अगर आगे बढ़े तो गाड़ी के नीचे झोंक दूँगी।" इतने में प्रेमचन्द जाग गये। उन्होंने उठना चाहा।

वे बोलीं— "आप क्यों उठते हैं?"

आप— "उठ जाने दो। क्यों लड़ाई करती हो?"

मैं— "इन गधों से सीधे काम न चलेगा। ये इनसान नहीं हैवान हैं। मैं इन्हें झोंक दूँगी।"

जब वे गाड़ी से उतर गये, तो प्रेमचन्द ने शिवरानी देवी से कहा— ''तुम बड़ी दिलेर हो। मेरी हिम्मत इस तरह धमकी देने की न थी।''

मैं— ''मैं कोई लेखक नहीं हूँ।... वह चेलैंज क्यों दे रहा था? यही समझकर न कि वह बीमार हैं और यह औरत है। मैं उसे मज़ा चखा देती कि मैं पर्दे वाली औरत नहीं हूँ।''

प्रेमचन्द के पूरे जीवन में शायद ही ऐसा कोई महत्त्वपूर्ण निर्णय रहा हो जो उन्होंने अकेले लिया हो। यद्यपि अपने जीवनसार में वे कहीं इस बात का उल्लेख नहीं करते। उससे अधिक महत्त्वपूर्ण और उल्लेख करने वाली बात यह है कि महत्त्वपूर्ण निर्णयों में दोनों साथ-साथ खड़े हैं। यदि उन्हें कहीं द्विविधा होती भी है तो शिवरानी वही प्रस्तावित करती हैं, जो प्रेमचन्द करना तो चाहते थे पर संशय में थे। आज़ादी की लड़ाई का ज़माना था। 1920 में गाँधी जी आये। प्रेमचन्द की इच्छा सरकारी नौकरी छोड़ने की हुई। उन्होंने शिवरानी से राय माँगी। शिवरानी ने सोचने का समय माँगा। वे विचित्र अन्तर्द्वन्द्व में फँस गयीं। पति की बीमारी। दो बच्चे। पूरी गृहस्थी। वे लिखती हैं, ''मैंने सोचा ये अच्छे हो गये हैं, तो नौकरी की कोई चिन्ता न होनी चाहिए। क्योंकि ईश्वर कुछ अच्छा ही करने वाला होगा, तभी तो ये अच्छे हो गये हैं। मान लो, जब यही न रहते तो मैं क्या करती? शायद इसी काम के लिए ईश्वर ने इन्हें अच्छा किया हो। फिर उन दिनों जलियाँवाला बाग़ में जो भीषण हत्याकांड हुआ था, उसकी ज्वाला सभी के दिलों में होना स्वाभाविक थी। वह शायद मेरे भी दिल में रही हो। दूसरे दिन अपने को उन सभी मुसीबतों को सहने के लिए तैयार कर पायी, जो नौकरी छोड़ने पर आने वाली थीं। दूसरे दिन मैंने इनसे कहा— छोड़ दीजिये नौकरी को, क्योंकि इन अत्याचारियों को तो अब सबको मिलकर मिटाना होगा और यह सरकारी नीति अब सहन-शक्ति के बाहर है।''

अब आप अपनी स्वाभाविक हँसी हँसकर (जैसे उन्हें विश्वास हो कि शिवरानी देवी का निर्णय क्या होगा) बोले— ''दूसरों का अन्त करने से पहले अपना अन्त सोच लो।''

मैं बोली— ''सोच लिया है। जब तुम अच्छे हो गये हो तो मैं सोचती हूँ कि अब आगे भी मैं जंगल में मंगल कर सकूँगी और मेरा ख्याल है कि ईश्वर कुछ अच्छा ही करने वाला है।''

नौकरी छोड़ने का यह कोई अकेला उदाहरण नहीं था प्रेमचन्द के जीवन में। कानपुर में स्कूल हैडमास्टरी की तो प्रबन्ध-तन्त्र से झगड़ा हुआ। शिवरानी बोली— ''हटाइए! इस्तीफा देकर घर चलिये।''

''घर भी तो वही बात है। रुपये तो कहीं से आने चाहिए।''

मैं— "सरकारी नौकरी से इस्तीफा देते समय मारवाड़ी विद्यालय का प्रश्न नहीं था।"

"रानी, यह हिन्दुस्तान है। कलम के बल पर रोटियाँ चलानी बहुत मुश्किल है।"

मैं— "तो क्या? कम में ही निर्वाह कर लेंगे।"

"तुम्हारी राय यही है कि छोड़ दूँ?"

"जरूर छोड़िये। जरूरतों का गुलाम होना ठीक नहीं।"

ऐसे-ऐसे कई वाक़ये पेश आये। एक चीज प्रेमचन्द ने कभी नहीं छोड़ी— लेखन। एक चीज ने प्रेमचन्द को कभी नहीं छोड़ा— बीमारी और संघर्ष। शिवरानी दोनों में ही उनकी सहयात्री रहीं। 1924 में राजा साहब अलवर का आमन्त्रण आया रु. 400 प्रति माह, मोटर और बंगला। प्रेमचन्द ने फिर शिवरानी से पूछा। भीतर से शायद वे भी निर्णय ले चुके थे परन्तु पत्नी की तसदीक चाहते थे। उस समय शिवरानी का तेवर देखने लायक है— "समझने की क्या बात है, सामने देखने की बात है। गोरखपुर में इन्स्पेक्टर ने ज़रा-सा मगरूर कह दिया तो आप उस पर केस चलाने को उतारू हो गये। महोबे का कलेक्टर धमकी दे रहा था कि अगर मुसलमानी राज होता तो हाथ कटवा लिया जाता, तो आपने सहा ही नहीं। भला राजा-महाराजे से आपकी कैसे पट सकती है? ग़ैर मुमकिन। एक दिन भी गुज़र नहीं सकती। आपके लिए सबसे बेहतर है मज़दूरी।" अन्त में प्रेमचन्द स्वीकार करते हैं, "मैं मान रहा हूँ कि मैं जो चाहता हूँ, वही तुम भी चाहती हो।"

प्रेमचन्द क्रान्तिकारी साहित्यकार भले हों, पर दुनियादारी में ऐसे-वैसे ही थे और यह बात शिवरानी देवी से अधिक कोई नहीं जानता था। अक्सर वे अपने को किसी-न-किसी आर्थिक मुसीबत में फँसा लेते तब शिवरानी देवी आगे आतीं और किसी-न-किसी प्रकार उन्हें उबारतीं।

प्रेमचन्द के साथ-साथ शिवरानी देवी का विकास भी हो रहा था। सभी ओर। वे स्वयं स्वीकार करती हैं कि अधिक पढ़ी-लिखी नहीं थीं। 1905 के लगभग जब प्रेमचन्द दौरे पर रहते थे तो शिवरानी देवी दिनभर किताबें पढ़ा करती थीं। धीरे-धीरे उन्होंने छिपाकर लिखना शुरू किया। प्रेमचन्द को तब पता लगा जब उनकी पहली कहानी 'साहस', 'चाँद' में छपी और उनके मित्रों ने काफी हँसी उड़ाई। प्रेमचन्द ने शिवरानी से कहा— "तुम कहानी क्या लिखने लगी मेरी जान की आफत कर दी। तुम्हें क्या सूझी? आराम से रहती थीं। नहीं, मुफ्त की बला अपने सिर पाल ली। अब से बेहतर है न लिखा करो।"

मैं बोली— "अब हटने से काम न चलेगा।"

तो आप बोले— "तुम इसमें सुख क्या पाती हो? रात दिन बैठे-बैठे अपना

खून जलाती हो।''

मैं बोली— ''यह खून जलाना ही हुआ तो आप क्यों जलाते हैं? अपने खून को मैं आपके खून से महँगा नहीं समझ सकती। जैसे आप कहते हैं नशा है, शायद वैसे ही मुझे भी नशा लगा है।''

सम्भवत: इसका यह अर्थ लगाना ठीक नहीं होगा कि प्रेमचन्द यह नहीं चाहते थे कि शिवरानी देवी कहानियाँ लिखें। प्रेमचन्द ने बनारसीदास चतुर्वेदी को लिखे एक पत्र में कहा है, ''श्रीमती प्रेमचन्द को बहुत प्रसन्नता होगी यदि आप उनकी पुस्तक की आलोचना कर सकें। साहित्य-जगत से उन्हें अभी तक बहुत कम इन्साफ मिला है। सम्भवत: इसका कारण यह है कि उन पर मेरे व्यक्तित्व की छाया पड़ जाती है। और मुमकिन है कि कुछ अक्लमन्दों की निगाह में मैं ही उनकी रचनाओं का असली लेखक हूँ। मैं इस बात से इनकार नहीं करता कि उन कहानियों के साहित्यिक साज-सिंगार में मैंने मदद दी है, पर कहानियों की कल्पना श्रीमती प्रेमचन्द की है और उसे पूरी तौर पर रूप भी उन्होंने दिया है। एक योद्धा स्त्री उनकी प्रत्येक पंक्ति में बोल रही है। मेरे जैसे शान्तिमय स्वभाव वाला आदमी इस प्रकार के अक्खड़पन से भरे ज़ोरदार स्त्री जाति सम्बन्धी प्लाटों की कल्पना भी नहीं कर सकता।'' प्रेमचन्द ने जिस मूलबिन्दु को रेखांकित किया वह शिवरानी देवी की कहानियों की ही नहीं उनके जीवन की भी विशेषता है।

लेखन के बाद शिवरानी देवी स्वतन्त्रता संग्राम में उतरती हैं। पहले वे 'चुपके-चुपके' महिला-सम्मेलनों में काम करती हैं। अखबारवालों को अपना नाम देने से मना कर देती हैं। वे लिखती हैं— ''मैं जब रात को घर लौटती तो बहुत डरते-डरते घर में आती और आते ही घर के कामों में लग जाती। घंटे-दो-घंटे उनके साथ भी गप-शप करती। उन्हीं दिनों मुझे हल्का-हल्का बुखार भी रात को हो ही जाता था, पर मैं बीमारी को छिपाती।'' इस बात को लेकर कभी-कभी झगड़ा भी हो जाता। नमक कानून तोड़ने के लिए जेल जाने को पति-पत्नी दोनों ही तैयार बैठे थे पर शिवरानी पहले चली गयीं। अपनी जेलयात्रा का बड़ा ही मार्मिक चित्र उन्होंने प्रस्तुत किया है। जीवन में इस तरह की एकतानता और लय दुर्लभ है। जैसे एक साथ कसे हुए दो तार हों जो बज उठते हैं। शायद इसी को आचार्य शुक्ल ने 'साहचर्य' कहा है और 'रूपलिप्सा' की कोटि का तीव्र संवेग माना है। यहाँ तक कि शिवरानी देवी के कमरे में प्रेमचन्द का चित्र लगा था और प्रेमचन्द के कमरे में शिवरानी देवी का। जैसे, वे कमरे न होकर उनके जीवन हों।

स्त्री-जीवन से सम्बन्धित सवाल शिवरानी देवी को बेचैन करते हैं और कभी-कभी वे प्रेमचन्द से उलझ पड़ती हैं। हम अक्सर साहित्यिक-सामाजिक-राजनैतिक विषयों पर विवाद किया करते थे। उनमें मैं स्त्रियों का पक्ष हमेशा लिया करती थी।

कभी-कभी मैं स्त्रियों पर पुरुषों द्वारा लिखे गये लेखों को पढ़कर झल्ला पड़ती थी और उनसे कहती थी कि आप इनका जवाब दीजिये। नहीं तो मैं खुद इनका जवाब दूँगी। ऐसी ही एक स्थिति में शास्त्री जी को बुलाकर जवाब लिखवाया गया और 'माधुरी' में प्रकाशित किया गया।

'आज' में प्रेमचन्द का एक लेख प्रकाशित हुआ था, जिसके कारण काशी के हिन्दू बहुत नाराज हुए और मारने की धमकी देने लगे। शिवरानी देवी को पता चला तो उन्होंने प्रेमचन्द से कहा, "ऐसा लेख आप क्यों लिखते हैं कि लोग दुश्मन बनें। कभी गवर्नमेंट, कभी पब्लिक, कोई-न-कोई आपका दुश्मन रहता ही है। आप ढाई हड्डी के तो आदमी हैं।"

"लेखक को पब्लिक और गवर्नमेंट अपना गुलाम समझती है। आखिर लेखक भी कोई चीज है। वह सभी की मर्जी के मुताबिक लिखे तो लेखक कैसा? लेखक का भी अस्तित्व है। गवर्नमेंट जेल में डालती है, पब्लिक मारने की धमकी देती है, इससे लेखक डर जाए तो लिखना बन्द कर दे।"

लेखक और लेखन का यही आत्मविश्वास प्रेमचन्द में अन्त तक रहा। वे फिल्मी दुनिया में इसलिए गये थे कि वे इस सशक्त माध्यम का प्रयोग समाज के हित में कर सके। ऐसा सम्भव नहीं हुआ। बम्बई से उन्होंने जो पत्र शिवरानी देवी को लिखे हैं वे उनके मानसिक और भौतिक संघर्ष को अच्छी तरह व्यक्त करते हैं। आखिर उन्हें लौटना पड़ा। सन् 1935 में शिवरानी देवी ने कहा कि अब की बार कौंसिल का चुनाव हो तो आप खड़े हो जाएँ। तब आप बोले, "मुझे नहीं खड़ा होना है। मैं इसी में अच्छा हूँ।... मेरे जीवन का ध्येय कौंसिल में जाने का नहीं है।"

मैं बोली— "तुम्हारे जीवन का ध्येय क्या है?"

तब आप हँसते हुए बोले— "मेरा काम कौंसिल में काम करने वालों की समालोचना करना है।"

प्रेमचन्द का जीवन कोई छिपी हुई रहस्यमय कथा नहीं है। उन्हें गए हुए अभी सत्तर वर्ष भी नहीं हुए हैं। स्वयं उन्होंने अपना जीवनसार लिखा है, उनकी पत्नी शिवरानी देवी ने 'प्रेमचन्द घर में' लिखा, उनके पुत्र ने उनकी जीवनी लिखी। तीनों ही प्रेमचन्द के जीवन का परिचय देते हैं, परन्तु तीनों के प्रेमचन्द एक ही नहीं हैं। इस अनेकता का कारण मूलतः वह दृष्टि ही है जिसका प्रकाश सिर्फ सम्बन्धित अंश पर पड़ता है और उतने को ही वह प्रकाशित भी करती हैं। प्रेमचन्द ने कहीं इस बात का जिक्र नहीं किया कि बेटी की शादी में क्या-क्या दिक्कतें पेश आयीं, परन्तु शिवरानी ने विस्तार से वर्णन किया है। प्रेमचन्द की एक बड़ी बहन थी, जिनका उल्लेख प्रायः वे नहीं करते। अपनी विमाता के साथ बिताए गये दिनों में भी नहीं और शिवरानी देवी उनका जिक्र भी करती हैं और इस बात की जिद भी

करती हैं कि उन्हें बुलाया जाए। इसी जिद के कारण एक बार जब पूरा परिवार एन्फुलेंजा की चपेट में आ गया तो प्रेमचन्द की जिस सेवाभावना का चित्रण पत्नी ने किया है वह उन्हें बहुत बड़ा इनसान ही नहीं, एक संवेदनशील पति, पिता और भाई बनाता है।

"अब उनकी सेवा का हाल सुनिये। बड़ी सुबह उठना, उसके बाद आग तैयार करना, हुक्का पीकर काढ़ा चढ़ाना। तब तक पाख़ाना जाना। पाख़ाने से लौटने के बाद पानी, दातौन, मुझे और अपनी बहन को पहले दे जाना। तब तक धुन्नू, बेटी, अपनी भाँजी आदि का मुँह-हाथ धोना। यदि उनकी भाँजी अच्छी हालत में होती तो लड़कों को दूध खुद पिला देती।

"इन सब कामों को करने के बाद तब आपको खाना बनाने की होती, लड़की स्वस्थ रहती तो वह खुद बना देती। उसको अगर बुखार चढ़ आता तो मज़बूर हो जाती। खाना बनाकर सबको जूस-पानी देना भी उन्हीं का काम था। पान बना कर मेरे डिब्बे में रखकर, धुन्नू को गोद में लिये ही स्कूल चले जाते। शाम को फिर उसी तरह।

"अब दो बच्चों को सुलाना भी उन्हें पड़ता। एक को एक तरफ दूसरे को दूसरी तरफ। रात को लड़के पेशाब कर ही देते थे, तो आप खुद भीग जाते और फिर कपड़े बदलते। दूसरा बिछावन बिछाते।"

जीवनी और आत्मकथा में एक अन्तर तो ध्रुव सत्य है सभी आत्मकथाएँ अधूरी होती हैं। कितना ही बड़ा रचनाकार क्यों न हो वह अपने अन्त की कथा नहीं कह सकता। जानता ही नहीं। इसीलिए आत्मकथाएँ जहाँ समाप्त हो जाती हैं, जीवनी उसके आगे भी काफी दूर तक चलती रहती है। इसीलिए व्यक्तित्व का पीला पड़ता रंग आत्मकथा में नहीं आता। अक्सर वह ऐसी कथा होती है जो अपने शीर्ष पर आकर समाप्त हो जाती है। इसी अर्थ में वह अधिक नाटकीय होती है। इसके विपरीत जीवनी एक पूर्ण विधा है, वह नायक के जन्म से लेकर मृत्यु तक का पीछा करती है। 'साँझी कथा' में जीवनी तो पूरी हो जाती है परन्तु आत्मकथा अधूरी रह जाती है। जीवन के उत्तरार्ध का इतना सच्चा चित्र किसी अन्य विधा में आ ही नहीं सकता। प्रेमचन्द का 'जीवनसार' कुछ-कुछ करुणा, पछतावा और दुखन लिये हुए है—

"जनवरी 1936 से बीमार हूँ। मेदे में गैस्टिक अलसर की शिकायत है। मुँह में खून आ जाता है। इसलिए काम कुछ नहीं करता... जर्द, न कुछ खा सकता हूँ, न हज़म होता है।

"ज़िन्दगी मेरे लिए हमेशा काम रही है। काम-काम-काम। मैं जब सरकारी नौकरी में था तब भी अपना समय साहित्य को देता था। मुझे काम करने में मज़ा

आता है। पस्ती के क्षण आते हैं जब पैसे की समस्या आ खड़ी होती है वरना मैं अपने भाग्य से सन्तुष्ट हूँ। अपने प्राप्य से अधिक मुझे मिला। आर्थिक दृष्टि से असफल हूँ। व्यवसाय मैं नहीं जानता और तंगी से मुझे छुटकारा नहीं मिलता। मैं कभी पत्रकार नहीं रहा लेकिन परिस्थितियों ने मुझे जबरन बनाया और जो कुछ मैंने साहित्य में कमाया था, जोकि बहुत नहीं था, सब पत्रकारिता में गँवा दिया।'' शिवरानी देवी ने प्रेमचन्द के अन्तिम दिनों का हृदय विदारक चित्रण किया है— आप अपने आप बकने लगे, ''हे भगवान, मैं आज तुमसे प्रार्थना करता हूँ कि मुझे कुछ दिनों के लिए अच्छा कर दो।'' वे इस तरह की प्रार्थना कर रहे थे और मैं पड़ी-पड़ी रो रही थी।

फिर अपने-आप वे बोले— ''तुम सुनते नहीं हो भगवान? अगर हो तो तुम्हें सुनना चाहिए। मैं और कुछ नहीं चाहता। इस बार अच्छा होना चाहता हूँ। जो यह निष्कपट मेरी सेवा कर रही है। महज इसके लिए मुझे तू एक बार ज़िन्दा कर। शायद वे रो भी रहे थे। अगर भगवान, तू मेरी इस प्रार्थना पर कान नहीं देता तो अगले जन्म में फिर इन्हें तू मुझसे मिला दे। अगर, नहीं मिलाया तो मैं यही समझूँगा कि मेरा जन्म व्यर्थ हो गया।''

उस वक्त मेरी भी आँखों में आँसू आ गये थे। मैं इस खयाल से कि इन्हें मेरे आँसू न दिखाई पड़ें, बाथरूम में चली गयी। सोच-सोचकर मुझे और आँसू आ रहे थे। इस महान पीड़ा में भी इन्हें मेरा कितना ख्याल है। मगर मुझे रोने की जगह कहाँ? उनके सामने रोने से उनकी तबीयत और भी खराब हो जाती। बाहर रोऊँ तो लड़के-लड़कियों को कैसा लगेगा? मेरी ही हिम्मत पर घर के सभी आदमी आश्रित थे। बार-बार यही दिल में आता कि क्या होगा? अभागों को रोना भी नहीं नसीब होता। सबको समझने वाली मैं थी। मेरा समझनेवाला तो खुद ही अधीर हो रहा है। मैं किसके पास रोऊँ? फिर मेरी ड्यूटी भी रोने की नहीं थी।

इस स्थिति में भी प्रेमचन्द लिखने की कोशिश करते, लिखते। शिवरानी मना करतीं। जब वे सो जातीं तो प्रेमचन्द चुपके से कापी, कलम, दवात उठा लेते। जाड़े के दिन थे। चारपाई पर रजाई ओढ़े लिखने लगते। मैं देख पाती तो झल्ला उठती— ''क्या अभी बीमारी कुछ कम है जो और कुछ बीमारी की चाह है।''

''नहीं, मैं लिख कहाँ रहा था। देखता था पीछे का लिखा हुआ।''

''सारा जमाना तो आपको ठग लेता है, लेकिन आप मुझे ठगने लगते हैं।''

''भला कौन तुम्हें ठगेगा।''

''...छोटा बच्चा कहा न माने तो ठीक भी है, आप इतने बड़े होकर एक बात नहीं मानते।''

''अब मान जाओ। कह दिया कलम तक न छुऊँगा।''

मैं— ''अभी ताले के अन्दर रख देती हूँ, न रहेगी बाँस न बजेगी बाँसुरी।''

जैसे बच्चा चोरी करते पकड़ा जाए और कान पकड़कर कहे 'अब ऐसा नहीं करूँगा।' लेकिन चोरी करने वाला भी जानता है और चोरी पकड़ने वाला भी, कि वह बार-बार वही करेगा। शायद भीतर-ही-भीतर कामना भी करता है कि वह ऐसा ही करे।

प्रेमचन्द के जीवन पर बहुत लिखा गया। परिवार वालों ने भी लिखा अन्य विद्वानों ने भी। किसी ने चित्रित किया, किसी ने उकेरा और किसी ने प्रतिमा बनायी। तथ्यों पर बहस हुई। विचारों के कसीदे पढ़े गये। विरासत का सवाल उठाकर उत्तराधिकारी या उत्तराधिकारियों की खोज जारी है। उन सभी में प्रेमचन्द की आकृति है, रूपरेखा है, विवरण है, वर्णन है, विचार है और भी बहुत कुछ है परन्तु 'प्रेमचन्द घर में' द्वार पर लगे हुए 'थापे' हैं जिसमें एक हाथ प्रेमचन्द का है और दूसरा शिवरानी का। 'थापे' से उँगलियों की छाप बनती है जिसमें उसके व्यक्तित्व की सही और अकेली पहचान होती है। और वह सिर्फ एक होती है। लाखों में उसे अलग से पहचाना जा सकता है।

# महिला आत्मकथाओं के मिथक

हिन्दी में आत्मकथाओं का प्रारम्भ चाहे जब से माना जाए और उसके होने-न-होने या देर से होने के पीछे पूँजीवाद से लेकर उदारीकरण तक, कितने ही कारण गिनाए जाएँ, परन्तु कुछ प्रश्न हैं जो अभी तक अनुत्तरित हैं। यदि आत्मकथा एक साहित्यिक विधा है तो उसकी आलोचना के मानक भी तय करने होंगे। जो आत्मकथाएँ हमारे सामने हैं उनमें इतनी अधिक विविधता और गद्य की कई विधाएँ इतनी तरल रूप में मिली हैं कि उन्हें अलगाना कठिन है। आलोचना की दृष्टि से आत्मकथा का केवल आत्मकथा होना काफी नहीं, उसे साहित्य भी होना चाहिए। बुनियादी सवाल भी यहीं से खड़े होते हैं। जिन भाषाओं में आत्मकथाओं की पुष्ट परम्परा रही है, वहाँ उन्होंने इस प्रकार के कुछ तर्क तलाशे हैं और हिन्दी जगत उनसे अपरिचित भी नहीं है। लेकिन उनका प्रयोग शायद ही किया गया हो। दूसरा बड़ा सवाल यह है, जिससे बचा नहीं जा सकता कि पुरुषों द्वारा लिखी गयी आत्मकथाओं से महिलाओं द्वारा लिखी गयी आत्मकथाएँ कितनी भिन्न होती हैं या होनी चाहिए, कि उनकी श्रेष्ठता के मानक भी अलग हों। इस अन्तर के अलावा कि एक पुरुष है और दूसरी स्त्री और उनकी परिस्थितियाँ और दृष्टि अलग-अलग है, उनकी विधागत संरचना में क्या अन्तर होता है? अब वक्त है कि इन जरूरी सवालों के जवाब खोजे जाएँ।

स्त्री-विमर्श के जोरदार पैरोकार राजेन्द्र यादव ने अर्चना वर्मा के सह-सम्पादकत्व में लेखिकाओं के आत्मकथांश 'देहरि भई विदेस' शीर्षक से संकलित किये हैं। उसकी भूमिका में उन्होंने कुछ नयी परिभाषाएँ गढ़ने की कोशिश की है। आत्मकथ्यों की परम्परा का उल्लेख करते हुए वे कहते हैं, "अँग्रेजी में कुछ साल पहले दो खंडों में एक पुस्तक आयी थी— 'विमेन राइटिंग इन इंडिया'। सम्पादन किया था सूजी थारू और... ने। सम्पादकों ने काफी शोध और श्रम से स्त्री-लेखन का पुनर्सन्धान किया था और इसका विस्तार ई. पूर्व 600 से लेकर 2000 तक था। बौद्ध मठों में 'चेरियाँ' थेरी कहलाती थीं। इनकी गाथाएँ मानवीय पीड़ा और आकांक्षाओं के ऐसे दस्तावेज़ हैं जो आज भी हमें उदास कर जाते हैं। इस संकलन

का प्रारम्भ भी उन्हीं थेरी गाथाओं से होता है। शायद ऐसे ही निजी गीत ईसाई चर्चों में रहनेवाली ननों ने भी लिखे होंगे और निश्चय ही उनके अनेक संकलन भी रहे होंगे (इधर मैंने अनेक लेखकों-लेखिकाओं के ऐसे लेख देखे हैं जहाँ सूजी थारू वाले संकलनों का बिना आभार स्वीकार किये सामग्री का धड़ल्ले से उपयोग कर लिया गया है। अगर ये इनकी अपनी शोध है तो 'विमेन राइटिंग इन इंडिया' से पहले कहीं कोई जिक्र क्यों नहीं दिखाई देता? यही दुर्घटना 'लव इन द सेम सेक्स' के साथ हुई। लगता है दूसरे रात-दिन पसीना बहाकर हमारे विद्वता-प्रदर्शन के लिए ही सामग्री छोड़ गये हैं।)'' (पृ. 11) दोष राजेन्द्र यादव का नहीं है, क्योंकि वे अन्य बहुत से लेखकों की तरह सिर्फ विदेशी, मूल या अनूदित रचनाएँ ही पढ़ते हैं। उन्हें कैसे पता हो सकता है कि थेरी गाथाएँ मूल पालि ग्रन्थ 'खुद्दक-निकाय' में संकलित हैं और 'थेरियाँ' बौद्ध भिक्षुणियों को कहते हैं 'चेरियों' को नहीं और ये गाथाएँ हिन्दुस्तानी एकेडेमी की त्रैमासिक पत्रिका 'हिन्दुस्तानी' में सन् 1947 में प्रकाशित हो चुकी थीं। सन् 1950 में ये सस्ता साहित्य मंडल नयी दिल्ली से प्रकाशित हुईं तथा उसका दूसरा संस्करण सन् 1967 में नेशनल पब्लिशिंग हाउस दिल्ली से प्रकाशित हुआ। अब, यदि सन्दर्भ दिया जाएगा तो मूल पुस्तक से, न कि सूजी थारू के सन्दिग्ध अनुवाद से। जबकि राजेन्द्र यादव स्वयं अपनी सम्पादित पुस्तक में संकलित रचनाओं के स्रोत नहीं देते।

अब उन परिभाषाओं, अवधारणाओं और उनके पीछे छिपे-अनछिपे मन्तव्यों की बात करनी चाहिए। कहते हैं कि स्त्री का चरित्र विधाता भी नहीं जानते, पर राजेन्द्र यादव जानते हैं, ''इस तरह कह सकते हैं कि स्त्री का न अपना घर है, न परिवार, न नाम, न पहचान, न उसकी कोई जाति है, न धर्म, न भूषा, उसे सब कुछ पुरुष ने ही दिये हैं— अगर वह इस बात को अस्वीकार कर दे— तो उसका अपना कहने को कुछ भी नहीं है। वह एक निर्विशेष, निरुपाधि, नंग-विहंग ऐसी इकाई है, जिसे शुद्ध 'मानवी' कहा जा सकता है।'' गनीमत है राजेन्द्र यादव ने 'मादा' शब्द का प्रयोग नहीं किया, यद्यपि मक़सद उनका वही है। इस अवधारणा के भीतर उनकी 'पुरुष प्रधान समाज' की धारणा काम कर रही है। पुरुष भी उसी प्रकार मानव मात्र है। नाम, जाति, परिवार, धर्म दोनों को एक ही जगह से और एक ही प्रक्रिया से प्राप्त होता है। स्त्री की योग्यताओं का निर्धारण वे इस प्रकार करते हैं, ''उसकी एकमात्र योग्यता उसकी देह है, उसी को लेकर भाषा के सारे सौन्दर्यमूलक शब्द हैं तो उसी के लिए वीभत्सतम गालियाँ (पृ. 6) इसके आगे लेखक-सम्पादक सौन्दर्य और देह को एक मान लेता है। माने, देह ही सौन्दर्य है, सौन्दर्य यानी अपनी देह से स्त्री का सम्बन्ध जटिल होता है।'' इसलिए वे इन्हें स्त्री संघर्ष के दो धारदार अस्त्र मानते हैं 'देह के साथ देह की भाषा।' इस तरह 'स्त्री मुक्ति' की राजेन्द्र

यादवी परिभाषा तैयार है, ''उसके पास कुछ न हो, मगर देह और मन तो उसके अपने हैं। उन्हीं को लेकर अपने फैसले ही उसे मुक्ति की नयी राह दिखाएँगे... क्योंकि... सुन्दर और स्वतन्त्र स्त्री पुरुष के लिए चुनौती है।''

स्त्री को मात्र देह, उसकी शक्ति सौन्दर्य और उसकी मुक्ति वर्जनारहित मन को मानते हुए लेखक स्त्री-आत्मकथा की परिभाषा गढ़ता है। ''स्त्री की हर आत्मकथा अपनी आत्मकथाओं की ऐसी निजी दास्तान है जो घर-घर में घटित होती है। पुरुषों की आत्मकथाएँ उनके निजी संघर्षों की विजय गाथाएँ हैं... मगर स्त्री की आत्मकथा समाज और परिवार की उन भीतरी सच्चाइयों से साक्षात्कार है जिनकी चुभन जूते की कील की तरह सिर्फ पहनने वाला ही जानता है।'' (पृ. 18) इसी बात को वे एक दूसरे ऐंगिल से कहते हैं, ''हर आत्मकथा हमारे जैसे ही किसी व्यक्ति की कथा हो सकती है, हम उससे जुड़कर अपने संघर्षों के पार जाने की प्रेरणा करते हैं। मगर स्त्री की कथा किसी 'दूसरे' की कथा है— वह हमसे अलग किसी और नक्षत्र का अनुसन्धान है।'' (पृ. 19) सम्भवतः निष्कर्ष यह है कि स्त्री आत्मकथा उसकी देह, देह के सौन्दर्य और उसको लेकर घटित होने वाले संघर्षों की कथा है। वही उसकी उपलब्धि है और वही उसकी मुक्ति।

इस निकष तक आते-आते राजेन्द्र यादव के इरादे बिल्कुल साफ हो जाते हैं जब वे कहते हैं, ''पुरुष के लिए स्त्री-कथा 'वोयूरिज़्म' (गोपन कक्षों में ताक-झाँक) का सुख भी देती है। अपने से अलग स्त्री की यानी 'दूसरे' की देह को देखना पुरुष-मन की दुर्दमनीय आकांक्षा रही है। मगर जब मंच पर स्त्री यह देह दिखाती है तो वहाँ प्रदर्शन की भावना होती है। बाथरूम में वह अपनी देह को अपनी तरह देखती है— इस 'देखने' में भी कहीं पुरुष की अदृश्य लोलुप निगाहों की कल्पना होती है— उसके अनजाने ही उसे 'देखना' पुरुष के अपने होने के अहं को कन्फर्म (पुष्ट) करता है। पता नहीं, पुरुष स्त्री को देखता है या देखे जाते हुए अपने आप को देखता है।'' (पृ. 19) अतः इस तर्क शृंखला से हम इस निष्कर्ष पर पहुँचे कि स्त्री-आत्मकथा उसके 'बाथरूम' में खुलने वाली खिड़कियाँ हैं? मैं जानती हूँ, अन्य रचनाकारों की बात तो छोड़ दीजिये, आत्मकथा लिखने वाली महिलाएँ भी इस तर्क से सहमत नहीं होंगी।

आत्मकथा की विधा से सम्बन्धित तीन शब्द प्रचलन में हैं, आत्मकथ्य आत्मकथा और आत्मकथात्मक उपन्यास। आत्मकथ्य अपने सम्बन्ध में एक समेकित संस्मरणात्मक कथन जो स्मृति के आधार पर प्रस्तुत किया जाता है। इसमें हम केवल वह केन्द्रीय बिन्दु देख पाते हैं जो लेखिका के जीवन में मुख्य स्रोत की भूमिका अदा करता है। जो लोग आत्मकथा नहीं लिखते वे भी, इस तरह के संस्मरण जरूर लिखते हैं। महादेवी के संस्मरण इसी प्रकार के हैं। ''मेरे दर्शन में ऐसी कोई चीज

नहीं है जो एक विशेष दिशा देती हो। सब मिला हुआ है। उसमें अपना दर्शन भी है, बहुत कुछ अपना साहित्य भी है और अपनी धरती की व्यथा भी है। इन सबको मिलाकर जो दर्शन है, उसको मैं क्या कहूँ, मुझे मालूम नहीं। लिखने वाला कोई भी नहीं जानता कि लिखने में जो आ गया है, अभिव्यक्ति में, उसे दूसरे ही अधिक जानते हैं कि कहाँ क्या है।... किन्तु अधिकांशतया तब लिखती हूँ जब मेरा मन लिखने के लिए उत्सुक होता है। किसी के कहने से भी नहीं लिखती। आदेश पर भी नहीं लिखती।'' (पृ. 54)

आत्मकथात्मक उपन्यास दोनों तरफ खुली सुरंग है, उसमें यह पता लगाना मुश्किल है कि क्या सच है, कितना सच है। लेखक और लेखिका को सुरंग के दोनों तरफ से निकलने की सुविधा रहती है। बहुत पहले अज्ञेय जी के उपन्यास 'शेखर : एक जीवनी' को लेकर यह सवाल उठाया गया था कि वह जीवनी है या उपन्यास? वैसे तो प्रत्येक प्रकार की आत्माभिव्यक्ति में रचनाकार का व्यक्तित्व समाहित रहता है और यदि वह कथाकार है तो उसके जीवन में घटी खास घटनाओं का उपयोग किसी-न-किसी रचना में हो जरूर जाता है, हाँ चरित्रों के 'कोम्बिनेशन' उलट-पुलट जाते हैं। यदि इस उदाहरण को ही आगे बढ़ाएँ तो बाद में अज्ञेय ने 'आत्मपरक' लिखा और उनके जीवन-काल में ही उनकी जीवनी भी लिखी गयी। कुछ पलों की उन्होंने पुष्टि की, कुछ अनकही ही रह गयीं। अतः सत्य और सत्य की अभिव्यक्ति हमेशा सापेक्ष्य होती है। अन्तिम सत्य हमारे जीवन में नहीं होता। महिला लेखिकाओं में— हाँ दोनों कथाकार हैं— दिनेशनन्दिनी डालमिया और मैत्रेयी पुष्पा ने आत्मकथात्मक उपन्यास लिखे हैं। दोनों ने इसे स्वीकार भी किया है। दिनेशनन्दिनी डालमिया कुछ-कुछ क्षमा-याचना के स्वर में कहती हैं, ''अपने नकारात्मक अनुभवों को अभिव्यक्त करते हुए मैं अपने से जुड़े अन्य व्यक्तियों के निजी जीवन की गोपनीयता का अतिक्रमण कर रही थी, जिसका मुझे अधिकार नहीं था। इसी अनाधिकार चेष्टा के अहसास के फलस्वरूप इस आत्मकथा को मैंने उपन्यास के रूप में प्रकाशित करवाया।'' (पृ. 10) वही कुछ न कहते हुए सब कुछ कहने का प्रयास, सब कुछ कहते हुए कुछ न कहने की सीमा बन जाता है। वे स्वीकार करती हैं कि माँ को कैंसर की आशंका सुनकर अपने से काफी बड़े धनवान की दूसरी पत्नी बनना उन्होंने स्वीकार कर लिया था, क्योंकि उन्हें गरीबी से डर लगता है, इसलिए वे ''साधारण जीवन के सुखों की उपेक्षा करते-करते ही सामान्य जीवन के राजमार्ग को छोड़कर जिन्दगी की उन पेचीदा-घुमावदार गलियों में पहुँच गयीं, जहाँ घुसना तो इतना कठिन नहीं होता, पर निकलना शायद मरने के बाद भी सम्भव नहीं होता।'' (पृ. 66) सम्भवतः इसीलिए मैत्रेयी पुष्पा अपनी कृति की भूमिका में स्वयं यह प्रश्न उठाती हैं, ''इसे उपन्यास कहूँ या आपबीती... ?'' और

ब्लर्ब पर लिखा गया है, "हर आत्मकथा एक उपन्यास है और हर उपन्यास एक आत्मकथा। दोनों के बीच सामान्य सूत्र 'फिक्शन' है।... यानी दोनों ही कहीं-न-कहीं सर्जनात्मक कथा गढ़न्त हैं। इधर उपन्यास की निर्वैयक्तिकता और आत्मकथा की वैयक्तिकता मिलकर उपन्यासों का नया शिल्प रच रही हैं।" इस परिभाषा के साथ ही आत्मकथा की श्रेष्ठता के लिए जरूरी सामान भी बता दिया गया है, यानी वही 'अन्तरंग और लगभग अनछुए और अकथनीय प्रसंगों का अन्वेषण और स्वीकृति जो व्यक्ति की कहानी को विश्वसनीय और आत्मीय बनाते हैं।' इस प्रकार के 'अनछुए' वर्णन लेखिका ने अपने ही नहीं अपनी माँ के भी किये हैं, "मैत्रेयी टुक-टुक औरतों को देखती हैं। अपने जैसी बीती रातें दिन में ही दिखने लगती हैं— माताजी की खाट से उसे गौरा ही उठाकर दूसरी खाट पर डाल देती थी। नींद टूटने पर दिखता कि उसकी जगह माताजी के संग गौरा सो रही है।" इसी तरह एक लम्बे विवाह समारोह के बाद लेखिका हिन्दी के रीतिकाल को याद करते हुए एक लम्बी सुहागरात का चित्रण करती हैं। इसी प्रसंग में बच्चन जी की आत्मकथा 'नीड़ का निर्माण फिर' याद आती है। भूमिका लिखते हुए वे कहते हैं कि कुछ लोग सुहागरात का वर्णन पढ़ना चाहते होंगे। उनसे मेरा कहना है कि वे 'मिलन यामिनी' पढ़ें। किन्तु, मैत्रेयी पुष्पा का काम व्यंजना से नहीं चलता इसलिए वे पुस्तक को 'अनछुए प्रसंगों' की आत्मकथा बनाने के लिए खुलकर 'विपरीत रति' का चित्रण करती हैं।

यदि विविधता की दृष्टि से देखा जाए तो स्त्री और रचनाकार होने के अतिरिक्त उनमें कई प्रकार की भिन्नताएँ हैं, लेकिन उनका सम्बन्ध पारिवारिक जीवन से है। वय प्राप्त, दिनेशनन्दिनी डालमिया ने परिस्थिति के दबाव में अपनी मर्जी से एक बहुत धनी परन्तु अधिक आयु के व्यक्ति से विवाह किया। एक धनी एवं संयुक्त परिवार की अपनी पृथक परम्पराएँ थीं, एक मृत सपत्नी का व्यक्तित्व भी। इस तरह यह एक दुविधाग्रस्त लेखिका के क्रमशः विखंडित होने की कहानी है। लेखन ही वह शक्ति है जो उन्हें सक्रिय रखता है। हर बार उन्होंने एक आत्मकथा लिखी परन्तु आत्मकथा को आत्मकथा कहने का साहस कभी नहीं जुटा पायीं। पद्मा सचदेव कच्ची उम्र में ही तपेदिक जैसे रोग की गिरफ्त में आ गयी थीं, जहाँ वे जीवन और मृत्यु के बीच संघर्ष करती रहीं, अकेली! पति ने उनका साथ नहीं दिया। "उसे महसूस होता है कि मेरा पति एक ऐसा छाता था, जिसमें सिर्फ लोहे की छड़ियाँ थीं, कपड़ा न था। उसकी दिमागी हालत खुदकुशी करने की हो जाती है। लेकिन उसकी कविता, उसकी संवेदना, अपनी ज़मीन से उसका गहरा जुड़ाव, पेड़-पौधों, फूलों-फलों की यादें, जम्मू के खाने-पीने का खास स्वाद उसे खुदकुशी के ख़िलाफ़ कर देता है। यह लड़की स्वतन्त्र होने की हिम्मत जुटा लेती है।" वे मानती हैं कि

जहाँ तक हो सके, स्त्री को समझौता करना चाहिए, पर अपनी अस्मिता व गरिमा गँवाकर नहीं। यही दुविधा दरार बन गयी जब वे कहती हैं, "दीपजी का मोह रोम-रोम में था, पर अब रोम-रोम से अपमान, ज़िल्लत और शर्मिन्दगी का धुआँ उठने लगा था। मैं अक्सर सोचती— मैं शायरा हूँ। अपनी रोटी खुद कमा सकती हूँ। अगर मैं यह ज़िल्लत बरदाश्त करूँगी तो वो औरतें क्या करेंगी जो रोटी को भी मोहताज हैं।" अन्ततः उन्होंने तलाक लिया।

कृष्णा अग्निहोत्री ने अपनी आत्मकथा 'लगता नहीं है दिल मेरा' शीर्षक से लिखी है जो अपनी 'बोल्डनेस' की वजह से चर्चा में रही हैं। वे अपनी श्रेष्ठता की कुंठा से ग्रस्त प्रतीत होती हैं जब वे कहती हैं, "अग्नि से ब्याही गयी तो सोलह साल की थी। मैट्रिक पास और प्रतिष्ठित पिता की बेटी थी, जिसके भाई-बहनों का ब्याह होना था। आज की कृष्णा आत्मनिर्भर, विवेकपूर्ण, चेतन तथा हिन्दी की कथाकार थी। पढ़ी-लिखी एक जागरूक महिला।" वे कई बार अपनी परिभाषाएँ बदलती हैं, पति को तलाक देकर, एक अन्य उच्चाधिकारी, जो तीन लड़कियों का पिता है, से प्रेम करके और विवाह करके। यह सम्बन्ध भी बहुत दिनों तक नहीं चलता। अहं फिर आड़े आ रहा था। बच्चों के बीच की समस्याएँ भी थीं। उनके अनुसार, "मेरे जीवन में जितनी अधिक भागदौड़, हार-शिकस्त थी उतना ही मेरा साहित्यिक लेखन सशक्त-बुलन्द हो ऊँचाई तक बढ़ रहा था। मेरे पाँच कहानी-संग्रह व चार उपन्यास पूरे हो गये थे और मैं प्रत्येक पत्रिका में छप रही थी।" परन्तु वैयक्तिक जीवन में कृष्णा अग्निहोत्री बार-बार 'एक्सपैरीमेंट' करती हैं और असफल रहती हैं। कुसुम अंसल की आत्मकथा 'जो कहा नहीं गया' एक उच्चवर्गीय, सम्पन्न घराने की विवाहिता स्त्री की कथा है, जो अपने होने का अर्थ तलाश रही है। क्योंकि पति व्यस्त व्यवसायी हैं, एवं बच्चे आत्म-निर्भर होने की प्रक्रिया में हैं। अभिनय, एवं साहित्य में उन्हें अपने लिए एक जगह दिखाई पड़ती है। घर में विरोध-जैसा-विरोध भी नहीं है, परन्तु उनकी समस्या उनका 'धनवान' होना है। वे फिर से अपने रचनाकर्म का सन्धान करती तो हैं, परन्तु प्रकाशन सम्बन्धी समस्याएँ उन्हें भी हैं। समस्या की प्रकृति थोड़ी फर्क है। लेखिका ने अपने संघर्ष का विस्तार से चित्रण किया है। ये विसंगतियाँ अपरिचित तो नहीं हैं पर लोग कहने में संकोच करते हैं।

कौसल्या बैसन्त्री की आत्मकथा 'दोहरा अभिशाप' इन सब आत्मकथाओं से विशिष्ट है। वे महिला हैं, अस्पर्श हैं, गरीब हैं। उनकी कहानी में संघर्ष की दोहरी ही नहीं तिहरी बुनावट है। कथा में 'कथा गढ़न्त' नहीं है, सीधा सपाट संघर्ष है, जो प्रभावित करता है। माता-पिता ने गरीबी से जूझते हुए भी अपनी लड़कियों को पढ़ाया, उनके विवाह किये। उसके बाद ही उसकी कथा भी 'पति-कथा' हो जाती

है। पति स्वतन्त्रता सेनानी थे, फिर भी उन्हें मान-सम्मान नहीं मिला। उसने सामाजिक संस्थाओं में कार्य करना आरम्भ किया। अपने पास के, पड़ोस और उनमें निवास करने वाले व्यक्तियों के वर्णन वे यथावत करती जाती हैं। अपने पति के सम्बन्ध में कौसल्या लिखती हैं, "पत्नी को वह स्वतन्त्रता सेनानी भी एक दासी के रूप में ही देखता था।... मैं खाना बन जाने पर खा लेती थी। तब उसने यह शिकायत मेरे भाई से की कि मैं उससे पहले खाना खा लेती हूँ। कोई जरूरी है कि पत्नी सबसे पीछे खाये। जिसे भूख लगे, वह खाये। जब उसने साबुन अलमारी में रखना शुरू किया, तब छोटे लड़के ने अपने पैसे से मुझे सर्फ का पाउडर खरीदकर दिया और राशन की चीनी चुपचाप निकालकर दी, जो मैंने अपनी अलमारी में रख ली।" अन्ततः बात फिर कोर्ट तक पहुँची और कोर्ट ने उसे 500 रु. माहवार का जीवन-निर्वाह भत्ता बाँध दिया।

आत्मकथ्यों में मन्नू भंडारी का कथन साफ-साफ और नियन्त्रित है। उसके केन्द्र में बचपन से लेकर क्रमशः विकसित होने वाली उनकी रचना-प्रक्रिया है। उसी क्रम में वे राजेन्द्र यादव से विवाह और बच्ची के जन्म की बात करती हैं। युद्ध तो उनके अन्तर में भी है लेकिन वे उसे बेहद सादगी से बयान कर जाती हैं, "पर सबसे बड़ा संकट था राजेन्द्र के व्यक्तित्व में अपने अहं की अतिरिक्त चेतना के कारण उभर आयी उन गाँठों का, जिसने जीवन की सहज गति को छेंककर रख दिया था। कब किस बात पर वे आहत हो जाएँगे पता ही नहीं चलता।" मृदुला गर्ग का 'दो एकान्त' अपने भीतर और बाहर एकान्त को तलाशने की लेखकीय इच्छा है जिसमें स्त्री की इच्छा भी शामिल है। उन्हें पर्याप्त 'स्पेस' चाहिए जो आसानी से मिलता नहीं। वे मानती हैं, "मैं लेखक हूँ। नहीं, लेखिका। औरत भी हूँ न। ज्यादा महत्त्वपूर्ण क्या है, लेखक होना या औरत होना?... एक बात और मैं उन औरतों में से हूँ, जिसने हाथ में कलम शादी के बाद पकड़ी, जब आम पढ़ी-लिखी औरत कलम साधना छोड़, पति साधना शुरू कर देती है।" नासिरा शर्मा का आत्मकथ्य अपने लेखन से उठते सवालों को लेकर है। एक तरह से वह उनका स्पष्टीकरण भी है और आत्मान्वेषण भी। "हो सकता है, क्योंकि मातृभाषा उर्दू, शौक फारसी, लेखन हिन्दी, कमजोरी इंग्लिश और चुटपुट पश्तो। ऊपर से कम्बख्त न पूरी विधवा लगती थी और न गैर शादीशुदा, न ही सम्पूर्ण सुहागन। आखिर वह थी क्या बला? 'कुमारबाज' (जुआबाज)।" स्त्री की लेखन परीक्षा के लिए उनका सापेक्ष जवाब है, "अगर हमबिस्तरी हकीकत होती तो फिर लेखिका बनने का श्रेय सबसे पहले सम्पादक की पत्नी को होता और दूसरी महिलाएँ टापती ही रह जातीं। बिस्तर पर मुहब्बत की कीमत किसी वेश्या की तरह भौतिक रूप में हथिया लेना आसान तो है, मगर 'खुदादाद' फन और कला के सृजन-स्रोत को अपने अन्दर

हासिल करना सबका भाग्य नहीं। और यही वह मजबूरी है जहाँ पहुँचकर धन, रूप, काम और सत्ता अपना असर खो बैठती है।'' सुधा अरोड़ा अपनी रचनात्मकता को स्वायत्त रूप से अपने से स्वतन्त्र परन्तु अपने दोस्त के रूप में देखती हैं और इसे वे 'गुमशुदा दोस्त की तलाश' कहती हैं। उनके अनुसार ''लिखे बगैर भी तो ज़िन्दगी, लेखन सबकुछ चल ही रहा है। फिर अब इसे शब्दों में दर्ज करने का कारण? शायद यह कि उम्र के इस मोड़ पर अपनी ज़िन्दगी के इस 'सच' को काग़ज़ पर उतारकर अपने से अलग, अपने से बेगाना कर देना चाहती हूँ। बस, अपने बारे में लिखते हुए उस आत्म-मुग्धता से बचना चाहती हूँ जो लेखक की अनिवार्य कमजोरी होती हैं।'' यद्यपि उनका कहना है कि विस्तार से लिखी हुई अपनी डायरी वे फाड़कर जला चुकी हैं, फिर भी उनकी स्मृति बिल्कुल दुरुस्त है और उनका वक्तव्य तिथियों से सज्जित है।

स्नेहमयी चौधरी और रमणिका गुप्ता के आत्मकथ्य अलग हटकर हैं। स्नेहमयी चौधरी का प्रलापात्मक आत्मकथन 'पुरुष' के दोषारोपण, लानत-मलामत और स्वयं की आत्मदया से भरे हुए हैं। यद्यपि वे एक साहित्यिक-परिवार की आत्मनिर्भर रचनाकार हैं, फिर भी इस हद तक का अन्तर्विरोध समझ में नहीं आता, ''देखो तो मेरी मूर्खता, अब आत्मकथ्य के रूप में कहने की ललक है— जैसे उससे अतीत का रूप वापस आकर इस ढाँचे को सँवारेगा— जो असम्भव है। पर उस चारों ओर फैली इस बदबू को झेलना तो है ही, उससे मुक्ति नहीं।'' रमणिका गुप्ता का आत्मकथ्य भी आश्चर्य में डालने वाला है। वे लेखिका ही नहीं, सक्रिय सामाजिक 'कार्यकर्ता' भी हैं और उनका एक विशेष दर्शन भी है। उन्होंने 'पत्र' के रूप में आत्मकथ्य प्रस्तुत किया है जिसका शीर्षक है 'बन्द है मेरा कमरा' उनकी जो छवि उनकी रचनाओं के अध्ययन से बनती है, आत्मकथ्य से मेल नहीं खाती। सारा एकालाप 'मैं' और 'तुम' के मध्य है जहाँ कोई तीसरा 'वह' भी है। 'स्त्री की मुक्ति उसकी देह की मुक्ति है' उक्ति के चलते लेखिका का स्वयं के लिए यह कथन है— ''याद आ रही है विगत की एक घटना जो मुझ पर बीती थी। मुझसे एक बड़े नामी वकील साहब से बहुत घनिष्ठता थी। बहुत हैंडसम थे वे। बहुत गम्भीर भी। मुझे बहुत चाहते थे— मेरी देख-रेख भी करते थे। मुझे आगे पढ़ने का खर्चा भी देते थे। शिमला में मैं उन्हीं के खर्चे पर हास्टल में रहकर पढ़ रही थी। मैं चाहती थी कि उनसे मुझे एक बच्चा हो— उन्हीं जैसा खूबसूरत-कद्दावर और शार्प बुद्धि में भी, व्यवसाय में भी। बहुत प्यार दिया उन्होंने मुझे और मेरा भटकाव बन्द हो गया था— जब से मैं उनके सम्पर्क में आयी थी। पेट में बच्चा रह गया तो मैं परीक्षा के बाद अपने पति के घर लौट गयी थी। मेरे पति को सन्देह हो गया था कि पेट का बच्चा उनका नहीं है।... मैं प्रेम और आदर के रिश्ते कायम करती हूँ, व्यापार

के लिए नहीं।'' इसी प्रकार के विवरणों और वर्णनों से पूरा आत्मकथ्य भरा हुआ है। राजेन्द्र यादव की पारिभाषिक शब्दावली का प्रयोग करें तो इसमें 'खिड़कियाँ ही खिड़कियाँ हैं दीवारें कहीं हैं ही नहीं।'

प्रभा खेतान का आत्मकथन 'देहमुक्ति' का एक दूसरा आख्यान है। अपना विकल्प स्वयं चुनने पर भी घुटन और टूटन वहाँ भी है। प्रभा खेतान स्वतन्त्र, धनाढ्य महिला-व्यवसायी हैं और लेखिका तो वे हैं ही, दर्शन और सम्पादक में भी उनका खासा दखल है। एक पाँव विदेश में तो एक देश में। दिनेशनन्दिनी डालमिया ने ते अपनी मर्जी से अधिक आयु के धनाढ्य व्यक्ति से विवाह किया और प्रभा खेतान स्वतन्त्र और समर्थ होते हुए भी एक विवाहित पुरुष की 'रखैल' की भूमिका स्वेच्छा से स्वीकार करती हैं। उनका सारा द्वन्द्व इस तथ्य को लेकर है, जिसे वे 'एक अनुपस्थित प्रतिबिम्ब' कहती हैं। वे स्वयं से सवाल करती हैं ''मैं क्या लगती थी डॉक्टर साहब की? मैं क्यों ऐसे ही उनके साथ चली आयी? प्रियतमा, मिस्ट्रेस, शायद आधी पत्नी, पूरी पत्नी तो मैं कभी नहीं बन सकती, क्योंकि एक पत्नी तो पहले से ही मौजूद थी। वे बाल-बच्चों वाले व्यक्ति थे। पिछले बीस सालों से मैं उनके साथ थी मगर किस रूप में... ? इस रिश्ते को... नाम नहीं दे पाऊँगी। भला प्रेमिका की भूमिका भी कोई भूमिका हुई... रखैल का क्या अर्थ हुआ? वही जिसे रखा जाता है, जिसका भरण-पोषण पुरुष करता हो। लेकिन डॉक्टर साहब तो मेरा भरण-पोषण नहीं करते।''

जया जादवानी और जयन्ती अपेक्षाकृत अगली पीढ़ियों की लेखिकाएँ हैं। वे न तो आत्मकथा लिखती हैं और न ही आत्मकथ्य। आत्मकथा लिखने जैसा अभी अनुभव नहीं है और आत्मकथ्य की आवश्यकता शायद नहीं है। फिर भी एक भिन्न प्रकार के अनुभव हैं उनके आत्मकथ्य। जया जादवानी की स्मृति में उनके बचपन के दिन, आस-पास का माहौल और कई चरित्र उभरते हैं। बड़ी आत्मीयता के साथ लेखिका ने उनका चित्रण किया है। जयन्ती मूलतः तमिल भाषी हैं और हिन्दी में लिखती रही हैं। लेखन के साथ-साथ वे पत्रकारिता से भी जुड़ी हैं। उनके आत्मकथ्य में एक अकेली, आधुनिक स्त्री की दुनिया की झलक है। यह कई चित्रों को मिलाकर बनाया गया एक प्रभावी कोलाज है। स्त्री का यह विकल्प है अकेले रहकर स्वतन्त्र ज़िन्दगी बिताना। क्योंकि 'रोज़ न जाने कितनी बार अपनी विवाहित दीदियों, कलीग और मित्रों से यह सुनती हूँ कि तुम लकी हो, शादी के पचड़े में नहीं पड़ी। नून-तेल की चिन्ता नहीं, बच्चों की झक-झक नहीं, पति नाम के प्राणी को झेलना नहीं पड़ता, रिश्तेदारों की चिक-चिक नहीं।'... मैं यह तर्क देते हुए कई बार परेशान हो जाती हूँ कि मैं अकेली हूँ, तो इसका मतलब यह नहीं कि मैं दस इंच का टी.वी. देखूँ। मेरा टी.वी. भी इक्कीस इंच का होगा, फ्रिज भी डबल डोर

होगा।... दफ्तर में भी हमेशा देर तक बैठकर काम करने पर यही सुनने को मिलता है— 'घर जाकर करोगी भी क्या?'

तो 'देहरि भई विदेस' में इतनी ही आत्मकथांश और आत्मकथाएँ सम्मिलित हैं। होने को तो आत्मकथाएँ और भी हैं, आगे और भी हो सकती हैं। फिलहाल हम अपनी चर्चा इन्हीं पर केन्द्रित कर सकते हैं। सबसे पहले जो तथ्य सामने आता वह है, पुरुष के सन्दर्भ में स्त्री की बहुकोणीय स्थिति। लेखिकाएँ तो सभी हैं, सवाल छोटे-बड़े का नहीं है, सवाल उनके व्यक्तित्व और स्त्रीत्व का है। यदि शुरू से गणना करें तो मीराबाई विधवा थीं, महादेवी वर्मा का विवाह ग्यारह वर्ष की आयु में हुआ था फिर वे ससुराल गयी ही नहीं। दिनेश नन्दिनी का विवाह एक विवशता का समझौता था। कृष्णा अग्निहोत्री ने स्वयं पहले पति से तलाक लिया, दूसरे से भी पटी नहीं, इतर सम्बन्ध भी समानान्तर चलते रहे। मैत्रेयी पुष्पा में विवाह की तीव्र इच्छा रही, इसलिए प्रयत्नपूर्वक विवाह हुआ, बच्चे भी हुए, लेकिन स्थितियाँ बहुत सामान्य नहीं रहीं। पद्‌मा सचदेव ने प्रेम-विवाह किया, फिर तलाक और फिर विवाह। मन्नू भंडारी ने प्रेम विवाह किया जिसकी परिणति अलगाव में हुई। स्नेहमयी चौधरी का विवाह उनके आत्मकथ्य के अनुसार विषादमय साबित हुआ। प्रभा खेतान का रास्ता बीच का है, विवाह नहीं है सम्बन्ध था। रमणिका गुप्ता ने कई प्रयोग किये। विवाह किया, दूसरे से सम्बन्ध बनाये और उनके बच्चों को जन्म दिया, यदि आत्मकथ्य के रूप में प्रकाशित उनका पत्र सत्य माना जाए तो जयन्ती ने अकेले रहने का फैसला लिया। लेकिन इनमें से कोई भी अपने वैवाहिक रिश्तों से सुखी अथवा सन्तुष्ट रहीं ऐसा इन कथ्यों से प्रमाणित नहीं होता। ऐसा लगता है, स्त्री अपनी स्वतन्त्रता की नयी-नयी परिभाषाएँ गढ़ती है और उन्हें मिटाती हैं। कोई भी स्थिति उसे रास नहीं आती और इसके लिए वह पुरुषों को ही दोषी समझती है।

अपने आत्मकथ्य में जयन्ती का यह कथन ध्यान देने योग्य है, "कभी मैं सोचती हूँ कि पाषाण युग में अगर एक स्त्री अकेली रह रही होती, तो क्या होता? अकेली शिकार पर जाती, जानवरों का मुकाबला करती— नहीं, तब स्त्रियों को इसकी जरूरत ही नहीं थी।... अब तक मैं जितनी अकेली स्त्रियों से मिली हूँ, सत्तर प्रतिशत ने जानबूझ, सोच-समझकर यह निर्णय नहीं लिया था। बस, परिस्थितियाँ ऐसी बनती चली गयीं, जहाँ अकेले रहने का विकल्प ही सबसे सही था। मेरे साथ भी ऐसा ही है।" जिन लेखिकाओं को इस संग्रह में स्थान दिया है, वे सभी महानगरीय सभ्यता की आदी हैं। लेकिन उनके आत्मकथनों में शहर कहीं बोलता नहीं। 'बूँद और बावड़ी' में आंचलिक पृष्ठभूमि है और 'कस्तूरी कुंडल बसे' में भी, लेकिन वह स्मृति की गन्ध है वर्तमान की नहीं, एक दो को छोड़कर, ये आत्मकथाएँ

और आत्मकथ्य परिपक्व आयु में लिखे गये हैं, लेकिन इसमें एक ठहरा हुआ समय है। सारा संघर्ष पुरुष और स्त्री के बीच का है, यह भी एक विशिष्ट रिश्ते को लेकर। इससे इतर जो रिश्ते हैं, या हो सकते हैं, वे कैनवास से बाहर हैं। रचना-प्रक्रिया और रचना-क्षेत्र का जिक्र कुछ लेखिकाओं ने किया है, पर कार्यक्षेत्र और नौकरी की कोई छाया उन पर नहीं पड़ती। हम जानते हैं कि इनमें से कुछ लेखिकाएँ उच्च शिक्षा के क्षेत्र में उच्च पदों पर रही हैं, कुछ मीडिया में हैं और कुछ अन्य सामाजिक क्षेत्र में। उससे जुड़े हुए उनके अनुभव क्या आत्मकथा की परिधि में नहीं आते? या वे इन्हें बताना जरूरी नहीं समझतीं?

संसार भर की श्रेष्ठ आत्मकथाओं में वे ही रचनाएँ गिनी जाती हैं जिसमें लोक के अपने समय के साथ द्वन्द्वात्मक रिश्ते होते हैं। जरूरी नहीं कि सभी समाज सुधार में जुट जाएँ, पर उनका गाँव-घर, उनका परिवार, परम्पराएँ बोलती जरूर हैं। लेकिन इन आत्मकथाओं को पढ़ने से ऐसा नहीं लगता कि लेखिका का अतीत और भविष्य वर्तमान में संवाद कर रहे हैं। संग्रह के अधिकांश आत्मकथांश और आत्मकथ्य साठ वर्ष की आयु के आसपास लिखे गये हैं। तब-तक स्त्री की प्राथमिकताएँ बदलने लगती हैं और नयी पीढ़ी से रिश्ते के कोण भी बदलते हैं। नयी पीढ़ी से संवाद की पूरी भूमिका ही गायब है। आत्मपीड़न का सुख भोगते हुए हम यह भूल ही गये हैं कि हमने अपने उत्तरदायित्व किस सीमा तक पूरे किये। ऐसा लगता है कि हमने 'स्त्री आत्मकथा' की यह परिभाषा स्वीकार कर ली है कि देह के रिश्तों की अन्तरंग अभिव्यक्ति ही स्त्री की आत्मकथा है और उसी दायरे में उलट-पुलट कर अपने को प्रस्तुत कर रहे हैं, यह भूलकर कि दर्शक-दीर्घा में बैठे लोगों का इसी से मनोरंजन हो रहा है। यहाँ तक कि कौसल्या बैसन्त्री भी, जिनका जीवन संघर्षों से भरा रहा है, वे इस चालू मुहावरे से बच नहीं पातीं। ये सब इकतरफा फैसले हैं, जिसमें दूसरे पक्ष को सुना ही नहीं गया है।

यह सच है कि, आत्मकथा सामान्य जन की भी हो सकती है, परन्तु उसमें विशिष्टता तो होती है, तभी वह रचना कहलाती है। यह विशिष्टता किसी भी प्रकार की हो पर होती जरूर है, तभी पाठक इसे पढ़ने के लिए उत्सुक होगा। पाठक के बिना वह अभिव्यक्ति तो है पर रचना नहीं। इसीलिए अज्ञेय जी ने कहा था, "मुझे लगता है, लेखक सबसे सच्चा और ईमानदार तब होता है, जब वह सृजनात्मक लेखन कर रहा होता है और सबसे कम ईमानदार तब, जब आत्मकथा में सायास लिख रहा होता है।" ये आत्मकथाएँ किसी वैचारिक ऊर्जा या रचनात्मक दबाव के तहत न लिखी जाकर हड़बड़ी में लिखी गयी हैं, शायद यह सिद्ध करने के लिए कि हम ये भी लिख सकते हैं। इन सभी रचनाओं में लेखिकाएँ कथाकार हैं, यह बात विज्ञापन की तरह छपी हुई है। शायद इसी सूत्र में इस प्रश्न का भी

उत्तर छिपा है कि अन्य विधाओं में लिखने वाली महिलाओं ने आत्मकथाएँ क्यों नहीं लिखीं।

आश्चर्यजनक बात यह भी है कि इन रचनाओं में और किसी प्रकार का संघर्ष नहीं है। कम-से-कम सतह पर नहीं आता। घर-बाहर कार्यों के सामंजस्य को लेकर भी भागमभाग नहीं है। परिवार के अन्य सदस्यों का वजूद कहीं उभरा नहीं है। सारा जोर केवल पति-पत्नी के रिश्ते की विसंगतियों को लेकर है। महत्त्व इस बात का नहीं है कि हम क्या हैं और कहाँ हैं, सवाल इस बात का है कि हम अपने को दिखलाना क्या चाहते हैं? एक महिला की आत्मकथा और एक रचनाकार महिला की आत्मकथा निश्चित रूप से एक नहीं हो सकती। रचनाकार होना एक अतिरिक्त सुविधा नहीं, एक अतिरिक्त ज़िम्मेदारी है। इसका निर्वाह न हो पाने के कारण ही महिला रचनाकारों की आत्मकथाएँ वहाँ तक नहीं पहुँचती, जहाँ तक उनका रचनात्मक साहित्य पहुँच चुका है। पाठक को यह उम्मीद होती है कि आत्मकथा के जरिये वह रचनाकार के मनोजगत में सेंध लगा सकेगा। महत्त्वपूर्ण रचनाओं के स्रोत ओर उनकी प्रेरणा की नाप-जोख कर सकेगा। पर ऐसा कुछ भी नहीं होता। बल्कि इन आत्मकथाओं के द्वारा यह सन्देश जाता है कि स्त्री चाहे जैसी भी हो, पढ़ी-लिखी या रचनाकार, गृहणी या आत्मनिर्भर, विवाहिता, कुमारी, परित्यक्ता या तलाकशुदा, उसकी नियति ये आत्मालाप ही हैं। भले ही वह अपनी देह और मन को मुक्त कर अपने अनुसार प्रयोग करे। फिर नारी-जागरण और स्त्री-विमर्श की बड़ी-बड़ी बातों का अर्थ क्या है? हम जो चाहते हैं उसके खिलाफ लड़ना भी चाहते हैं और जिस व्यवस्था को तोड़ने की बात करते हैं उससे स्वेच्छा से जुड़ना भी चाहते हैं। ये आत्मकथाएँ हमें इसी बिन्दु तक ले जाती हैं, सम्भव है और स्वाभाविक है कि जीवन में ऐसा नहीं घटता।

लेखिकाओं की तुलना जब हम ऐसी स्त्रियों की आत्म-कथाओं से करते हैं, जो अन्य क्षेत्रों में रही हैं और जिन्होंने महत्त्वपूर्ण मुकाम हासिल किये हैं तो स्थिति और स्पष्ट हो जाती है। भाषाओं की सरहदों को यदि कुछ समय के लिए भूल जाएँ तो आज़ादी की लड़ाई हुए कई महत्त्वपूर्ण महिला-रचनाकारों ने आत्मकथ्य लिखे थे, जिनके उल्लेख तो मिलते हैं परन्तु सभी पुस्तकें उपलब्ध नहीं हैं। दो आत्मकथाएँ हामरे पास हैं, जिनका जिक्र जरूरी है। कैप्टन (डॉ.) लक्ष्मी सहगल की आत्मकथा जो 'स्वतन्त्रता संग्राम से समाजवाद के संघर्ष तक मेरी जीवन यात्रा' के नाम से प्रकाशित हुई है। मूल पुस्तक सम्भवतः अँग्रेज़ी में लिखी गयी है, सम्भवतः इसलिए कि इसका उल्लेख नहीं किया गया है। दूसरी पुस्तक का नाम है 'प्रतिष्ठा' जो इसकी नायिका का भी रखा गया है। स्वयं लेखिका मानवती आर्या के अनुसार इस नामकरण का कारण है, 'अपने जीवन के अस्सी वर्ष पार कर चुकने

के बाद', आत्म-चिन्तन करने पर जब 'अपने अनुभवों की अव्यक्त धरोहर' को अगली पीढ़ी के लिए छोड़ जाने के कर्तव्य का बोध हुआ तब मित्रों के आग्रह का महत्त्व समझ में आया। किन्तु आत्मकथा की विधा में ही लिखने पर 'अपनी डफली आप बजाने' जैसा लगेगा, इस आशंका ने फिर अन्तर्द्वन्द्व खड़ा कर दिया इसलिए इसे 'उपन्यास' की विधा में, तृतीय पुरुष की भाषा में लिखना शुरू कर दिया। नेताजी से सम्बन्धित तथ्यों और संस्मरणों की ऐतिहासिकता को बरकरार रखने के लिए इसे 'आत्मकथा' पर आधारित ऐतिहासिक उपन्यास के रूप में प्रस्तुत करना ही समीचीन लगा।' दोनों ही महिलाएँ आज़ाद हिन्द फौज के महत्त्वपूर्ण पदों पर रहकर, एक विदेशी धरती पर देश के लिए लड़ती रही हैं। उनकी आत्मकथाओं में जो एक प्रकार की गति और ऊर्जा है वह पाठक को उत्सुक बनाए रखती है। उत्सुकता के साथ-साथ एक प्रकार की सहभागिता का आनन्द भी। बर्मा के दिन-प्रतिदिन का जीवन, खासतौर पर मानवती आर्या का जीवन और परिवेश, क्योंकि उनक जन्म ही बर्मा में हुआ था और उनके पिता ने लगभग दस वर्षों तक स्कूल न भेजकर घर में ही पढ़ाया कि वे हिन्दी को ही अपनी मातृभाषा के रूप में जानें। अन्य भाषाएँ इसके बाद ही सीखीं। दोनों ने विवाह किया, उनके बच्चे हैं और उनका संघर्ष अभी जारी है। कहने का अभिप्राय केवल यह कि साहित्यिक रचना के पीछे कोई उद्‌देश्य जरूर होता है, उसे चाहे जो भी नाम दे लें, उसके अभाव में रचना के रूप में नहीं आ सकती।

हिन्दी में महिला आत्मकथाओं की चर्चा करते हुए हम यह अवश्य कहते हैं, कि पंजाबी, मराठी और बांग्ला जैसी भाषाओं की तुलना में हिन्दी पिछड़ गयी है और हिन्दी का यह पिछड़ापन उस प्रदेश की महिलाओं तथा उनके साहित्य से जोड़ दिया जाता है। इस सम्बन्ध में कोई प्रामाणिक टिप्पणी इसलिए नहीं की जा सकती, क्योंकि हमारा ज्ञान अनुवादों पर आधारित है। लेकिन इससे आनन-फानन में यह नतीजा निकालना कि हिन्दी-समाज और साहित्य एक पिछड़ा हुआ समाज है स्वीकार नहीं किया जा सकता। रचनाकार अपनी विधा चुनने के लिए स्वतन्त्र है और उसकी रचना का मूल्यांकन रचनात्मक मानकों के द्वारा ही किया जाना चाहिए। आत्मकथा का सत्य व्यक्ति का सत्य और समाज का सत्य दोनों चाहिए, वह भी एक साथ। केवल 'माँग' के तहत लिखी जानेवाली रचना की उम्र बहुत थोड़ी होती है।

# लोकेतिहास बरक्स इतिहास

लोकेतिहास एक कालातीत अवधारणा है, जो अपनी निरन्तरता में अतीत से वर्तमान की ओर प्रस्थान करती है। जिसे हम इतिहास कहते हैं, वह वस्तुओं और उपकरणों के अवशेषों का इतिहास है। इसका सबसे बड़ा विरोधाभास यह है कि जो लोग ये वस्तुएँ उपकरण, महल, किले, मन्दिर और मूर्तियाँ बनाते हैं यह उनका इतिहास नहीं है। इतिहास तो उनका होता है जो इनके कर्ता पर शासन कर रहे होते हैं। उसी इतिहास की हम खोज करते हैं, लिखते हैं, पढ़ते और पढ़ाते हैं। शासकों के जन्म से लेकर मरण तक की हर चीज, हर घटना, इतिहास का अंग है। जब हम इतिहास खोज नहीं पाते, या खोजना नहीं चाहते तो अनदेखी करते हैं या फिर इतिहास की 'राजनीति' करने लगते हैं। इसके विपरीत, लोकेतिहास वह इतिहास है जो ये चीजें बनाने वाले, इमारत बनाने वाले और इस या उस राजा के लिए लड़ने वाले लोग जीते हैं। वह सब-का-सब सन्तरणशील तरल और जीवन्त होता है, क्योंकि उसकी जड़ लोक की भाषिक शक्तियों में होती है जो अतीत से वर्तमान की ओर सदैव प्रवाहित होती रहती है। इसीलिए उसमें अतीत और वर्तमान एक साथ बहता है।

इतिहास और लोकेतिहास का सबसे बड़ा विरोधाभास ही यही है। जो इतिहास एक समूह बनाता है, रचता और जीता है, वह व्यक्ति द्वारा व्यक्ति के इतिहास के रूप में लिखा जाता है। लोकेतिहास में तिथियाँ नहीं कथाएँ हैं, समूह मन की स्मृतियाँ और वर्तमान में उसे जीने की प्रथाएँ हैं, प्रति आख्यान हैं और पुनर्रचनाएँ हैं। इसीलिए राजाओं का इतिहास, राज्यकाल, विजय-पराजय ऊपरी धरातल की घटनाएँ हैं जो जल्दी-जल्दी बदलती हैं, या बदलती दिखाई देती हैं। भीतरी सतह पर परिवर्तन उसी क्रम और गति से नहीं होते। एक राजा लगान लेता है, दूसरा भी लेगा और तीसरा भी सख्ती से वसूलेगा। 'कुरकी' होगी। लोग दरबदर होंगे। लोगों के लिए सिर्फ वसूली करनेवाले चेहरे बदलते हैं, जीवन के राग-विराग नहीं बदलते। यही लोकेतिहास है। जो जीते हैं, वही अनुभव करते हैं, वही याद रखते हैं वही भाषा में व्यक्त भी करते हैं।

इतिहासकार अनुमान करता है, खनन करता है, जो अवशेष मिलते हैं, उनका

अध्ययन, परीक्षण अनुमानों के आधार पर ही करता है। अन्ततः वह जो इतिहास बनाता है, वह एक रचना ही है। हम इसी निष्कर्ष पर पहुँचते हैं कि कोई भी इतिहास अन्तिम नहीं होता, न तटस्थ, न प्रामाणिक। इसका मूल कारण यही है कि हम उपकरणों, पत्थरों और मिट्टी के बर्तनों के टुकड़ों पर भरोसा रखते हैं और इन वस्तुओं को अपनी भाषा देते हैं।

भारतीय इतिहास के साथ प्रारम्भ से ही एक बहुत बड़ी दुर्घटना हो गयी। हम जो इतिहास पढ़ते हैं या जो इतिहास हमारी नाक बन्द कर गले में डाला जाता है, उसके लेखक हमारे विजेता हैं। इस बात से क्या फर्क पड़ता है कि वह इतिहास अरबी में लिखा गया है या फारसी में या अँग्रेजी में। उसी क्षण यह फैसला सुना दिया गया कि हमारे इतिहास कपोल-कल्पित, पुराण झूठे और ऐतिहासिक काव्य किस्सा-गढ़न्त हैं। भारतीयों में तो इतिहास लिखने की कोई परम्परा थी ही नहीं। मौखिक रूप से स्मृत और कथित इतिहास सच नहीं हो सकता, पर विजेता यदि काग़ज़ पर झूठ भी लिख दे तो सच हो जाता है। हम यह कह ही नहीं सके कि पत्थर के टुकड़े इतिहास का साक्ष्य भले ही हों, वे विचारों का, अनुभवों का और अनुभूतियों का आख्यान नहीं हो सकते। इनके बिना क्या कोई मानवीय इतिहास जन्म ले सकता है?

इतिहास और लोकेतिहास में जो फाँक है वह भाषा के माध्यम की वजह से ही। इतिहास पुरातत्त्व-अवेशषों पर आधारित है और लोकेतिहास भाषा और भाषा में स्मृत लोकवार्ता पर। इसी कारण दोनों के अध्ययन के औज़ार भी अलग हो जाते हैं, क्योंकि भाषा के विकास के अपने रास्ते और प्रक्रियाएँ हैं। उसमें कई युग एक साथ चलते हैं, उनका समय निर्धारित करना बहुत-कुछ अनुमान-आश्रित ही होता है। वर्तमान दोनों को प्रभावित करता है, इतिहास को भी और लोकेतिहास को भी। इतिहास में हमारी दृष्टि व्याख्या करती है जो वर्तमान की देन है, लोकेतिहास में व्याख्या हर युग करता और अपनी लोकवार्ता में सहेजता भी रहता है। इतिहास वह है जिसका कर्ता शासक की दृष्टि से जनता को देखता है, भले ही वह जीवनियों और आत्मकथाओं के माध्यम से लिखा गया हो। लोकेतिहास वह है जिसमें लोक, शासक को अपने स्थान से देखता है और अपने चारों तरफ के परिदृश्य की पहचान भी अपने तरीके से करता है, अभिव्यक्त भी स्वयं करता है। सही अर्थों में इतिहास इसी रूप में अगली पीढ़ी को हस्तान्तरित किया जा सकता है। आक्रान्ता जो इतिहास लिखता है उसमें उसकी विजय-गाथाएँ ही शामिल होती हैं।

प्रवहणशील भाषा इतिहास-लेखन में प्रमाण नहीं मानी जाती, लेकिन कभी-कभी इसी अप्रामाणित कर दिए गये तर्क का प्रयोग आक्रान्ता द्वारा इस प्रकार किया जाता है कि सदियों का इतिहास पलट जाता है। अभी सन् 1822 तक हम भारतीयों

के मूल-निवास को लेकर कोई सवाल कभी उठाया नहीं गया था। शक, हूण, कुषाण हमले और राज्यों की सीमाओं में उलटफेर पहले भी होते रहे, पर ऐसी शंका किसी ने नहीं की कि भारतीय, भारत के मूल निवासी नहीं हैं। उन्नीसवीं शताब्दी में कुछ यूरोपीय भाषावैज्ञानिक विश्व की भाषाओं का वर्गीकरण करते हुए इस निष्कर्ष पर पहुँचे कि प्राचीन संस्कृत, प्राचीन जर्मन और पुरानी फ़ारसी में माता, पिता एवं कुछ अन्य पारिवारिक सम्बोधनों में ध्वन्यात्मक समानता है। सम्भव है अपने मूल रूप में, जो अब प्राप्त नहीं है और जिसके होने के कोई प्रमाण उपलब्ध नहीं हैं, वे किसी समान स्रोत से उत्पन्न हुई हों। यद्यपि यह खोज बहुत प्रारम्भिक थी और इस दिशा में अध्ययन को आगे बढ़ाया भी नहीं गया। परन्तु यूरोपीय इतिहासकारों को एक दिशा मिल गयी और वे कूदकर इस निष्कर्ष पर पहुँचे कि भारतीय आर्य, भारत के मूल निवासी नहीं हैं। वे तो किसी मूलस्थान, जो यूरोप के अलावा कहीं हो नहीं सकता था, घुमन्तू जातियों के रूप में आये थे और यहाँ बस गये। उपनिवेशवादी इतिहासकारों के इरादे साफ थे। इसके बाद जब बीसवीं शताब्दी के प्रारम्भ में 'नदी घाटी' सभ्यता के अवशेष मिलने शुरू हुए तो कुछ दिक्कतें आयीं। लेकिन फिर नतीजा निकाला गया, ये पुरानी (नील, बेबीलोन एवं अन्य) के मूल निवासी थे जो यहाँ आकर बस गये थे। ये आर्य सभ्यता के अंश नहीं हो सकते। यद्यपि उस विकसित नगर सभ्यता की लिपि भी उपलब्ध हुई है जो अन्य लिपियों से अलग है और अभी तक पढ़ी नहीं जा सकी है, शायद पढ़ी भी न जा सके और हम सब एक उपनिवेशवादी इतिहास ढोने के लिए बाध्य हैं। वैज्ञानिक इस बात को मानते हैं कि विश्व के पृथक्-पृथक् स्थानों में पृथक्-पृथक् समय में जीवन का विकास हुआ है। यहाँ तक कि जापान जैसे आकार में छोटे देश का भी अपना भाषावर्ग है, परन्तु, भारत में सबकुछ, जीवन, भाषा, सभ्यता, संस्कृति बाहर से आये हैं, विशेषतः यूरोप से। भाषा का एक तदर्थ अनुमान मात्र कितने मारक-अस्त्र के रूप में प्रयुक्त हो सकता है, यह हम अपने अनुभव से जानते हैं। ऐसे समय में अपनी भाषिक परम्पराओं, पुराणों और इतिहास सामग्री का पुनः अध्ययन और तथ्यात्मक व्याख्या करनी चाहिए, जिसमें प्राचीन लोकवार्ता बहुत अहम भूमिका अदा कर सकती है।

विकसनशील ऐतिहासिक महाकाव्यों से हम लोकेतिहास की प्रकृति को पहचान सकते हैं। यह काम भी अभी शुरू हुआ ही नहीं है। 'पाठ विज्ञान' नामक जिस पद्धति का बड़े धूमधाम से उद्घाटन किया गया था, वह भी आखिर बन्द गली का आखिरी मकान ही साबित हुआ। इससे हम 'पाठ' का उच्चारण, भाषा का स्वरूप तो कुछ-कुछ निर्धारित भी कर सकते हैं परन्तु कथ्य की प्रामाणिकता साबित नहीं की जा सकती। इसके विपरीत, विभिन्न रूपान्तरों में, प्रतियों में जो अतिरिक्त

'पाठ' आया है, उसे काट-छाँट कर विस्मृति के गर्भ में डालने की आवश्यकता नहीं है, उन्हें एकत्र कर उनका तुलनात्मक अध्ययन नये निष्कर्षों तक पहुँचा सकता है। केवल जोड़ी हुई पंक्तियों का ही नहीं, अध्ययन उन पंक्तियों का भी होना चाहिए जो 'पाठ' से हटा दी गयी हैं। नतीजे चौंकाने वाले हो सकते हैं।

बात स्पष्ट करने के लिए चन्दबरदाई कृत 'पृथ्वीराज रासो' का उदाहरण लिया जा सकता है। साहित्य, इतिहास और भाषा वैज्ञानिक रूप से उसका अध्ययन किया जाता रहा है और विभिन्न विवाद भी समय पर उठाये जाते रहे। 'पृथ्वीराज रासो' की तीन सौ से अधिक हस्तलिखित प्रतियाँ मिलती हैं। प्रतियाँ परस्पर इतनी भिन्न हैं कि उनके चार रूपान्तर ही स्वीकार कर लिए गये हैं, पर वे एक दूसरे के ऐतिहासिक विकास-क्रम नहीं हैं। न हम उन्हें क्रमशः कथ्य का बृहदीकरण मान सकते हैं और न ही संक्षिप्तीकरण। वे भाषा-विकास की विभिन्न पायदानों पर भी नहीं है। इस बात से सभी विद्वान सहमत हैं कि रासो का मूल अंश 'कनवज्ज समय' है, क्योंकि यह चारों रूपान्तरों में है और कथा का केन्द्रीय अंश है। केवल 'कनवज्ज समय' का तुलनात्मक अध्ययन बताता है कि बृहद रूपान्तर में कुछ ऐसे अंश हैं जो अन्य रूपान्तरों में नहीं हैं। जैसे कि जमुना किनारे पड़ाव, अपशकुनों की लम्बी सूची, सामन्तों का नाम परिगणन और वर्णन, सामन्तों के इष्ट देवताओं का अलग-अलग प्रत्यक्ष होकर दर्शन देना, नागा और परवर्ती सामाजिक इतिहास के अंश हैं और हमारे लिए उतने ही महत्त्वपूर्ण हैं। ये लोकमानस के अपने तर्क हैं, जिसके द्वारा वह पुराने इतिहास पर अपनी टिप्पणी दर्ज कराता है। इतिहास पर पूरे लोकमानस की टिप्पणी एक उपनिवेशवादी इतिहास से अधिक महत्त्वपूर्ण है। कहीं-कहीं लोकेतिहास की व्याख्याएँ गद्य में भी हैं, जैसे 'राजा गंगा जाइ देखी, राजा स्नान कीयो। सामन्तन ने स्नान कीयो। तब राजा गंगा को सुमरनु करता है।'

छन्द—

*हर गंगे हर गंगे हर गंगे।*
*तमि तरल तरंगे अघक्रित भंगे क्रितचंगे।*
*हर सिर पर संगे जटन विलंगे अरघंगे*
*गिरि तुंग तरंगे विहरित दंगे जल गंगे।* (छं. 26)

स्पष्ट ही यह व्याख्या सूक्त है। कथागायक जिस प्रकार अपनी भाषा में कुछ पूर्व-प्रसंग और सन्दर्भ बता देता है, यह उसी प्रकार का ज्ञात होता है। लोककथा गायक आज भी इस प्रकार के प्रयोग करते हैं।

इसी प्रकार की एक महत्त्वपूर्ण टिप्पणी रासो में दर्ज है जिसे पाठ विज्ञान के अनुसार डॉ. माताप्रसाद गुप्त अप्रामाणिक और प्रक्षिप्त मानते हैं। डॉ. माताप्रसाद गुप्त का सम्पादित संस्करण पृथ्वीराज और चन्द के आत्मघात के साथ समाप्त हो जाता

है। अन्य संस्करणों, बृहद और मध्यम रूपान्तरों में बन्दीघर में पड़े अन्धे पृथ्वीराज का पश्चात्ताप दर्ज है। डॉ. गुप्त उसे इसलिए प्रामाणिक नहीं मानते कि इस अंश में जिन घटनाओं का उल्लेख है वे इतिहास में नहीं हैं। सम्भव है वे इतिहास में न हों, लेकिन वे लोकेतिहास में हैं और पृथ्वीराज के आत्मालाप के माध्यम से लोकेतिहास की टिप्पणी दर्ज है—

*पर्‌यौ बन्धन गज्जनै मेछ हथ्थं, बिचारै करी अप्प करतूत पिथ्थं।*
*हन्यौ दासि के हैत कैमास बानं, राजषून चामंड बेरी भरा॥*
*बन्धे कन्ह काका चषं पट्‌ट गाढ़े, बिना दोस पुंडीर से मृत्यु काढ़े।*
*बरज्जंत चंन्दं चल्यौ हूँ कन्नौज, तहाँ सूर सामन्त कटि घटि फौजं॥*
*लिये राज लोकं रमंत्तं सिकारं, भ्रमं केहरी कन्दरा रिष्ष जारं।*
*रह्‌यौ गैर महलं लिये राजलोकं, कटे सूर सामन्त कीयौ न सोकं॥*

इन पंक्तियों में परवर्ती रंग साफ दिखाई पड़ता है, क्योंकि ये परवर्ती इतिहास द्वार पूर्ववर्ती इतिहास का विश्लेषण है। इतिहास की कई लिपियाँ होती हैं, हमें उन्हें पढ़ना सीखना चाहिए।

लोकेतिहास अपने लघुतम अर्थ में पारिवारिक होता है और बृहत्तर अर्थों में क्षेत्रीय। उसके बाहर वह बहुत कम जाता है। वह अंश उसकी स्मृति के बाहर चला जाता है, परन्तु जिस मानवीय संवेदना से वह जुड़ा होता है वह सार्वदेशिक और सार्वकालिक होती है, क्योंकि वह तथ्यों के भीतर छिपे सत्य से टकराता है। इसीलिए, प्रायः हमें लगता है कि इतिहास एक दोहराव का शिकार हो गया है। इसका कारण भी यही ज्ञान होता है कि लोकेतिहास में एक प्रकार की निरन्तरता है। यही निरन्तरता लोकेतिहास की जीवन्तता है जो उसे पुनः-पुनः नयी पीढ़ी से जोड़ती है। लोकजीवन में अपने गाँव घर के इतिहास और चरित्र कथाओं में दोहराये जाते हैं। समग्र इतिहास में उनकी कोई जगह नहीं होती, पर वे भी अपने समय के सत्य होते हैं। गाँव-गाँव में पूजे जाने वाले लोक देवता इसी प्रकार के चरित्र रहे होंगे।

इतिहास और लोकेतिहास में परस्पर अन्तरक्रिया एक दोहरी द्वन्द्वात्मक प्रक्रिया है जो निरन्तर चलती रहती है। कभी ये इतिहास से लोकेतिहास की तरफ आती है कभी लोकेतिहास से इतिहास की तरफ। पहली प्रक्रिया का एक प्रसिद्ध उदाहरण बुन्देलखंड के हरदौल का है। हरदौल मूल रूप से एक ऐतिहासिक चरित्र है। वे ओरछा नरेश जुझारसिंह के छोटे भाई थे। जुझारसिंह मुगल दरबार में रहते थे और राज्य का भार हरदौल के कन्धों पर था। किसी शत्रु ने राजा जुझारसिंह के कान भर दिये कि हरदौल के उनकी पत्नी से अनुचित सम्बन्ध हैं। राजा ने पत्नी से 'शपथ' माँगी और कहा कि यदि वह सतवन्ती है तो हरदौल को अपने हाथ से विष दे दे।

रानी ने बहुत समझाया पर, राजा नहीं माना। अन्ततः रानी ने विष के दो प्याले बनाये। हरदौल ने जानते हुए भी कि प्याले में विष है उसे पी लिया। दूसरा प्याला रानी ने पी लिया। दोनों की मृत्यु हो गयी। यह एक ऐतिहासिक घटना है जिसके चिह्न अभी भी ओरछा के राजमहल में पाए जाते हैं। इसके आगे लोकेतिहास सक्रिय हो जाता है। लाला हरदौल की बहन कुंजावती अपनी पुत्री के विवाह में 'भात' माँगने आती है। जुझारसिंह कहता है, 'भात हरदौल से माँगो, वही तुम्हारा दुलारा भाई है।' रोती हुई बहन हरदौल की समाधि पर जाती है और विविध निमन्त्रण दे 'भात' माँगती है। लोकेतिहास कहता है, हरदौल ने भरपूर 'भात' भेजा और वर के आग्रह करने पर प्रत्यक्ष रूप से प्रकट हो भोजन परोसा। यहाँ से लोकेतिहास की यह कथा लोकवार्ता के क्षेत्र में प्रवेश करती है। आज भी प्रत्येक कन्या-विवाह में 'हरदौल' की चौकी पर जाकर स्त्रियाँ 'भात' माँगती हैं। उनका दृढ़ विश्वास है कि ऐसा करने पर विवाह में किसी प्रकार की बाधा नहीं आती है, न कमी होती है। बुन्देलखंड में छोटे-से-छोटे गाँव में भी हरदौल की 'चौकी' जरूर होती है जिसमें एक छोटी-सी खाट और उसके ऊपर झंडा लगा होता है। वर-वधू विवाह के पश्चात सबसे पहले यहीं जाते हैं। वे प्रत्येक स्त्री के भाई 'लाला हरदौल' हैं, उनके नाम के गीत घर-घर गाए जाते हैं।

दूसरा उदाहरण हम ऐतिहासिक महाकाव्य 'रामायण' और 'महाभारत' का ले सकते हैं। इनमें एक समान्तर लोकेतिहास समाया हुआ है। लोक विस्तार और विवरण में नहीं जाता। वह अपनी संवेदना के बिन्दु तलाश कर उनकी व्याख्या स्वयं करता है। रामकथा एकमात्र ऐसी कथा है जिसके इतने अधिक, विविध और परस्पर विरोधी भी रूपान्तर देखने को मिलते हैं, जिसका कारण लोकेतिहास की अत्यधिक सक्रियता है। वाल्मीकि रामायण, जैन रामायण, बौद्ध रामायण, संस्कृत नाटक, लोकभाषाओं और प्रान्तीय भाषाओं की रामकथाएँ इतना व्यापक परिदृश्य प्रस्तुत करती हैं कि वास्तविक इतिहास के कुछ मूलबिन्दु ही तय किये जा सकते हैं। लेकिन एक बात बहुत साफ-साफ समझ में आती है कि लोकेतिहास की प्रकृति जनतान्त्रिक, क्षेत्रीय और मानवीय है। वहाँ राम हल चलाते और सीता खेत निराती हैं, उर्मिला चक्की पीसते-पीसते 'जाँतघर' में रोती है। राम मर्यादा पुरुषोत्तम हों या परब्रह्म, सीता उन्हें कभी क्षमा नहीं करती। एक पूर्वी 'सोहर गीत' की अन्तिम पंक्तियाँ हैं—

*सीता आँखिन में भरली विरोग*
*त एकटक देखिन हो।*
*सीता धरती में गयी समाय*
*कछु नहिं बोलन्हि हो॥*

इसी प्रकार 'महाभारत' का लोक संस्करण 'पंडवानी' है जो, विभिन्न अंचलों में विविध रूपान्तरों में प्रचलित है। तथ्य और विषयवस्तु से ही नहीं, जिस ऊर्जा से इस लोकेतिहास का कथागायन होता है, वह उसे विशिष्ट बना देता है।

लोकेतिहास अनाम चरित्रों का वन होता है, जिनके प्रमाण हम इतिहास में नहीं पाते। बहुत पीछे जाने की जरूरत नहीं है अभी हमने सन् 1857 की जनक्रान्ति की एक सौ पचासवीं तिथि मनायी। इस सारे आयोजन, सरकारी और गैरसरकारी खर्चे के बावजूद, क्या हम ठीक-ठीक बता सकते हैं कि उसमें किस-किस ने शहादत दी थी, कब, कहाँ और कैसे? इतिहास के पास उनके पते नहीं हैं। पर उनके नाम थे, वे थे और उनका जीवनवृत्त भी था। उनका कुछ भी ठिकाना जानने के लिए हमें लोकेतिहास के पास जाना होगा।

लोकेतिहास लोकवार्ता से मिलकर इतिहास की 'क्षतिपूर्ति' भी करता है, जो इतिहास किसी प्रकार भी कर नहीं सकता। इस काम को अधिकांशतः स्त्री-लोक-वार्ता अंजाम देती है। स्त्रियाँ पुनर्रचना में विश्वास रखती हैं। लोक और इतिहास का यह द्वन्द्व अनुष्ठानिक लोककलाओं में साफ दिखाई देता है, शर्त यही है कि लोकमत उस पर अपने विश्वास की मोहर लगा दे। ऐसा एक दिलचस्प उदाहरण 'देवोत्थान एकादशी' से जुड़ी लोकवार्ता और अभिरचनाएँ हैं। इतिहास, पुराण और लोकवार्ता का यह अद्‌भुत संयोजन है। 'देवोत्थान एकादशी' की व्याख्या इतिहास देवासुर संग्राम के रूप में करता है, पुराणों में इससे सम्बन्धित एक हेतु कथा है। देवतागण प्रतापी असुर राजा जालन्धर को पराजित नहीं कर सके, क्योंकि उसकी पत्नी वृन्दा महासती थी। सदा की तरह, देवता विष्णु की शरण में गये और किसी भी प्रकार वृन्दा का 'सतभंग' करने का आग्रह किया। विवश हो भगवान विष्णु जालन्धर का रूप रख वृन्दा के पास गये। वृन्दा ने उन्हें अपना पति ही समझा। जालन्धर उस समय युद्ध लड़ रहा था। जैसे ही वृन्दा का 'सतभंग' हुआ, जालन्धर का वध हो गया। उसका सिर कटकर उसकी पत्नी की गोद में आकर गिरा। वृन्दा ने रहस्य जान लिया और विष्णु को शाप दिया— 'तुम पत्थर हो जाओ।' स्वयं पति के शीश के साथ सती हो गयी। विष्णु को पश्चात्ताप हुआ। वृन्दा की चिता-भस्म में लोटते हुए वे पत्थर बन गये। 'शालिगराम' उसी का शिला-रूप है। उसी भस्म में 'तुलसी' का पौधा उपजा। कहते हैं 'शालिगराम' की पिंडी पर तुलसी का पत्ता चढ़ाने से विष्णु को परिताप से मुक्ति मिली थी। यह हुआ 'पुरान कथन'।

यहाँ से लोकवार्ता का जन्म हुआ। राम की तरह विष्णु को भी इस कृत्य के लिए लोकमानस ने कभी क्षमा नहीं किया। उसे इस महापातक का एक ही प्रतिकार दिखाई दिया। तुलसी (वृन्दा) और शालिगराम (विष्णु) का विवाह। इतिहास में, पुराण में, जहाँ तक हमारी जानकारी है, यह विवाह कभी नहीं हुआ, लेकिन

लोकवार्ता में हुआ और उसका उत्सव प्रतिवर्ष मनाया जाता है। उस दिन चावल पीसकर और उसका घोल बनाकर, आँगन के बीच एक चौक पूरा जाता है। उसके मध्य में चौकी बनाकर उस पर एक पुरुष एवं स्त्री की आकृति उकेरी जाती है। घर की प्रत्येक देहरी मंडन से अलंकृत की जाती है। पाँच हरे गन्नों का सिरा बाँधकर मंडप बनाया जाता है। चौक के चारों ओर एपन से चरण-चिह्नों के जोड़े बनते हैं। उसके पास ही 'एपन' से ही शय्या बनाते हैं। चरणचिह्न का प्रसाद बाँटा जाता है। तुलसी और शालिगराम के विवाह के बाद ही, विवाह की तिथियाँ घोषित की जाती हैं। लोक विश्वास तो यह भी कहता है कि सुबह, मुँह-अँधेरे यदि कुँवारी कन्या या युवक जिसका विवाह न हो रहा हो, बैठ जाए तो वर्षभर के अन्दर उसका विवाह हो जाता है।

देवोत्थान एकादशी का सन्दर्भ पुराना लग सकता है, परन्तु भगतसिंह की शहादत अभी इतनी पुरानी नहीं है। यह एक ऐतिहासिक तथ्य है कि शहीद होने से पहले भगतसिंह अविवाहित थे। लेकिन लोकवार्ता इतिहास में अघटित को अपनी रचनात्मकता में पलट भी सकती है। यह तभी होता है जब ऐतिहासिक तथ्य या चरित्र हमारे जीवन का अंग बनकर उभरता है। लड़के के विवाह में स्त्रियाँ 'घोड़ी' गाती हैं जिनमें बारात के प्रयाण का उत्सव होता है। पंजाब में आज भी भगतसिंह का नाम ले-लेकर 'घोड़ियाँ' गाई जाती हैं। इस तरह लोकेतिहास में इतिहास अपने वर्तमान के साथ निरन्तरता बनाए रखते हैं। लोक की रचनात्मक-शक्तियाँ ही इतिहास को इतना उर्वर और जनमुखी बना देती हैं।

इस तर्क पर, लोकेतिहास, इतिहास की पुनर्रचना ही नहीं इतिहास की प्रतिरोधक शक्ति भी है। यह प्रतिरोध और प्रतिकार लोक-मानस अपनी सर्जनात्मकता के द्वारा करता है। सर्जनात्मकता में लोकमत की निरन्तरता को बनाए रखने के लिए, सृजित कर पुनः-पुनः सृजन करता है और युवा पीढ़ी को हस्तान्तरित करता है। सृजनात्मकता समाप्त होते ही इतिहास और लोकेतिहास का यह सम्बन्ध भी टूट जाता है। इतिहास और लोकेतिहास में अन्त:क्रियाओं को खोजते समय यह बात भूलने की नहीं है कि सभी लोकवार्ता इतिहास नहीं होती, जिस तरह सभी इतिहास लोकवार्ता में रूपान्तरित नहीं होता। हम तो केवल उन औज़ारों की खोज का प्रस्ताव कर रहे हैं, जिनका प्रयोग कर इन सन्दर्भों की खोज की जा सके।

# लोक कि वेद बड़ो रे

अपने लेखन के अन्तिम दिनों में निगमागम-सम्मत रामकथा के अमर गायक महाकवि तुलसीदास ने एक महत्त्वपूर्ण सवाल उठाया था, 'लोक कि वेद बड़ो रे'। ये और इस तरह के अन्य सवाल उठते तो कई विचारशील व्यक्तियों में होंगे, पर उन्हें उठाने का साहस बहुत कम लोग करते हैं, कारण कुछ भी हो सकते हैं। लेकिन, हर युग अपनी तरह से यह सवाल पूछता जरूर है। यही सवाल साहित्येतिहास में, खासतौर पर, महिला-लेखन के सन्दर्भ में पूछा जाना चाहिए। अपने समय में साहित्य को पारिस्थितिकी से जोड़कर ही नहीं, उसमें 'कार्य-कारण' शृंखला की तलाश एक बड़ा प्रस्थान बिन्दु था। जहाँ तक मेरी जानकारी है किसी भी प्रान्तीय भाषा में इस तकनीक का प्रयोग नहीं किया गया था। संस्कृत साहित्य के इतिहास में काल-बोध धुँधला है। अधिक-से-अधिक हम उस काल के राजा का नाम जान सकते हैं। राजा का नाम और प्रमुख घटनाएँ यदि साहित्य की प्रकृति और दिशा निर्धारण करने वाली हैं, तो ललित-कलाएँ उससे क्यों नहीं प्रभावित होतीं? यदि होती हैं, तो इस आधार पर उनका अध्ययन क्यों नहीं किया जाता? जिस तरह युग गतिशील होता है, उसी तरह से इतिहास-लेखन भी। उसकी गति दुहरी होती है, काल में भी और परस्पर भी। जिसे हम युग कहते हैं, वह सब-कुछ एक सामूहिक सम्यक् और संचरणशील अवयव है, सिर्फ राजाओं की जीत और हार दर्ज करना नहीं।

इस तरह का साहित्येतिहास तो हम नहीं पा सके हैं, जिसमें मानवीय चेतना को उसके समग्र और गत्यात्मक रूप में पकड़ा जा सके। लोक-वार्ता, विशेष रूप से स्त्री-रचनात्मकता का एक क्षेत्र ऐसा है जहाँ सम्भावनाएँ हैं। प्रयोग के स्तर पर ही सही एक कोशिश हमें करनी जरूर चाहिए। इसके लिए हमें दो बिन्दुओं पर समानान्तर प्रयास करना होगा। एक तो यह है कि महिला-लोकवार्ता एक समवाय और स्वायत्त क्षेत्र है और दूसरे यह कि लोककलाओं के विभिन्न रूप प्रायः एक साथ सक्रिय होते हैं। डॉ. हरद्वारीलाल शर्मा जैसे लोकवार्ता के विशेषज्ञ यह बात मानने से साफ इनकार करते हैं कि 'महिला लोक साहित्य' या 'महिला लोकवार्ता' जैसी

कोई चीज हो सकती है। लोक साहित्य के वर्गीकरण पर विचार करते हुए वे लिखते हैं, इससे यह समझना कठिन है कि स्त्री, पुरुष अथवा बालक-बालिका के लोक साहित्य के बीच कोई भेदवृत्ति है, जो साथ ही वैज्ञानिक और व्यावहारिक भी हो...। क्या, सचमुच, ऐसा कोई लोक साहित्य हो सकता है जो मात्र पुरुषों अथवा स्त्रियों अथवा बालकों तथा बालिकाओं की रुचि-वैचित्र्य, सामर्थ्य अथवा उपयोगिता आदि को समने रखकर रचा गया हो।[1] इसके विपरीत कथन है कमला बाई देशपांडे का जो सारे 'फोकलोर' को स्त्री साहित्य मानती है।[2] दोनों ही अतिवादी सीमाएँ हैं जो अपनी-अपनी रुचि के अनुसार है। यह अतिवाद इसलिए जन्मा कि लोक साहित्य को हम पाठक की दृष्टि से देख रहे हैं या श्रोता की। वस्तुतः यह अन्तर रचनाकार की दृष्टि से है। जो स्त्री समुदाय ने रचा, जिसका उपयोग विभिन्न अवसरों पर सिर्फ स्त्रियाँ ही करती हैं, वही स्त्री लोक साहित्य या स्त्री लोकवार्ता हैं। रेखांकित करने वाली बात यह है कि स्त्री का सारा लोक साहित्य, सारी लोक कला 'पुरुष' के मंगल के लिए होती है, कभी पुत्र के लिए, कभी भाई के लिए, कभी पति के लिए। इनका मंगल ही उसका माँगना है। ऐसे तर्क और ऐसे औजार विकसित किए जा सकते हैं, जिनके द्वारा हम उनकी विशिष्टता को उजागर कर सकते हैं।

मिथक एक बहुत महत्त्वपूर्ण औजार हो सकता है, जिसका इस दृष्टि से प्रयोग अभी किया ही नहीं गया है मिथक के सैद्धान्तिक (और अन्तरराष्ट्रीय) रूप की चर्चा इतनी अधिक हो चुकी है कि उसे दोहराने का कोई अर्थ नहीं। सार रूप में मिथक वह है, जो मिथक का कार्य करे। इसका प्रमुख कार्य भीतरी और बाहरी शक्तियों, मनःस्थितियों, परिस्थितियों, घटनाओं और इतिहास की प्रवृत्तियों आदि के साथ समायोजन, समंजन और समझदारी प्राप्त करना है।[3] यह स्त्री-मिथकों की परिभाषा तभी हो सकती है, जब इसमें कुछ मूलभूत परिवर्तन किए जाएँ, जैसे कि मानवीय मूलभूत आवश्यकताओं का मानवीकरण करते हुए उन्हें मिथकीय रूप में रचना और जीवन और जगत् के लिए उनकी प्राथमिकता तय करना। स्त्री को जो कुछ करना होता है, वह सीधे-सीधे करती है, उसे पौराणिक सन्दर्भों और उनके मिश्रण की जरूरत ही नहीं होती। विचलन पुरुष लोकवार्ता में भी होता है, पर बहुत कम और विपरीत दिशा में तो बिल्कुल नहीं। अपनी मिथकीय रचनाओं को स्त्री एक आकार, रूप-रंग देती है जो मानवीय होते हुए भी मानवीय नहीं लग सकता है। रूप-रंग विविधता लिये होते हैं। लेकिन सबसे अधिक महत्त्वपूर्ण यह तथ्य है कि कुछ अपवादों को छोड़कर कि ये सभी मिथक स्त्री रूप हैं और इनके साथ 'मैया' शब्द अनिवार्य रूप से जुड़ा रहता है। अपवाद में केवल शंकर और गणेश हैं और वे 'पार्वती' के पति और पुत्र हैं। मिथकों को स्पष्ट करने के लिए किसी 'टीका' या 'पुराण' कथन की आवश्यकता भी नहीं होती। ये कार्य स्त्रियाँ स्वयं कर लेती हैं।

उन 'उत्सव-कथाओं' को कहकर जिनसे इन मिथकों की पूजा की जाती है।

स्त्री के रचना जगत में (लोक) ऐसा कोई विचार नहीं होता, जिसके लिए कोई रूपाकार न हो, ऐसा रूपाकार नहीं होता जिसके लिए कोई अवसर न हो, ऐसा कोई अवसर नहीं होता जिसके पीछे कोई कथा न हो, ऐसी कोई कथा नहीं होती जिसका कोई लक्ष्य न हो और ऐसा लक्ष्य भी नहीं होता जिसके पीछे कार्य न हो। इस प्रकार के मिथकों का एक अनोखा समूह है, जिसे स्त्रियाँ 'अहोई' और 'दिवारीओट' पर चित्रित करती हैं उनके नाम हैं, 'आस मैया', 'प्यास मैया', 'नींद मैया', 'भूख मैया'। लोकवार्ता पर सभी देशों में काम हुआ है, पर ऐसे मिथक कहीं सुनाई नहीं दिये। वे सीधे-सीधे मनुष्य की मूल आवश्यकताओं (प्रवृत्तियों से नहीं) से बने हैं। इनके साथ जो कहानी कही जाती है[3] उसमें प्राथमिकताएँ विकल्प रूप में हैं। कथा नायक कहता है 'नींद मैया' का क्या, जैसे सेज पर सोये वैसे ज़मीन पर, भूख मैया का क्या है जैसे सोने की थाली में खाया वैसे हाथ पर रख, प्यास मैया का क्या है जैसे सोने के गडुए में पानी पिया वैसे चुल्लू में, मैंने तो आस मैया को सलाम किया है। चुनाव साफ है। स्त्री के लिए 'आस पूरना' सबसे बड़ी बात है। 'एकहि साधे सब सधे।' इन मिथकों को कोई पौराणिक आधार न तो पहले मिलता है न बाद में। पुरुष शायद ही इनके बारे में जानता हो। इनका कोई मठ है न मन्दिर, फिर ये लोक-मानस में हैं।

एक बिल्कुल नया नाम है 'गज्ज बीबी'। मैया के स्थान पर जुड़ा शब्द 'बीबी' अचरज उपजाता है। ब्रज प्रदेश में इनका व्यापक प्रचार है। इनकी पूजा का समय 'अनन्त चतुर्दशी' का उत्सव है। अनन्त चतुर्दशी की पौराणिक-परम्पराएँ हैं, जिनमें कुछ जैन धर्म में मान्य हैं परन्तु 'गज्ज बीबी' का नाम कहीं नहीं है। सम्भवत: इनका सम्बन्ध किसी प्रकार मध्ययुग से जुड़ा रहा होगा। इस सम्बन्ध में एक कथा कही जाती है। एक रानी फूल सूँघ कर रहती थी, कुछ खाती नहीं थी। अनन्त चौदस आयी। उस दिन 'गद्रसा' (मीठे आटे की मोटी पूड़ियाँ) 'पुन्न' किए जाते हैं। रानी बैठी गद्रसा सेंक रही थी, इतने में राजा आ गये। राजा से छिपाने के लिए रानी ने गद्रसों के ऊपर दरी बिछा दी। राजा उसी पर आकर बैठ गये। गरम लगा तो दरी उठायी, देखा 'गद्रसे'। राजा तलवार खींच कर खड़े हो गये। बोले, 'तुम तो फूल सूँघ कर रखती हो, ये किसके लिए?' घबराकर रानी ने कह दिया, 'मेरे मायके से आये हैं।' राजा को सन्देह हुआ, कहा, 'चलो तुम्हारे मायके चलें।' रानी बहुत डरी। उसका मायका था ही नहीं। उसने 'गज्ज बीबी' से प्रार्थना की, 'मुझे ढाई दिन का मायका दो, नहीं तो राजा मुझे मार डालेंगे।' तैयारी कर राजा रानी के साथ रथ पर बैठ चल दिये। राजा ने पूछा, 'रानी किधर को चलें?' रानी क्या बोलती? कह दिया, 'ऐसे ही चले चलो।' चलते-चलते जंगल पार करते ही, देखते क्या हैं

कि एक बहुत बड़ा नगर है बीच में महल बना हुआ है। हाथी-घोड़े, नौकर-चाकर भीड़ लगी हुई है। राजा के पहुँचते ही, उनका स्वागत हुआ, उन्हें बड़े आदर के साथ महल में ले गये। माँ आयी, बाप आये। खूब खातिरदारी हुई। एक दिन बीता, दूसरा दिन बीतने लगा तो रानी कहने लगी, 'राजा अब चलो। ससुराल में दो दिनों से अधिक रहना ठीक नहीं।' राजा ने कहा, 'इतना अच्छा मायका है, रानी फिर भी तुम चलो-चलो कर रही हो।' सुबह निकलते-निकलते सूरज निकल आया रानी धूम-धाम से मिल-भेंट कर विदा हुई। जब आधी दूर पहुँच गये, तो राजा को ध्यान आया कि घोड़े का चाबुक वहीं रह गया है। रानी से कहा, 'चलो वापस चलें।' रानी बोली, 'चाबुक का क्या, बहुतेरे हैं।' राजा को शक हुआ। उसने रथ वापस लौटाया। वहाँ जाकर देखते क्या हैं, न नगर है, न महल, न जीव न जन्तु। सुनसान पड़ा है। एक पेड़ पर राजा का चाबुक टँगा है और सिर्फ उनके ही घोड़े की लीद पड़ी है। राजा नंगी तलवार लेकर खड़े हो गये और रानी से पूछा, 'तुम कौन हो? देवी हो कि चुड़ैल, कि जादूगरनी? यह सब क्या है?' रानी बोली, 'राजा! न तो मैं देवी हूँ न चुड़ैल और न जादूगरनी। मैं 'गज्ज बीबी' की पूजा करती हूँ। मेरा मायका है ही नहीं। मैंने ढाई दिन के लिए 'गज्ज बीबी' से मायका माँगा था, सो उसने दिया।' राजा बहुत खुश हुआ। उसने राज में ढिंढोरा पिटवा दिया कि सब स्त्रियाँ 'गज्ज बीबी' की पूजा करें। कुँवारी सवा पाव और ब्याहता सवा सेर के गद्रसे पुन्ने करें। इस पूजा से सम्बन्धित एक विचित्र बात मेरी नानी ने बतायी थी कि त्योहार के पहले, जिस दिन भी बिजली गरजे, उस दिन एक सूत हाथ में पहनी चूड़ी में बाँध लेना चाहिए पूजा करने के बाद उसे गज्ज बीबी की आकृति पर (जो लकड़ी के पाटे पर घी से बनाई जाती है) चढ़ा देना चाहिए। क्यों का कोई उत्तर उनके पास नहीं था। सवाल आस्था का था। लेकिन सम्भव है उसका सम्बन्ध बिजली की 'गरज' से हो।

इसी तरह का एक अन्य मिथक है, जिसके पौराणिक सन्दर्भ भी हैं और लोकाधार भी। दोनों की दिशाएँ विपरीत हैं। 'संकट' जिसे पुराणों में संकष्ठी चतुर्थी कहते हैं, का उल्लेख जरूरी है। संकष्ठी चतुर्थी गणेश पूजा का उत्सव है, लेकिन सकट में 'सकट देवता' की पूजा होती है। इसे केवल पुत्रवती माताएँ करती हैं। अर्ध-पौराणिक मिथक की तरह अर्ध-ऐतिहासिक मिथक भी होते हैं। सम्भवत: इसीलिए भारत में 'इतिहास-पुराण' शब्द एक युग्म है। अधिकतर ऐतिहासिक घटनाएँ इतनी पुरानी और व्यापक होती हैं कि उनके चारों तरफ पुराण, साहित्य और अन्य ललित का एक प्रभामंडल बन जाता है, जैसे रामायण और महाभारत के चरित्र। जब वे पात्र स्त्री-रचनात्मकता का संस्पर्श करते हैं तो उनमें नयी स्फूर्ति आ जाती है और उनमें नये अंकुर फूटने लगते हैं। रामकथा को लेकर जो अनेकानेक

लोकगीत मिलते हें, उनमें यह उर्वरता और लोच साफ देखा जा सकता है। उत्तर-मध्ययुग तक यह प्रक्रिया निरन्तर चलती रही है। इस प्रकार का एक क्षेत्रीय लेकिन सशक्त मिथक 'हरदौल' का है। वे निश्चित रूप से एक ऐतिहासिक पुरुष हैं, परन्तु स्त्री-जगत में वे आज भी जीवित हैं। बुन्देलखंड में कोई विवाह बिना उन्हें निमन्त्रण दिए नहीं हो सकता। स्त्रियाँ उनसे 'भात' (भाई द्वारा की जाने वाली रस्म) माँगती हैं और वे उसे पूरा करते हैं। सवाल आस्था का है और जवाब भी। पुरुष इस पूरे उत्सव में शामिल नहीं होते।

दूसरा बहुत पैना और वजनी औजार कहावतों, लोकोक्तियों और स्त्री का है। यहाँ यह सवाल उठाया जा सकता है कि इस बात का सबूत क्या है कि ये शब्द और कहावतें स्त्रियों की ही रचनाएँ हैं? सबूत है रचना-प्रक्रिया और उसका विशिष्ट नाम। लोकोक्तियाँ पूरे समाज और विशेष रूप से उसकी प्रकृति का 'स्कैनर' होती हैं। कुछ शब्द तो ऐसी कुंजियाँ हैं जिनके बिना इतिहास के ताले बन्द पड़े हैं। अभी हाल ही में एक छात्र कुछ पूछने आया, पाठ्यपुस्तक में शब्दार्थ भी दिये थे। रसखान की पंक्ति थी 'ताहि अहीर की छोहरियाँ छछिया भरि छाछ पै नाच नचावैं।' 'छछिया' का अर्थ दिया था 'लुटिया या छोटा लोटा।' प्राचीन वैयाकरणों ने 'देशी शब्दकोश' तो बनाये थे, लेकिन हम तो वह भी नहीं कर सके। कहना नहीं होगा कि 'छछिया' हरे नारियल का कटा हुआ आधा हिस्सा होता है जो रेशे साफ कर देने के बाद एक छोटी कटोरी की तरह हो जाता है। उसी से नाप कर छाछ दिया जाता था।

दरअसल स्त्री-लोकोक्तियों के कई स्तर होते हैं और वे क्रमशः और स्पष्ट होते जाते हैं। यह सच है कि हम बहुत कुछ खो चुके हैं। खास तौर पर स्त्री-साहित्य। मेरी जानकारी में जितना प्रारम्भिक संकलन का कार्य हुआ है, वह पुरुषों द्वारा। वजहें कई हैं, लेकिन परिणाम एक। गाँव में आज भी स्त्रियों तक पुरुष की पहुँच नहीं होती। इस सीमा तक तो बिल्कुल नहीं कि वे संवाद की स्थिति बना सकें। जो कुछ काम हुआ भी है, वह लोक-गीतों के आस-पास। यह तस्वीर तो धुँधला गयी है। इसलिए कुछ विस्तार से चर्चा करना जरूरी है।

एक बुन्देलखंडी लोकोक्ति है—

*अक्कल बिन पूत कटेंगर से*
*बुद्धी बिनु बिटिया डैंगुर सी*

पहले स्तर पर लोकोक्ति अपने क्षेत्र को पहचानती है। पहचान का एकमात्र सूत्र है भाषा, क्योंकि भाषा ही उस पूरे क्षेत्र का चेहरा है। दूसरे स्तर पर दो समानान्तर स्थितियाँ हैं और तुलनात्मक रूप से उसके लिए दो शब्द हैं। प्रसंग बेटे और बेटी का और सन्दर्भ है बुद्धि। यह स्तर भाषिक संवेदना का है। पुत्र के लिए शब्द है

'अक्कल' और 'कटैंगर' और पुत्री के लिए है 'बुद्धी' और 'डैंगुर'। 'अक्कल' और 'बुद्धी' पर्यायवाची लगते जरूर हैं पर हैं नहीं। 'अक्कल' (अक्ल) से अर्जित बुद्धि (शिक्षा) का भी भान होता है जिसमें अनुभव समाहित है। 'बुद्धि' में विवेक (उचित-अनुचित का बोध) का संयोग आवश्यक है। अतः तीसरा स्तर सामाजिक स्थिति और दिशा का है। पुत्र के लिए अक्ल (शिक्षा और अनुभव) आवश्यक है पुत्री के लिए बुद्धि और उचित-अनुचित का विवेक। भाषिक रूप से ही लोकोक्ति का चौथा स्तर खुलता है। 'कटैंगर' का अर्थ है, मुख्य द्वार बन्द करने के बाद पीछे से लगाई जाने वाली अर्गला, जिससे द्वार खुलने या खोलने की सम्भावना ही समाप्त हो जाए। डैंगर उस गोल लकड़ी का नाम है, जो युवा हो चुकी बछिया के गले में बाँधा जाता है। दोनों ही काठ हैं, जीवनरहित हैं। इस प्रक्रिया का निचोड़ यह है कि यदि पुत्र के पास सामान्य बुद्धि के साथ-साथ अर्जित ज्ञान और अनुभव नहीं है तो उसके लिए द्वार बन्द है। न तो वह स्वयं अपनी परिस्थितियों से निकल सकता है, न ही बाहर से कोई उसकी मदद कर सकता है। वह पूरी तरह जकड़बन्दी में है। इसी तरह युवा हो चुकी पुत्री उचित-अनुचित के ज्ञान से रिक्त है तो उसे डैंगुर चाहिए जिससे उसे किसी अप्रिय स्थिति से बचाया जा सके। डैंगुर उसकी गति को नियन्त्रित करेगा। लोकोक्ति का पाँचवाँ स्तर और निष्कर्ष उस व्यवस्था में है और नीति-निर्देशन में है जहाँ एक ही 'लकड़ी का दंड' दो स्थानों पर दो तरह के कार्य कर रहा है, यही उसका लक्ष्य भी है। एक सामान्य बुद्धि दोनों ही स्थानों पर आवश्यक है।

एक पंजाबी कहावत है—

*पाई पासी चंगी, कुड़ी खड़ाई मंदी*

इसका भाषिक चेहरा पंजाब प्रदेश का है, जिसके बीज शब्द 'पाई' और 'खड़ाई' हैं। डॉ. वासुदेव शरण अग्रवाल ने लोक शब्दों की बड़ी गहरी खोजबीन की है। उनके अनुसार 'पाया' या 'पाई' शब्द कौटिल्य के अर्थशास्त्र में 'प्य' के रूप में आया है, जिसका प्रयोग नापने के लिए किया जाता था। 'पाया', 'पाई' उसी का अवशेष है, जो लोक-भाषाओं, खासतौर पर स्त्रियों के परस्पर व्यवहार में सुरक्षित रह गया है।[4] 'खड़ाई' शब्द का अर्थ है, एक स्थान पर खड़ी, अनुर्वर स्थिति में पड़ी। लकड़ी के सन्दर्भ में इसका अर्थ होगा 'अविवाहित सयानी लड़की' यह हुई लोकोक्ति की भाषिक संरचना, जिससे हम तीसरे स्तर 'अर्थ' तक पहुँचते हैं। 'पाई भर' अनाज पीसना अच्छा, पर घर में सयानी लड़की को अविवाहित रखना अच्छा नहीं। 'मंदा' शब्द में लोकापवाद शामिल है। कहावत का अन्तिम स्वर है यह सामाजिक मान्यता कि कुटाई-पिटाई का काम करके भी युवा लड़की का विवाह करना अच्छा है। जाहिर है यह 'कुटैनी-पिसैनी' करना माँ की ही जिम्मेदारी

है, जो पिता के उत्तरदायित्व से अलग है। कहीं-कहीं स्त्री प्रथम पुरुष में भी बात करती है। जैसे कि 'जोगहि-जोग सिंधौरा हम नकटी तुम बौरा।' यहाँ सामाजिक व्यंग्य अधिक रेखांकित है। 'जोगहि-जोग' अर्थात् जो जिस योग्य है उसी के अनुरूप। 'सिंधौरा' यानी 'सिन्दूरदान' यानी विवाह। हम नकटी (कटी नाक) तुम बौरा (पागल या अर्ध-विक्षिप्त)। योग्यता का समान स्तर इसलिए यह कि नकटी (शारीरिक और सामाजिक दोनों अर्थों में) को वास्तविकता समझने लायक वर की स्थिति है ही नहीं।

कभी-कभी एक ही कहावत में स्त्री और पुरुष के कथन को साफ पहचाना जा सकता है। उदाहरण के लिए 'हाथ कंगन को आरसी क्या'। कहावत बहुत स्पष्ट है और पुरानी भी। 'कर्पूर मंजरी' में इसका प्रयोग हुआ है, 'हत्थकंकणं किं दप्पणेण पेक्खीअदि।' कथन स्त्री का ही है। पुरुष न कंगन पहनते हैं और न आरसी देखते हैं। सम्भवतः मध्ययुग में जब फ़ारसी पढ़ना शिष्ट व्यक्ति की पहचान माना जाने लगा, तो कहावत में एक अर्धाली और जुड़ गयी। अब हो गया—

*हाथ कंगन को आरसी क्या*
*पढ़े-लिखे को फारसी क्या*

यह कथन पुरुष का ही हो सकता है, क्योंकि स्त्रियाँ तो फ़ारसी पढ़ती नहीं। स्त्री की भाषा अपने तल्ख अनुभव के कारण कहीं-कहीं भदेस और अश्लील-सी भी हो गयी है। इन कहावतों का प्रयोग स्त्री-साम्राज्य में ही होता है, विशेष रूप से यदि वे परस्पर झगड़ रही हों। जैसे—

*घर आये मेहमान, पदरपों हगन चलीं।*
*सबहीं कुतियाँ कासी चलीं जाएगीं तो गू कौन चाटेगा।*
*फूहरिया के तीन काम, हगै, बटोरै, डारन जाय।*

एक ठेठ स्त्री कहावत है—

*चटोर मारे एक घर।*
*बतोर मारे चार घर।*

स्त्री को यदि कुछ-न-कुछ हर समय खाने की आदत होती है तो उसे चटोर कहते हैं। कुछ— इसमें चटपटा भी होना चाहिए। जिस घर में ऐसी स्त्री होती है, वह पनपता नहीं। परन्तु बतौर, यानी बातूनी स्त्री, जिसका काम सिर्फ बातें बनाना हो, वह चार-घर बरबाद करती है। उसकी बातों में अन्य स्त्रियाँ भी उलझी रहती हैं और घर का काम-धन्धा भली-भाँति नहीं निपटता।

कहावतों की तरह, स्त्री-जगत का शब्दकोश भी विशिष्टता लिए होता है। यह अन्तर हमें दो स्तरों पर दिखाई पड़ता है, एक तो उन क्रिया-कलापों में जो केवल

स्त्री के ही होते हैं, जैसे कि रसोई, अनाज-पीसना, झाड़ू-बुहारू आदि। और दूसरे प्रकार के शब्द वे जो गालियों के स्थानापन्न होते हैं। एक तीसरा स्तर पर भी हो सकता है जहाँ शब्द अर्थों के बिल्कुल पलट होते हैं। उनके पीछे स्त्री-मानसिकता कार्य करती है। हिन्दी बोलियों की विशिष्ट शब्दावली पर डॉ. विद्यानिवास मिश्र ने एक प्रारम्भिक कार्य किया था, पर उसमें स्त्री का निजी कहा जा सकनेवाला कोई शब्द नहीं था। अब उसकी सम्भावना भी कम है, केवल कुछ इधर-उधर पड़े शब्द शायद मिल जाएँ। कृषि सम्बन्धी शब्दकोश की तरह स्त्री का एक गृहकार्य कोश भी रहा होगा। उसकी खासियत यह है कि उनमें क्रियाओं के सूक्ष्म अन्तर को पहचाना गया है और उनका 'नाम' भी है। आज सिर्फ 'शब्द' से हम उन क्रियाओं को पहचान न सकें, क्योंकि वे क्रियाएँ ही हमारे जीवन से सरकती जा रही हैं। एक-दो उदाहरण जरूरी हैं। जैसे कि अनाज साफ करने और पीसने की प्रक्रिया से जुड़े ये शब्द—

छाँटना— लोहे का छटना होता है, लम्बे छेद और कुछ गोल छेद बने रहते हैं। अनाज उसमें डाल कर हिलाया जाता है। लम्बे छेद से तिनके आदि निकल जाते हैं और गोल छेद से छोटी-छोटी कंकरियाँ।

फटकना— सूप में डालकर अनाज फटका जाता है, अर्थात् उसे उछालते हुए सूप के नीचे उँगलियों से आघात करते हैं, जिससे विजातीय अनाज निकल जाता है।

पछोरना— सूप में अनाज डालकर हवा की रुख की तरफ करके उछालते हैं, जिससे भूसा हवा में उड़ जाता है।

रोरना— सूप में अनाज डालकर उसे क्रमशः दायें-बायें टकोरना इससे बड़ा दाना ऊपर आ जाता है और छोटा दाना दोनों किनारों पर चला जाता है।

परोरना— दाल आदि भिगोकर, ऊपर-ऊपर उतार लेना और कंकड़-पत्थर नीचे छोड़ देना।

पसाना— भीगा चावल या दाल के बर्तन के आगे उँगलियाँ लगाकर पानी निकालना, जिससे पानी तो निकले पर अनाज नहीं।

बीनना— इन प्रक्रियाओं के बाद भी यदि कुछ कंकड़ रह गये हों तो उन्हें बीन कर निकालना।

दलना— दाल बनाने के लिए साबुत अनाज को चक्की हल्की कर चलाना, जिससे उसके दो दल अलग हो जाएँ।

छरना— आँगन में गढ़े के आकार की 'उखरी' होती है उसमें दाल डाल मूसल से आघात करना, जिससे केवल दाल का छिलका निकले।

कूटना— लोहे के भारी बर्तन में लोहे की छोटे मूसल से कूटना, जिससे छोटे-

छोटे टुकड़े हो जाएँ।

पीसना— चक्की को भारी कर अनाज या दाल पीसना। मसाले सिल-बट्टे पर पीसे जाते हैं।

पकाना— रसोई से जुड़े शब्द। रसोई का अर्थ सिर्फ पकाना नहीं है, उसमें विभिन्न रस उत्पन्न करना है।

कच्ची— जिसमें रोटी, दाल, चावल आदि बनते हैं।

पक्की— जिसमें पूरी, पराठा, कचौरी आदि तल कर बनते हैं।

उबालना— केवल पानी में सब्जी या किसी अन्य वस्तु को गलाना।

भूँजना— कोयले या कंडे की आग में आलू, बैंगन अदि को पकाना।

छौंकना— मसाला भूनकर उसमें सब्जी डालकर पकाना।

बघारना— दाल आदि पकने के बाद उसमें चिमचे में घी और खड़े मसाले डालकर उसका स्वाद एवं गुण बदलना।

अकोरना— पहले से उबली सब्जी को थोड़े से तेल में डालकर भूनना।

सेंकना— आग के ऊपर या पास रखकर पकाना, जैसे रोटी सेंकी जाती है।

सैंताना— बनने के बाद उसे कुछ समय रखकर परोसना।

दम— ऊपर-नीचे दोनों ओर कोयले रखकर पकाना।

कभी-कभी बड़े पुराने शब्द स्त्रियों की शब्दावली में मिल जाते हैं। डॉ. वासुदेव शरण अग्रवाल ने बताया है कि वैदिक शब्द 'यून' से बना शब्द है 'जूना'। यून मूँज की रस्सी को कहते थे उसके गुच्छे से बर्तन साफ किये जाते थे। लोकभाषा में वही शब्द 'जूना' है। तब भी वह बर्तन माँजने का काम करता था अब भी। तब भी स्त्रियाँ ही यह काम करती थीं अब भी। हालाँकि अब वह प्लास्टिक तथा 'तारों' (लोहे के) के बनने लगे हैं पर कहलाते अभी 'जूना' ही हैं। शायद इसीलिए कहते हैं 'कोल्हू सोने का भी होगा, तो भी 'पेरेगा' तेल ही।' इसी तरह का एक बहुत पुराना 'स्त्री शब्द' है 'इंडुरी'। स्त्री शब्द इसलिए कि सर पर घड़ा या कलसा रखने के पहले, सुतली या कपड़े को चक्राकार घुमाकर एक आधार बनाया जाता है, जिसके ऊपर घड़ा सन्तुलित रहता है। सिर पर घड़ा रखकर केवल स्त्रियाँ ही पानी लाती हैं, दूध-दही बेचने के लिए जाती हैं। डॉ. वासुदेव शरण अग्रवाल इस शब्द को 'श्रौत सूत्रों' में प्रयुक्त 'इंड्र' शब्द से जोड़ते हैं। 'सन्तान जन्म के बाद, जब पहली बार बहू कुआँ पूजने के लिए जाती है, तो उत्सव मनाया जाता है। यह बुन्देली लोकगीत इसी अवसर का है—

*जल भरहिं हिलोर हिलोर रसरिया रेशम की।*
*रेसम की रसरी तबहिं नींक लागइ, मोतिन की इंडुरी होय*
*मोतिन की इंडुरी तबहिं नींक लागइ, सोने की गगरी होय*

*सोने की गगरी तबहिं नींक लागइ नाजुक सी धनिया होय*
*नाजुक सी धनियाँ तबहिं नींक लागइ गोद होरिलवा होय*
*रसरिया रेशम की।*

एक और खालिस स्त्री शब्द याद आता है 'जच्चा'। सद्यः प्रसूता स्त्री को जच्चा कहते हैं। पाँच सौ ई.पू. थेरी गाथाओं में यह शब्द इसी अर्थ और सन्दर्भ में प्रयुक्त है, बिना किसी ध्वनि-परिवर्तन के कुछ शब्द स्मृति से निकल जाने के कारण बदला हुआ, लेकिन मिलता-जुलता अर्थ देने लगे हैं। कहावत है, 'जनम-करम में भेड़ पसर कौं निकरी, सोउ भिड़यन ने खाई।' भेड़ वैसे भी निरीह प्राणी मानी जाती है, अतः 'पसर' से घूमने-फिरने का बोध होता है, जबकि इसका मूल अर्थ है 'गर्भाधान के लिए बाहर निकलना' 'भिड़यन' अर्थात् भेड़िया ने। भेड़िया यहाँ एकवचन नहीं, बहुवचन है। इस प्रकार कहावत की अभिव्यंजना बदल जाती है। डॉ. अग्रवाल ने ठीक ही कहा है, 'हमारी भाषा का एक-एक शब्द मार्कंडेय की आयु लिये बैठा है, यही भाषा का अमरपन है।'[8]

स्त्री शब्दकोश के कुछ शब्दों में अर्थ के कुछ जटिल घुमाव होते हैं। सामान्यतः उनके अर्थ वे नहीं होते, जिन सन्दर्भों में उनका प्रयोग किया जाता है। इसके मूल में भी अमंगल की आशंका को टालने की कामना ही होती है। जैसे चूड़ियाँ और बिछुआ सुहाग के चिह्न माने जाते हैं, इसलिए इनसे सम्बन्धित शब्द, जो अमंगल सूचक हों, उनका प्रयोग नहीं किया जाता। चूड़ी काँच की होती है, उसका टूटना स्वाभाविक है पर उसके लिए 'टूटना' या 'उतारना' शब्द का प्रयोग नहीं होता क्योंकि बैधव्य-बोधक हैं। अतः उनके सर्वथा विपरीत शब्द का उपयोग करती हैं। 'चूड़ी बढ़ा दी'। दिया 'बुझना' अशुभ है इसलिए कहेंगी दिया 'बढ़ा' दिया। इसी तरह झाड़ू के लिए 'बढ़नी' शब्द का प्रयोग करती हैं क्योंकि इससे लक्ष्मी बढ़ती है।

लोक साहित्य के अन्तर्गत सबसे अधिक कार्य 'कथाओं' पर हुआ है, खासतौर पर कथ्य और कथा-अभिप्रायों पर। स्त्री-दृष्टि का यहाँ भी लगभग अभाव ही है। जब हम कहते हैं 'स्त्री-कथा' तो उसका अर्थ होता है, वह कथा जो स्त्री द्वारा स्त्रियों को सुनाई जाती है जो किसी विशिष्ट उत्सव या अनुष्ठान पर कही जाती है, इसके अतिरिक्त सिर्फ मनोरंजन के लिए कहने का निषेध है, जो विशिष्ट अनुष्ठान का अनिवार्य अंग होती है, लेकिन यह आवश्यक नहीं कि वह धर्म कथा भी हो, उसका एक निश्चित लक्ष्य और प्रकार्य होता है। इन कथाओं के मूल बिन्दु सामान्य होते हुए भी क्षेत्रीय संस्करण होते हैं। उदाहरण के लिए करवाचौथ, अहोई आठें, हरछठ, अनन्त चौदस, दीवारी, भैयादूज, गोधन एवं नमे देवता पूजन की कहानियाँ। इन कथाओं से यह भी पता नहीं चलता कि पूजन के लिए 'देवता' कौन

है, उसका स्वरूप क्या है। इस सम्बन्ध में मिथकों पर विचार करते हुए कुछ की चर्चा हो चुकी है।

सबसे प्रमुख विशिष्टता जो स्त्री कथाओं को धर्म-कथाओं से अलगाती है, वह यह कि इसमें कोई 'कथावाचक', 'व्यास' या 'पुजारी' नहीं होता जैसा कि 'सत्यनारायण कथा', 'रामकथा' या 'भागवत कथा' में होता है। दूसरी बात यह कि कथाएँ सिर्फ कहती ही नहीं करती हैं, करना ही मुख्य बात है। कहानी समाप्त होने के बाद वह क्रिया की भी जाती है। सत्यनारायण की कथा सुनने के बाद लोग सच बोलना शुरू नहीं कर देते, परन्तु करवाचौथ की कथा सुनने वाले, व्रत का पालन करते हैं। परम्परागत-पुरुष-प्रधान धर्म से इसकी पीठिका अलग है। कभी-कभी कथा, देवता को छोड़कर भिन्न दिशा में प्रस्थान कर जाती है। इस दृष्टि से अनन्त चौदस की सभी कथाएँ महत्त्वपूर्ण हैं। एक का सम्बन्ध उस राज से है, जो अपने राज्य में किसी को दान नहीं देने देता था। उसकी एक दासी थी जो रोज मिलनेवाले अनाज में से एक मुट्ठी (जौ) निकाल दिया करती थी। अनन्त चौदस के दिन वह जौ की मीठी चँदियाँ (छोटी रोटी) बनाकर पुन्न (पुण्य) कर देती थी। एक बार राजा पर किसी पड़ोसी राजा ने आक्रमण कर दिया। राजा लड़ाई में गया। वहाँ उसने देखा कि शत्रुओं के तीर जब उसकी तरफ आते थे तो गोल-गोल चँदियाँ-सी उन्हें बीच में रोक लेती थी। राजा को बड़ा आश्चर्य हुआ। युद्ध जीत कर वह घर लौटा। उसने रानी से पूछा, 'रानी क्या तुम दान देती हो?' रानी बोली, 'मैं क्या तुम्हारे हुक्म के अनुसार कोई भी राज्य में दान नहीं कर सकता।' राजा ने दासियों से पूछा। एक दासी हाथ जोड़कर खड़ी हो गयी। बोली, 'चाहे राजा मारो चाहे राजा छोड़ो मैं अनन्त चौदस के दिन जौ की चँदियाँ पुन्न करती हूँ।' राजा बहुत खुश हुआ। उसने ढिंढोरा पिटवा दिया कि 'आज से अनन्त चौदस के दिन कुँवारी सवा पाव की, ब्याही सवा सेर की मीठी चँदियाँ पुन्न करेंगी।' कहानी समाप्त होने के बाद कथा के अनुसार सभी मीठी चँदियाँ पुन्न करती हैं।

स्त्री-कथाएँ मूलतः पारिवारिक कथाएँ होती हैं। उसमें रोमांचक तत्त्व बहुत कम होते हैं, होते भी हैं तो पारिवारिक सम्बन्धों के बीच। सकट की कथा देवरानी-जिठानी की कथा है। जिठानी अमीर है देवरानी गरीब। जिठानी के घर देवरानी चौका-बर्तन करने जाती है और उसका पति भाई के खेत में हल चलाता है। रात को जिठानी सवा सेर जौ तौल कर देती है। घर आकर देवरानी कूटती-पीसती है तब रोटी बनती है। सवा सेर जौ में से एक मुट्ठी जौ वह छीके की हड़िया (डोरी में बाँधकर लटकाई गयी मिट्टी की छोटी मटकी) में डालती जाती है। जब सकट का त्यौहार आया तो देवरानी काम करने नहीं गयी। उसने घर लीपा पोता, इकट्ठे हुए, जौ कूट-पीस कर पिन्नी (मुट्ठी बाँधकर बनानेवाला गरीबों का पकवान)

बनायी। उन्हें छींके पर रख दिया। स्वयं नहा-धोकर पूजा की तैयारी की। शाम को उसका पति हल चलाकर आया और रोटी माँगी। पत्नी ने कहा, 'मैं तो आज काम करने नहीं गयी, इसलिए जौ नहीं मिले। पिन्नी रखी है, खाना चाहो खा लो।' पति को बहुत गुस्सा आया, भूखा था, पत्नी को मार-पीटकर भूखा ही सो गया। पत्नी भी भूखी-प्यासी पड़ी रही। रात में सकट देवता आये पत्नी समझी पति है। सकट देवता बोले, 'भूख लगी है खाना दे।' पत्नी ने कहा, 'मैंने तो कहा था, पिन्नी धरी है खा लो।' सकट देवता ने खा लिया। फिर बोले, 'पानी दो, प्यास लगी है।' पत्नी ने कहा, 'घड़े में भरा है पी लो।' सकट देवता फिर आये बोले, 'हम हगेंगे।' पत्नी को गुस्सा आया, बोली, 'लिपा-पुता आँगन पड़ा है हग लो।' सकट देवता ने जगह जगह हग लिया। फिर पूछा, 'पोंछें कहाँ?' स्त्री को बहुत गुस्सा आया भूखी-प्यासी पड़ी थी। मारी-पीटी भी गयी थी। चिढ़कर बोली, 'मेरे धुले हुए बाल खुले पड़े हैं इन्हीं से पोंछ लो।' सकट देवता ने पोंछ लिया ओर चले गये। सुबह जब पति-पत्नी सोकर उठे तो क्या देखते हैं कि घर-भर जहाँ-जहाँ सकट देवता हग कर गये थे, सोने-चाँदी के ढेर पड़े हैं। देवरानी के बाल सुनहले हो गये। घर अन्न-धन से भर गया। सुबह जिठानी ने पूछा, 'क्यों री, तेरे बड़े दिमाग हो गये। कल काम पर क्यों नहीं आयी?' देवरानी ने कहा, 'मुझे सकट देवता ने सब कुछ दिया, मैं क्यों आऊँ।' उससे, जिठानी ने भी सब कुछ दोहराया। पर उसके यहाँ सब उलट गया। उसका पति सकट देवता के पास पहुँचा और इसका कारण पूछा। सकट देवता ने कहा, 'उसने अनहोते में किया इसने होते में।' प्रार्थना करने और सकट देवता के 'अरघ' डालने पर जिठानी का भी सब पहले जैसा हो गया।

स्पष्ट ही यहाँ कहानी धर्मकथा नहीं रहती। वह एक पारिवारिक सामाजिक नीति कथा बन जाती है और बिना सोचे-समझे अनुकरण का निषेध करती है।

दो लीक से हटकर कहानियों का उल्लेख जरूरी है, जिनका उपयोग स्त्री अनुष्ठानों में होता है। एक रक्षाबन्धन या 'सलूनों' पर कही जाती है दूसरी 'नमे देवता' के पूजन पर। वैसे तो लगभग पूरी लोकवार्ता में पशु-जगत से जैसा सम्बन्ध स्त्री का दिखाया गया है, वह पुरुषों का नहीं होता, लेकिन 'सलूनों' की कथा का सम्बन्ध स्त्री और नाग का सम्बन्ध है। एक स्त्री सलूनों के दिन बैठी रो रही थी। उसके भाई नहीं था। जिस देश में 'अभ्रातर:' को वेश्या बनाया जा सकता है, वहाँ तो यह स्वाभाविक ही है। उधर से एक साँप निकला। उसने रोने का कारण पूछा। स्त्री ने बता दिया। नाग ने कहा, 'मैं तुम्हारा भाई हूँ, आज से तुम मुझे राखी बाँधना।' स्त्री ने राखी बाँध दी और नाग को खीर खिलाई। नाग ने उसे नागमणियों की माला दी। माला पहनकर स्त्री घर आयी। उसकी सास ने पूछा, 'माला कहाँ से लायी?' स्त्री ने कहा, 'मेरे भाई ने राखी बँधाई दी है।' सास ने कहा, 'तुम्हारे

तो कोई भाई है नहीं।' स्त्री बोली, 'अब है।' सास ने बेटे से शिकायत की, 'तुम्हारी पत्नी बदचलन है, इसे घर से निकाल दो।' पति ने पत्नी से कहा, 'तुम्हारे भाई है, तो आज तक उसने मायके क्यों नहीं बुलाया। अपना मायका मुझे भी दिखाओ।' स्त्री उसी जगह जाकर रोने लगी, जहाँ उसे नाग मिला था। बाँबी में से नाग निकला। उसने बहन से रोने का कारण पूछा। स्त्री ने बता दिया। नाग ने कहा अगली 'सलूनों' पर तुम्हारा न्यौता (बुलावा) है, तुम अपने पति के साथ आना। स्त्री को बता दिया। जब सलूनों आयी, तब राखी लेकर बहन अपने पति के साथ उसी स्थान पर पहुँची। बाँबी से साँप निकला। वह दोनों को आदर के साथ ले गया। बिल के अन्दर उसका बहुत बड़ा राज्य था। वह साँपों का राजा था। उसने बहन-बहनोई का खूब सत्कार किया, राखी बँधवाई और धूम-धाम से विदाई दी।

'नमे देवता' की कहानी एक अवान्तर प्रसंग की ज्ञात होती है। इसमें पत्नी आटा छानकर चोकर की रोटी पति के लिए बनाती थी और अपने लिए आटे के पकवान। जब पति पूछता तो वह उत्तर देती, 'तुम्हारी बहन पादती है सो चून (आटा) उड़ जाता है, चोकर (भूसी) बचती है।' आदमी दुखी होकर अपनी बहन के यहाँ पहुँचा और सारी बात बतायी। बहन, भावज का छल समझ गयी। बोली, 'मैं तुम्हारे साथ चलूँगी। जैसा बताऊँ वैसा करना।' भाई-बहन दोनों एक दिन पहले आ गये और कुठला (अनाज रखने का बड़ा मिट्टी का बना बर्तन) में छिप गये। उन्होंने देखा, भावज ने तरह-तरह के पकवान बनाये और खाये। दूसरे दिन बहन कुठला में छिपी रही और भाई चार मिट्टी की पुतलियाँ लेकर आया। पत्नी ने पूछा, 'यह क्या है?' पति ने कहा, 'ये बोलने वाली पुतलियाँ हैं, अब चून नहीं उड़ेगा। पति खेत पर चला गया। पत्नी रोज की तरह चोकर की रोटी बना अपने लिए पूड़ी बनाने लगी। जब वह आटा गूँथने लगी, तो—

*एक पुतली बोली, 'क्या करती है क्या करती है?'*
*दूसरी पुतली ने कहा, 'नित करती सो आज करती है।'*
*तीसरी पुतली से आवाज आयी, 'खसम से नहीं डरती है?'*
*चौथी ने जवाब दिया, 'डरै तो करै काए कौं!'*

स्त्री बहुत डरी। बाहर भागी। उसका पति आ रहा था, उससे बोली घर में भूत हैं। दोनों अन्दर आये, तो पति की बहन कुठला से बाहर निकली। उसने कहा, 'भूत-ऊत कोई नहीं है, मैं बोल रही थी।' स्त्री बहुत लज्जित हुई, उसने फिर कभी ऐसा काम नहीं किया।

इस प्रकार जिन्हें हम स्त्री-कथाएँ कहने का प्रस्ताव कर रहे हैं, वे चमत्कारों से भरी, सुन्दरी स्त्रियों और राजकुमारों की कथाएँ नहीं हैं। उनका ताना-बाना पारिवारिक रिश्तों और उनके कल्याण के लिए बनाया गया है। अन्य प्रकार की

लोककथाएँ स्त्रियाँ नहीं कहतीं, यह बात नहीं, परन्तु उन पर उनकी छाप नहीं है। चूँकि स्त्री कथाओं में पुरुषों को न तो दिलचस्पी है और न ही जानकारी, इसलिए वे लगभग अछूती पड़ी हैं। डॉ. हरद्वारी लाल शर्मा इतना तो स्वीकार करते हैं कि शास्त्रों में अमन्त्रक या मन्त्ररहित अनुष्ठानों की चर्चा है, जो स्त्रियों द्वारा किए कराये जाते थे।[9] परन्तु इसका कारण जो वे बताते हैं वह हास्यास्पद है। वे कहते हैं, क्योंकि स्त्रियों को मन्त्र बोलने का अधिकार नहीं है, इसलिए वे 'अमन्त्रक' हैं। जो मन्त्र स्त्री रच सकती है, उसे अधिकांश ऋषिका सूर्या द्वारा दृष्ट हैं। हक़ीकत यह है कि स्त्री का मन्त्रशास्त्र भी लोक-भाषाओं में ही है। सभी व्रतों-उत्सवों पर जब सम्बन्धित कथाएँ कह-सुन ली जाती हैं तब एक समन्वित मन्त्र का पाठ होता है। प्रत्येक स्त्री उसे फुसफुसाते हुए बोलती है—

*आरी-बारी-सोने की दिवारी*
*का धाऊँ का पाऊँ, सूरज धाऊँ सेवित मनाऊँ*
*सेवित मनाए का फल पाऊँ*
*कोने भरी लठियाँ, देहरी भरी पनहियाँ*
*अरगनी भरी लगुटियाँ*
*दड़ियारे लड़का, मुछियारे दमाद*
*अँगरौटी सी बहुएँ कजरौटी सी धिया*
*धिय को ठुनकन बहू को हुनकन*
*सोने के कटोरा में दूध-भात*
*भैया बुलाए जाऊँ, सैंया बुलाए आऊँ*
*पलना-पूत सेजरिया साजन*
*पान खाऊँ आप घर पीक डारूँ बाप घर*
*सविता जैसे हमकौ दिओ सबको दीजौ।*

'सेक्यूलर'-'सेक्यूलर' खेलनेवालों को इस ओर भी नजर डालनी चाहिए।

अब, हम उस बिन्दु तक पहुँच गये हैं जहाँ सभी ललित-कलाओं के समुच्चय पर चर्चा कर सकते हैं। एक स्तर है रचनात्मक समवाय का, जिसके केन्द्र में कोई अवधारणा, क्रिया, मौसम या कोई अन्य अनुभूति होती है जिसके चारों तरफ अन्य कलाएँ अपने वृत्त बना लेती हैं। यह प्रकृति समस्त लोकवार्ता में उपस्थित है। जैसे, जहाँ केन्द्र में क्रिया है वहाँ उसके आधार पर नामकरण होता है। बोहनी के गीत, बुआई के गीत, उनका अपना नाम है, अपना संगीत है और अपना समय भी। लेकिन यह तारतम्यता स्त्री-गीतों में अधिक स्पष्ट है। झूले के गीत, उनकी एक क्रिया है झूला झूलते समय गाना, एक मौसम है वर्षा का, मौसम का नाम है सावन, इसलिए गीत 'सावन' कहलाते हैं, उनका एक संगीत होता है जैसे स्वर झूले के साथ-साथ

ऊपर चढ़ रहा हो, उसका एक स्थान होता है 'मायका' या तो कुँआरी लड़कियाँ झूलती हैं या मायके आयी हुई विवाहिताएँ, उसकी एक प्रथा भी है भाई सावन के महीने में ब्याही बहन को बुलाने के लिए ससुराल जाता है, अतः गीतों की यह प्रमुख 'वस्तु' है, उसका एक छन्द है, जिसकी एक अनिवार्य पंक्ति है, 'सावन आयो री भैना मेरी रंग भरो जी', उसका एक उत्सव है 'हरियाली तीज' एक रंग है, हरे 'लहरिया' की साड़ी या चुनरी। अब इन सबको मिला दीजिये, 'कोलाज' तैयार हो जाएगा। सभी स्त्री गीतों में इनमें से अधिकांश तत्त्व मिलते हैं।

दूसरे स्तर को शब्दों में स्पष्ट करना बहुत कठिन है, फिर भी कोशिश करती हूँ एक दृश्य-पाठ्य के माध्यम से जिसे डायरी का एक पन्ना समझ लीजिये—

सन् 1963, स्थान बुन्देलखंड का एक गाँव, समय प्रातः 4.30, अवसर नौरता, सुआटा, कलाकार कुँआरी लड़कियाँ, आयु आठ से चौदह-पन्द्रह वर्ष, दृश्य सज्जा, मुहल्ले के मध्य में मिट्टी का एक कच्चा घर है, जिसके द्वार से जुड़ा एक चौरस, समतल बनाया हुआ, लिपा-पुता चबूतरा है। एक दरवाजा खुलता है, एक लड़की हाथ में जलती लालटेन लिये निकलती है, दूसरे दरवाजे की साँकल बजाती है, दूसरा दरवाजा तुरन्त खुलता है, उसमें एक लड़की निकलती है, उसके हाथ में एक थाली है जिसमें सूखे रंग रखे हैं। फिर तीसरा-चौथा-पाँचवाँ जिस घर में कुँआरी लड़कियाँ हैं सब बीच के चबूतरे के चारों तरफ खड़ी हो जाती हैं। चबूतरे से लगी घर की दीवार से सटी एक ऊँची आसनी बनी है, तीनों तरफ मिट्टी की ही सीढ़ियाँ हैं। पीछे दीवार पर सूरज-चाँद बने हैं। किसी दर्पण के टुकड़े को दीवार पर गीली मिट्टी से चिपकाकर उसके चारों तरफ मिट्टी से गोला बना है वह सूरज है। दूसरी तरफ दर्पण के टुकड़े पर मिट्टी से तिरछा आकार बनाया है वह चाँद है। बीच में आसन्दी पर गौर स्थापित की गयी है। कहीं-कहीं हाथ से बनायी, कहीं बाजार से लाई गयी, अब चित्र, गीत और संगीत सब एक साथ चलता है।

गीत—

*हिमाचल जू की कुअरि लड़ायती नारे सुअटा*
*गौरा बेटी नौरता तौ अनहयो बेटी*
*नौ दिना दसवें दिन करियो सिंगार*
*फलाने (नाम) जी की कुअरि लड़ायती नारे सुअटा*
*फलानी (बेटी का नाम) नौरता तौ अनहयौ बेटी*
*नौ दिना दसवे दिन करियो सिंगार।*

दो-दो के युग्म में लड़कियाँ चारों तरफ लकीर बनाकर उनके बीच में फूल पत्ती बनाती हैं।

भाग लेने वाली सभी लड़कियों और उनके पिताओं के नाम लिये जाते हैं।

*गौर माँगे इछिया*
*मैं चढ़ाऊ बिछिया*
*गौर माँगे अरका*
*मैं चढ़ाऊँ लरका*
*गौर माँगे इटिया*
*मैं चढ़ाऊँ बिटिया*

गौर की स्थापना होती है एवं बचे हुए भाग में विभिन्न मोटिफ बनाए जा रहे हैं।

सब आकृतियाँ बन जाने पर रंग भरने का काम होता है। प्रत्येक लड़की अपनी-अपनी थाली से रंग भरती है। रंग भरने का काम हो जाने पर फूलों से सज्जा होती है।

गीत बदलते रहते हैं। विवाह के बाद परदेश जाने और मायके लौटने की चिन्ता हावी है—

*दूरा के देस दई हैं गौरा बेटी सबई बेटी*
*बेटी कौन तोए बुलावन जैंहे, लिबाउन जैंहे*
*सूरजमल से भैया लिबाउन जैंहे*
*चन्द्रामल से भैया लिबाउन जैंहे*
*पट पियरे पहिरावत जैंहे*
*लीले से घुड़ला कुदावत जैंहे*
*लाल छड़ी चमकावत जैंहे*
*पाँवड़िया चटकावत जैंहे*
*उजड़े बाग लगावत जैंहे*
*फूटे ताल बँधावत जैंहे*
*अन्ध कुआँ उघरावत जैंहे*
*नंगी डुकरियाँ पहिरावत जैंहे*
*वन की चिरैया चुँगावत जैंहे*
*कुँआरी सी कन्ना ब्याहत जैंहे*
*ब्याही सी बिटिया चलावत जैंहे।*

(सुबह हो गयी है। स्त्रियाँ अपनी-अपनी छतों पर चढ़ी यह पूरी प्रक्रिया रोज देखतीं) अब कल फिर। कल?

सन्दर्भ

1. हरद्वारी लाल शर्मा, 'लोकवार्ता विज्ञान', पृ.31

2. डॉ. सत्येन्द्र, 'लोक साहित्य विज्ञान', पृ. 430
3. लोक कला शीर्षक के अन्तर्गत देखें
4. डॉ. वासुदेव शरण अग्रवाल, 'पृथ्वीपुत्र', पृ. 31
5. डॉ. विद्यानिवास मिश्र, 'हिन्दी शब्द सम्पदा'
6. डॉ. वासुदेव शरण अग्रवाल, 'पृथ्वीपुत्र', पृ. 56
7. सुमन राजे, 'हिन्दी साहित्य का आधा इतिहास'
8. डॉ. वासुदेव शरण अग्रवाल, 'पृथ्वीपुत्र', पृ. 108

# लोकेतिहास रचती स्त्रियाँ

लोकेतिहास अपने लघुतम अर्थ में पारिवारिक होता है और वृहत्तर अर्थ में क्षेत्रीय। उसके बाहर वह बहुत कम आता है, परन्तु उसकी संवेदना सार्वदेशिक होती है, क्योंकि वह तथ्य के भीतर से सत्य से टकराता है। देवेन्द्र सत्यार्थी ने विविध प्रान्तों के लोकगीतों का अध्ययन करते हुए इस सत्य को रेखांकित किया है। उदाहरण के लिए विवाह के बाद लड़की की विदाई-गीत के विविध रूपान्तर मिलते हैं—

*बाबा के रोउले गंगा बढ़िअइली*
*आमा के रोउले जमुना ए*
*भइया के रोउले चरन धोती भीजले*
*भउजी के नयनवो ना लोर ए (भोजपुरी)*

*दाई मोर रोवये नदिया बहये*
*दादा रोवय छाती फाटय हे*
*भैया रोवय समझाये*
*भौजी नयन कठोरे (छत्तीसगढ़ी)*

*भोरक उड़ले सोन चिरैया*
*छतिया लगाकै रोवै मइया*
*जैसे बिन बछड़ा की भैया (बुन्देलखंडी)*

*भैया के रोय रोय नदिया बहत है*
*बाबा के रोये तलाब रे*
*भैया के रोये जियरा फटत है*
*भौजी के जियरा कठोर रे (ब्रज प्रदेश)*

*माँरोढ़ी दी आँखिया भिज्ज गईं*
*प्यू रोवे दरया बहे*
*वीर मेरा रोए सारा जग रोए*
*मेरी भाभियाँ मन चाव होय (पंजाबी)*

समय के साथ-साथ लोकेतिहास का 'रचना' में रूपान्तरण होता रहता है। यह एक दोहरी प्रक्रिया है। इतिहास का लोक में रूपान्तरण और लोक का इतिहास में रूपान्तरण ये दोनों प्रक्रियाएँ साथ-साथ चलती हैं और कई बिन्दुओं पर परस्पर अन्त:क्रिया भी करती हैं।

एक उदाहरण बर्बरीक का है। पौराणिक कथा है कि वह बहुत बलशाली था। महाभारत में एक विशालकाय घंटा था, जिसे केवल अर्जुन बजा पाते थे। बर्बरीक ने वह घंटा बजा दिया। कृष्ण शंकित हुए कि वह अर्जुन को पराजित न कर दे, इसलिए उसका सिर काट दिया। कटे हुए सिर ने परिचय दिया और कहा कि वह तो युद्ध देखने और सम्भव हो तो पांडवों की तरफ से लड़ने भी आया था। कृष्ण ने वर माँगने के लिए कहा। कटे हुए सिर ने उत्तर दिया, 'मैं महाभारत का पूरा युद्ध देखना चाहता हूँ।' कृष्ण ने उस सिर को ऊँचे बाँसों का त्रिकोण बना उस पर स्थापित कर दिया। इस तरह बर्बरीक ने पूरा युद्ध देखा। अन्तिम दिन उसका दाह-संस्कार भी कृष्ण ने किया। इतिहास-पुराण इतना ही बताते हैं। आगे स्त्रियों की सर्जना-शक्ति लोक कलाओं के माध्यम से लोकेतिहास रचती है। नौरता (नवरात्रि) के समय लड़के 'टेसू' और लड़कियाँ 'झाँझी' खेलती हैं। टेसू की आकृति कटे हुए सिर और एक हाथ में तलवार दूसरे में ढाल लिये होती है। उसकी स्थापना बाँस की तीन डंडियों के केन्द्र में होती है, और सामने एक दीपक जलता रहता है। लड़के टेसू के गीत गाते हुए— जो कुछ हास्य का पुट लिये होते हैं— चन्दा एकत्र करते हैं। लड़कियाँ मिट्टी के घड़े में छेदकर, उसके अन्दर दीपक जलाती हैं और अपने क्षेत्र में गीत गाती हुई प्रत्येक घर में जाती हैं। सभी उन्हें कुछ-न-कुछ देते हैं। 'टेसू' की आकृति बर्बरीक का प्रतीक है और 'झाँझी' उसकी वागदत्ता। ऐसी लोक-कथा है कि उनका विवाह नहीं हो पाया था, इसलिए झाँझी ने बर्बरीक के कटे सिर के साथ आत्मदाह कर लिया था। नौरता के अन्तिम दिन चन्दे के पैसे से टेसू और झाँझी का ब्याह रचाया जाता है, मंगल-गान और सहभोज होता है। यहाँ लोक-मानस फिर अघट को घटित कर जैसे इतिहास से क्षमा माँगता है।

इसी से मिलती जुलती कहानी 'सुआट' की है। कहते हैं यह एक राक्षस था जो कुँआरी लड़कियों को खा जाया करता था। उसके वध के लिए कन्याओं ने देवी दुर्गा की उपासना की एवं देवी ने उसका वध किया। भविष्यपुराण और पृथ्वीराज रासो में इसी के समकक्ष एक कथा आती है। किसी राजा ने तपस्यारत किसी कुँआरी

से बलात्कार किया। कन्या ने उसे राक्षस हो जाने का श्राप दिया और स्वयं अग्नि में भस्म हो गयी। वह राक्षस 'ढुंढा' दानव कहलाया क्योंकि वह कन्याओं को ढूँढ़-ढूँढ़ कर खा जाता था। उसी के नाश के लिए आज भी कुँआरी लड़कियाँ 'सुआटा' खेलती हैं और अन्तिम दिन 'सुआटा' बन उसे जल में प्रवाहित कर देती हैं।

ये, और ऐसी अन्य कथाएँ जिनकी परिणति लोककलाओं में होती है, हमें कुछ सोचने के लिए बाध्य करती हैं। ये कथाएँ और इनके साथ संलग्न लोककलाएँ स्त्री की रचनाएँ हैं जो स्त्री के पक्ष में बोलती हैं। जिन कथाओं और अनुष्ठानों का जिक्र किया गया है, वे केवल स्त्रियों द्वारा संचालित और अंकित होती हैं। एक तीन साल का लड़का भी उनमें हाथ नहीं लगाता, पुरुषों की तो बात ही क्या। लगभग सभी कथाओं में, चाहे वे किसी भी वर्ग की हों, स्त्री ही पीड़ित हुई है। सबसे बड़ा संकट उसकी देह का है। अतः स्वाभाविक है कि स्त्री ही उनका समाधान रचती है और युवा पीढ़ी को हस्तान्तरित करती है, उनकी स्मृति को सृजन से ताजा बनाए रखती है। मूल कारण यही है कि शोषण के इस बिन्दु पर स्त्री अकेली खड़ी है, इसलिए उसे अपनी सामूहिकता की रक्षा करना जरूरी है। इसके लिए कला से बढ़कर दूसरा माध्यम और कौन-सा हो सकता है?

हमने कभी इस दृष्टि से ठेठ स्त्रियों की भाषा को नहीं देखा जो बहुत से सामाजिक तथ्यों का इतिहास छिपायें हैं। सामाजिक भाषाविज्ञान ने भी इस दिशा में कोई ठोस कदम नहीं उठाये। दरअसल ये शब्द इतिहास की धार बताते हैं और उसकी दिशा तय करते हैं। उदाहरण के लिए स्त्रियों के लिए प्रयुक्त शब्द। 'विधवा' होना स्त्री-जीवन की सबसे बड़ी त्रासदी है और उसके लिए ठेठ शब्द है 'राँड'। प्रसिद्ध कथन है राँडसाँड़ सीढ़ी संन्यासी। लेकिन यह 'राँड' शब्द 'रंड़ी' के रूप में आकर वेश्या का नाम क्यों बन गया? हमारा इतिहास इस सम्बन्ध में मौन है लेकिन लोकेतिहास बोलता है। यह केवल शब्द का परिवर्तन नहीं है, स्त्री के जीवन का भी परिवर्तन है। इसी तरह जैन श्राविकाएँ केशलुंचन करती थीं और लोकभाषा में वे मुंडी कहलाती हैं। अब इस निष्कर्ष तक पहुँचने के लिए बहुत परिश्रम की आवश्यकता नहीं है कि उसका युग्म 'रंडी' के साथ कैसे बन गया। अर्थात् 'रंडी-मुंडी'। अनेक काव्य-ग्रन्थों में भी इस युग्म का प्रयोग हुआ है। लोकेतिहास सामाजिक-भाषिकी के द्वारा सामाजिक इतिहास के परदे उखाड़ देता है। शिष्ट भाषा— शिष्टों की भाषा इससे परहेज करती है। स्त्री के लिए विधवा के बाद यदि कोई 'गाली' है तो 'बाँझ'। लोकगीत इस व्यथा से भरे हुए हैं। एक बहुप्रचलित 'सोहर गीत' है जिसमें एक बाँझ स्त्री कहती है—

*सासु त कहे है बझनिया*
*ननद ब्रजबासी हो*

*ए हो जिन संग बारे से ब्याही*
*उई घर ते निकारे बहुत दुख मानहि हो।*

बरसों तक मुझे 'ब्रजबासी' अपरिचित लगता रहा। 'ब्रजबासी' का सन्दर्भ क्या है? बाद में यह जानकारी मिली कि कम उम्र की विधवा स्त्रियाँ ब्रज-प्रदेश में छोड़ दी जाती हैं, जो प्रत्यक्ष या अप्रत्यक्ष रूप से अन्त में वेश्या बन जाती हैं। ननद का तात्पर्य इसी 'ब्रजवासिन' से है। 'भगतिन' भी इसी प्रकार का व्यंग्य है। सोचने की बात यह है कि समाज में आदरणीय स्थिति के अधिकारी शब्द इस तरह क्यों बदल जाते हैं? शायद लोक-मनीषा सामाजिक सच्चाई के अधिक करीब है। वैदिक काल में भी 'अभ्रातरा' शब्द वेश्या के लिए प्रयोग होता था। यानी जिसके भाई नहीं है वह लड़की वेश्या है या उसे वेश्या बनाया जा सकता है। इस एक शब्द के आधार पर भारतीय समाज में भाई-बहन के रिश्तों और उन रिश्तों को लेकर होने वाले अनेक लोकानुष्ठान, गीत और कलाओं का अर्थ समझा जा सकता है। कभी-कभी लोक-कथन इतिहास पर ऐसी बेबाक टिप्पणी करते हैं कि हम आश्चर्य में पड़ जाते हैं और शायद धर्म-संकट में भी। भारतीय इतिहास में जैन, बौद्ध धर्म अहिंसा और करुणा के लिए प्रसिद्ध रहे हैं।

## दो

जन-इतिहास के अपने नायक-नायिका होते हैं जो लोकवार्ता के माध्यम से जीवित रहते हैं। मानवीय कंठ का स्पर्श इसकी शर्त है क्योंकि सदियों की यात्रा वाचिक परम्परा से ही होती है। यह विचित्र किन्तु सत्य है कि लोकनायक तो बहुत हैं, जिनमें से कई लोक-महाकाव्यों के नायक भी हैं, पर स्त्री नायिकाएँ सिर्फ स्त्री की स्मृति और स्त्री के कंठ में हैं। लोकनायक लोकमूल्यों का संवहन करते हैं एवं उनकी रक्षा के लिए अपना बलिदान करते हैं। लोकमूल्यों से अभिप्राय है, लोक के उद्देश्य और हित के साध्य वे लोक स्वीकृत आदर्श जो लोक-जीवन के हर व्यवहार का दिशा-निर्देशन और नियन्त्रण करते हैं तथा उसके मूल्यांकन के लिए लोकमान्य कसौटी का काम करते हैं। मध्यकालीन लोक-संस्कृति के केन्द्रीय मूल्य थे 'पत' और 'सत' जिनकी रक्षा के लिए प्राण उत्सर्ग किए जाते थे। इनमें 'सत' की रक्षा का दारोमदार स्त्रियों पर ही था। यदि 'सत' नहीं तो 'पत' नहीं। लोकजीवन की ये नायिकाएँ लोक के भीतर से ही उठती हैं और लोक द्वारा निर्धारित मूल्यों पर अपना उत्सर्ग करती हैं। ये गीत-कथाएँ स्त्रियों की ही रचनाएँ हैं, इसका प्रमाण यह है कि ये केवल स्त्रियों द्वारा ही गाई जाती हैं और ऐसे अवसरों पर गाई जाती

हैं जो पुरुषों के लिए हैं ही नहीं। जैसे कि झूले के गीत और 'जाँत' के गीत। पुरुष झूले पर नहीं गाते और जाँतघर (जहाँ स्त्रियाँ प्रहर रात रहे उठकर चक्की पीसती हैं) में तो झाँक कर भी नहीं देखते। दूसरी बात यह कि इनमें स्त्री का पक्ष बहुत चटक है। लोकेतिहास की ये वे नारियाँ हैं, जिन्होंने विपरीत परिस्थितियों में पड़कर भी, अपने 'सत' और अपने परिवार की 'पत' पर आँच नहीं आने दी। इन स्त्रियों के अपने नाम हैं बेशक वे इतिहास में नहीं मिलते।

ब्रजप्रदेश की ऐसी ही एक नायिका है चन्द्रावली। वह सावन के महीने में भाई की प्रतीक्षा कर रही है, वह अभी तक उसे लेने नहीं आया है। वह चिरहुली के द्वारा भाई को सन्देश भेजती है। भाई आता है, विदा कराकर वापस लौट रहा है। रास्ते में 'मुगल' डोला रोक लेते हैं। चन्द्रावली ससुर को सन्देश भेजती है कि उसका डोला पठान ने रोक लिया है—

*सरग उड़न्ती चिरहुली। जइयो ससुर दरबार।*
*डोला तो घेर्‌यो पठान ने। लागो सामन मास।*
*लै हाथी ससुरा चले। हथिनी ओर-न-छोर।*
*लै रे मुगल अपनी भेंट ले। बहुअर तो छोड़ौ चन्द्रावली जी।*
*हाथी तो मेरे बहुत हैं। हथिनी ओर-न-छोर।*
*ना छोड़ूँ चन्द्रावली। जाएगी जी के साथ।*
*जाओ ससुर घर आपने। रक्खूँ पगड़ी की लाज।*

इसी प्रकार चिरहुली जेठ एवं पति के पास भी चन्द्रावली का सन्देश लेकर जाती है। वे दोनों आते हैं। जेठ घोड़े देकर और पति मुहरें देकर चन्द्रावली को छोड़ देने के लिए कहते हैं। पठान नहीं मानता। चन्द्रावली जेठ से 'घूँघट' की लाज रखने का वचन देती है और पति को 'फेरों' की। वे भी लौट जाते हैं, तो चन्द्रावली पठान से पानी माँगती है। भीतर-ही-भीतर वह निर्णय ले चुकी थी। कहती है—

*जा रे मुगल के छोहरा। लागो सामन मास।*
*प्यासी मरे चन्द्रावली। जैसी राजदुलारी।*
*प्यासी मरे चन्द्रावली। जिनके माई ना बाप।*
*लै लोटा मुगला चलो। तम्बुआ दे लई आग।*
*हाड़ जरै जैसे लाकड़ा। केस जरै जैसे घास।*
*हाय-हाय मुगला करै। ठाड़े खाइ पछार।*
*घेरी ही बरती नहीं। लागो सामन मास।*
*देखी ही चाखी नहीं। ऐसी राजदुलारि।*

चन्द्रावली की मृत्यु की खबर सुनकर ससुर रो पड़ते हैं, परन्तु उन्हें इतना सन्तोष है कि बहू ने 'पगड़ी' की 'पत' रख ली। जेठ रो पड़ते हैं, परन्तु खुशी की

बात यही है कि बहू ने 'घूँघट' की लाज रखी। पति भी रोता है परन्तु आश्वस्त है कि पत्नी ने 'फेरों' की लाज रखी। सन्तोष इस बात का भी है कि न तो उसने मुगल का 'पानी' पिया और न ही उसकी 'सेज' पर पैर रखा। चन्द्रावली 'भली' बहू थी—

*इतनी सुन सुसरा रो दिए। मेरी राजदुलारि।*
*बहू भली चन्द्रावली। राखी पगड़ी की लाज।*
*इतनी सुन जेठा रो दिए। मेरी राज दुलारि।*
*बहू भली चन्द्रावली। राखी घूँघट की लाज।*
*इतनी सुन राजा रो दिए। राखी फेरन की लाज।*
*रानी भली चन्द्रावली। खानौ न खाये पठान को*
*सेजों पै रक्खो न पाँव। लागो सामन मास।*

चन्द्रावली समृद्ध कुल की लगती है। उसके ससुराल वाले उसे धन, हाथी, घोड़े देकर छुड़ाना चाहते हैं, परन्तु असफल रहते हैं। भाई का जिक्र गीत में नहीं आता। सम्भवतः वह मारा जा चुका है इसीलिए चन्द्रावली कहती है— 'जाके माई ना बाप' कोई रक्षक नहीं।

ब्रज प्रदेश की चन्द्रावली बुन्देलखंड की मानो गूजरी बन जाती है। अन्तर यह है कि वह गुजरिया है, घर से बाहर निकलती है और उसे बाजार का भी ज्ञान है। वह स्वयं मुगलों को देखना चाहती है—

*कहाँना से मुगला चले री। मानौ कहाना लेत मिलान।*
*ऊँचे चढ़ि के मानौ होर्‌यौ। कोइ लग गये मुगल बजार।*
*हुकुम जौ पाऊँ रानी सास को। मैं तो देखि आऊँ मुगल बाजार।*

सास रोकती है लेकिन मानौ हठी है, वह कुम्हार से मटकी ले दूध-दही भर और सोलह श्रृंगार कर बाजार में दही बेचने जा पहुँचती है। मानौ ने एक पुकार की, फिर दूसरी कि मुगल ने उसे घेरा। मुगल तरह-तरह के प्रलोभन देता है परन्तु मानौ सबको ठुकराती जाती है। जब मानौ ने घूँघट खोला तो—

*घुँघट खोलत दस मरे। रे मुगला बिदियाँ देखि पचास।*
*मुगला सौक जब मरे रे। जब तनक उघरि गयी पीठ।*

मानौ को बलपूर्वक पकड़कर मुगल ले जाने लगे। तब तक किसी ने चन्द्रावली के पति को खबर कर दी 'तेरी ब्याही मुगला लै जाय' उसका पति कोई लालच नहीं देता, कोई सौदा नहीं करता, सीधे मुगलों पर टूट जाता है—

*मुगला मारै गरद करे। रे बिन ने लोथैं लगा दई पार।*
*रक्तन की नदियाँ बही। रे बिन ने लोथें लगा दई पार।*

चन्द्रा, चन्द्रावली नाम की नायिकाएँ लोकेतिहास में एकाधिक हैं। क्योंकि उनके पिता या पति के नाम प्रायः नहीं मिलते इसलिए उनके व्यक्तित्व की पहचान उनके सन्दर्भ, कथा प्रसंग और परिणाम में ही खोजे जा सकते हैं। एक चन्द्रा सात भाइयों की दुलारी बहन है। भाई परदेस चले तो वह भी पीछे-पीछे चली। भाइयों ने कहा, 'चन्द्रा बहन, तुम जाओ, हम तुम्हारे लिए चन्द्रहार लाएँगे।' बारह वर्षों बाद सातों भाई लौटे, बहन को चन्द्रहार दिया। धन एकत्र हो गया था इसलिए चन्द्रा का गौना कर दिया गया। ससुराल सुसर, जेठ, पति सबने क्रम से एक हीं सवाल किया, 'बहू यह चन्द्रहार किसने दिया?' लगता है चन्द्रहार बहुत ही बहुमूल्य रहा होगा और लोक में दुर्लभ होगा, इसलिए प्रेमचन्द के 'गबन' की नायिका भी उसके आकर्षण से मुक्त न हो सकी। चन्द्रा ने सबको एक ही उत्तर दिया—

*हमरे बबैया जू के सात बेटौवा रे ना।*
*ओई दिहे चन्दा हरौवा रे ना।*
*कोउ नाहीं मानै चन्दा की बतिया रे ना।*
*रामा चन्दा से माँगे सब किरिया रे ना॥*

चन्दा ने लोहार से कड़ाही बनवाई, बढ़ई से चन्दन की लकड़ी ली, तेली से तेल माँगा और 'सुगना' से मायके सन्देश भेज दिया। 'किरिया' की महफिल सज गयी। सुसराल के लोग ऊँचे-ऊँचे स्थानों पर बैठे हैं, मायके के लोग नीचे-नीचे बैठे हैं। ससुराल के लोग बड़ी-बड़ी पगड़ी बाँधे हैं। पिता और भाई 'अँगौछा' लपेटे हैं। भाइयों ने कहा, 'जो चन्दा बहन तुम पक्की निकलोगी, तो तुम्हारे योग्य डोली में तुम्हें मायके ले चलेंगे, यदि तुम कच्ची ठहरोगी तो तुम्हें जीते जी गाड़ देंगे।' इस बिन्दु पर दोनों ही क्यों सभी सहमत हैं। चन्दा कहती है—

*जौ मोरा सामी होइँ मोरे जिउ का बसिया रे ना।*
*रामा अगि होइ जाउ जूड़ पलवा रे ना।*
*जौ चन्दा डारिन करहिया में हथवा रे ना।*
*रामा जैसे गंगाजल पनिया रे ना।*

पति रोने लगा, भाई फूले न समाए। उसने बहन को ले जाने के लिए पालकी सजायी। चन्दा एक वन पार कर गयी, दूसरा वन पार कर गयी। तीसरे में उसे वन की तपस्विनी मिली। उसने समझाया, 'बेटी, स्वामी का अपराध भूल जाना चाहिए।' कहानी यहीं समाप्त हो जाती है, वह हमें नहीं बताती कि चन्दा वापस लौटी या नहीं।

एक दूसरी चन्दा है, जो सात बहनों वाली है और 'रुदौली' के घाट पर सींके चीर रही है। इतने में मुगलों का लश्कर आ पहुँचा और उन्होंने चन्दा को पकड़ लिया। पिता ने रुपये-पैसे की ढेरी लगा दी, वे विनती कर रहे हैं पर चन्दा तो बन्दीखाने में है। मुगल कहता है कि 'चन्दा से विवाह करूँगा।' मुगल हँस-हँस

कर डोली तैयार कर रहा है, चन्दा से रोते-रोते रहा नहीं जा रहा। वह कहती है, 'बाबा घर जाओ, तुम्हारी पगड़ी की लाज रखूँगी।' मुगल चन्दा को अपने घर ले गया। गेहूँ-चने की रोटी बनवायी, गाय का मट्ठा डलवाया। कहा, 'चन्दा रानी जेंवनार जें लो।' तो चन्दा ने उत्तर दिया—

*रोय रोय चन्दा रानी ये कहै। सुन मुगला मेरी बात जी।*
*हम धन सींझीं रसोइया। उठि के करहु जेवनार जी।*
*हँसि-हँसि मुगला लकड़ी मँगावै। रोय-रोय-चन्दा से रहा नहिं जाय।*
*चिता बारि चन्दा जरि गयीं। चन्दा तो होय गयीं राख जी।*
*चन्दा की चिता अस धधकै। धुआँ से भरिया भंडार जी।*
*जरिगै मुगला कै दाढ़ी। उहौ होइगा तमाम जी।*

कुसुमा और भगवती की कथा भी इनसे मिलती-जुलती है। कुसुमा राजा जयसिंह की बहन थी और ओसारे में खड़े होकर अपने लम्बे-लम्बे केश झाड़ रही थी। तुर्क की नजर उस पर पड़ गयी। तुर्क ने अपने सिपाहियों से जयसिंह को पकड़ मँगवाया और कहा, 'यदि तुम अपना राज-पाट चाहते हो तो अपनी बहन का विवाह मुझसे कर दो।' जयसिंह लौटे और दुख के मारे चादर ओढ़ कर पड़ गये। कुसुमा भाई को जगाती हुई बोली—

*बैठी जगावहि कुसुमा बहिनियाँ रे ना।*
*भइया तोरा धरमवा नहिं जइहै रे ना।*
*उठौ भइया रे करहु दतुइनियाँ रे ना।*
*भइया तोरा पत राखै भगवनवाँ रे ना।*

कुसुमा सीधे-सीधे प्राण नहीं दे देती। उसने मिर्जा को सन्देश भेजा, 'यदि तुम मुझसे विवाह करना चाहते हो तो मेरे बाबा को भूमि बख्श दो, मेरे काका को हाथी दे दो, मेरे भैया को घोड़ा दे दो, मेरे लिए गहने-कपड़े बनवा दो और मेरी दासी को चुनरी दे दो।' मिर्जा ने हँस-हँस कर सब माँगें पूरी कीं, जिसे रो-रोकर बाबा, चचा, भाई-भावज और दासी ने स्वीकार किया।

*एक कोस गयी दुसर कोस गयी रे ना।*
*रामा तिसरे में लागी पिअसिया रे ना।*
*घर ही में कुइयाँ खनौबे मोरी कामिनि रे ना।*
*कामिनि पिउनउ गंडुववा ठंडा पानी रे ना।*
*तोहरे सगरे पनिआ नित उठि पीअब रे ना।*
*मिरजा बाबा का सरगवा दुर्लभ होइहै रे ना।*
*यक घूँट पीइनि दूसर घूँट पीइनि रे ना।*
*रामा तिसरे में गयी सर बोरबा रे ना।*

यहाँ स्थितियाँ थोड़ी बदली हैं। पिता, चाचा, भाई, धन देने की पेशकश नहीं करते। युद्ध करने की स्थिति में वे हैं नहीं क्योंकि उन्हें अपना राजपाट और जान शायद अधिक प्यारी है। उलटे कुसुमा ही अपने बाबा, चाचा, भाई-भावज और दासी तक के लिए उपहार माँगती है और वे रो-रोकर ही सही, उसे स्वीकार करते हैं। एक पूर्ण पराजय की स्थिति है और 'सत' की रक्षा केवल कुसुमा के ऊपर है। अपना निर्णय वह पहले ही कर चुकी थी, अतः वह बाबा के सरोवर का जल पीने की जिद करती है और उसी जल में समाधि ले लेती है।

बिहार के राजा होरिल सिंह की बहन भगवती नदी में स्नान कर रही थी। उसी घाट पर मिर्ज़ा उतरा। उसने पूछा, 'यह कौन है? पनिहारिनों ने बताया, राजा होरिल सिंह की बहन नदी में स्नान कर रही है।' मिर्ज़ा ने सिपाही भेजे और होरिल सिंह को पकड़ बुलवाया और कहा, 'डाल भर सोना ले लो— अपनी बहन मुझे ब्याह दो।' होरिल सिंह जयसिंह की तरह भीरु नहीं है। वह कहता है—

*आगि लगहु मिरिजा डाल-भर सोनवा*
*मोरा कुल भगवति ना जामेले हूँ रे जी।*

यहाँ भावज, भगवती को ताना देती है, 'तुम्हारे सौन्दर्य को आग लगे, जिसके कारण मेरे पति बाँधे गये हैं।'

*आगि लगहु भगवति तोहरि सुरतिया*
*तोहर कारन सामी बान्हल हूँ रे जी।*

कुसुमा की तरह भगवती भी गहने, कपड़े, डोली की बात करती है। फर्क इतना है कि यह सब वह अपने लिए माँगती है। सम्भवतः वह जानती है कि उसके परिवार वाले इस प्रकार का कोई भी उपहार कभी भी स्वीकार नहीं करेंगे। मिर्ज़ा हँस-हँस कर गढ़वाता है, भगवती रो-रोकर पहनती है और अन्त में कुसुमा की तरह जल-समाधि लेती है। कुछ अतिरिक्त पंक्तियाँ गीत में और हैं जो बताती हैं कि मिर्ज़ा को भगवती का शव भी नहीं मिलता। भाई ही उसे प्राप्त करता है—

*रोवेला मिरिजवा मुड़व उठावल*
*मोरि बुधि छरे छोड़ी भगवति हूँ रे जी।*
*रोइ-रोइ मिरिजा जलिया लगावेले*
*बझि गइल घोंघवा सेवरवा हूँ रे जी।*
*हँसि-हँसि होरिल सिंह जलिया लगावेले*
*बीझ गइले भगवति बहिनियाँ हूँ रे जी।*
*हँसेला होरिलसिंघ मुँहे खाइ पनवा*
*तीन कुल राखे बहनियाँ भगवति हूँ रे जी।*

यहाँ 'तीन कुल' शब्द आश्चर्य उत्पन्न करता है। दो कुलों की लज्जा-रक्षा की बात तो की जाती है। एक कुल पिता का, दूसरा पति का पर तीसरा कुल किसका है? क्या लोकेतिहासकार तीसरे कुल से 'मिर्ज़ा' की बात उठा रहा है? अन्याय और अधर्म से बच जाने के कारण भगवती ने उसके 'कुल' की भी रक्षा की। 'वेद' के विरुद्ध यदि कोई खड़ा हो सकता है तो केवल 'लोक'।

लोकेतिहास केवल विदेशियों के अत्याचारों की बात कहकर नहीं रह जाता। वह अपने समाज के भीतर के शोषण पर भी आक्रमण करता है। मध्ययुगीन राजा और जमींदार भी स्त्री-शोषण के प्रमुख कारक रहे हैं। लाची पूर्वांचल की ऐसी ही एक नायिका है। वह बारह बरस की सुन्दरी है और खिड़की पर बैठी हवा खा रही थी कि घोड़े पर जा रहे एक राजपूत की नजर उस पर पड़ गयी। राजा 'कुटनी' के पास पहुँचा और उसे मुहरें दीं कि वह लाची को बहका कर उसके पास ले आये। कुटनी कहती है, 'लाची स्वामी की गोद में सोती है, उसे किस प्रकार यहाँ लाया जा सकता है?' राजा ने कहा, 'हाथ में उपले ले लो और आग लाने के बहाने लाची को ले आओ।' कुटनी ने ऐसा ही किया—

*भीतर बाटू की बाहर लचिया रे ना।*
*लचिया सब सरतीं जाथी नहौने रे ना।*

लाची भी मानो गूजरी की तरह थोड़ी जिद्दी थी। सास के रोका, ननद ने रोका, पर लाची नहाने चली गयी। नहाते समय राजा ने लाची की चुनरी उठा ली—

*देऊ न राजा काहे हमरी चुनरिया रे ना।*
*राजा मोर माँसु खाँइ मछरिया रे ना।*
*जौ हम देई लचिया तोहरी चुनरिया रे ना।*
*लचिया हमरे गोहनवा चली चालउ रे ना।*

लाची का उत्तर है, 'मैं तुम्हारे साथ क्यों चलूँ? मेरा पति तुमसे अधिक सुन्दर है। उसके जूते चलते समय मरर-मरर करते हैं। उसके कपड़े एड़ी के रंग (महावर) के हैं।' राजा भी बात बनती न देखकर मुँह बिचका कर कहता है, 'तुमसे सुन्दर मेरी पत्नी है, जिसके बाल महर-महर करते हैं और अँगूठी के बराबर जिसकी कमर है।'

*यतना सुनत राजा मुँह बिचुकायनि रे ना।*
*लचिया तुहै ले सुन्दरि मोरि बिआहिया रे ना।*
*जे के महर-महर करइ बरवा रे ना।*
*जे के मुनरी बरन करिहइयाँ रे ना।*

यह गीत रीतिकालीन 'कुटनी' व्यवस्था की जड़ों का परिचय देता है जहाँ स्त्री को प्रलोभन द्वारा प्राप्त करने की कोशिश की गयी है। ऐसा लगता है लाची कोई बहुत ही रूपवती नायिका थी, जिसे कई लोग प्राप्त करना चाहते थे। वह विवाहिता थी, थोड़ी जिद्दी और बहादुर भी। एक दूसरे गीत में लाची खिड़की पर खड़ी अपने लम्बे केश झाड़ रही है, वह छह माह की गर्भवती भी है। यहाँ राजा का नाम जयसिंह बताया गया है। पहले गीत की तरह वह कुटिनी की सहायता से लाची को गंगा स्नान के लिए बाहर लाने में सफल तो हो जाता है, परन्तु आगे घटनाक्रम पलट जाता है। राजा जबरदस्ती पर उतर आता है—

*घोड़ा से उतरि जयसिंह लाची किहाँ अइले हो ना।*
*जयसिंह लपकि धइले दाहिन बहियाँ हो ना।*
*छोड़-छोड़ जयसिंह हमरो अँचरवा हो ना।*
*जयसिंह तोहरा से सुन्दर मोर रजवा हो न।*
*अइसनि बोली जनि बोलौ रानी लचिया हो ना।*
*लाची चली चलु हमरी सेजरिया हो ना।*
*अतना वचन लाची सुनहि न पवली हो ना।*
*लाची काढ़ि कटरिया जिउवा लिहली हो ना।*

लाची न ससुराल सन्देश भेजती है, न आत्मघात करती और न ही जयसिंह को बलात्कार का अवसर देती है। सीधे कटार निकाल उसे मार डालती है। फिर पहले की तरह घर लौटती है। सास स्वभावतः उसके भाई-भतीजे को कोसती हुई उसे गरियाती है। यहाँ भी लाची चुप नहीं रहती बल्कि उत्तर में कहती है—

*जनि सासु बाबा खाहु जनि सासु खाहु भैया हो ना।*
*सासु बटिया रोकेला बटमरवा हो ना।*

राजा को 'बटमार' (सड़क पर लूट-पाट करने वाला) कहकर लाची ने मध्ययुगीन महिला जन-मानस की साहसपूर्ण अभिव्यक्ति की है। अपने समकालीनों में लाची का चरित्र अनोखा है। ऐसा लगता है 'जयसिंह' के नाम से लोकगीतों में एक पूरा कथा-चक्र प्रचलित रहा है। वह एक भी हो सकता है और अनेक भी। एक अन्य गीत में जयसिंह की पत्नी का नाम जीरा है जो पनघट पर पानी भरने जा रही है, वहाँ उसका जेठ रास्ता रोकता है। जीरा जाँतघर में गेहूँ पीसती जाती है और रोती जाती है। कोई जयसिंह को खबर देता है। वह पाँसे खेल रहा है—

*पँसवा खेलत तुँह जैसिंघ रजवा रे।*
*तोरी धना रोवे जँतसरिया हुँ रे जी।*

*पँसवा लड़बलन राजा बेल रे बबूल तर।*
*झपटि के अइले जँतसरिया हुँ रे जी।*
*ओटाले उठावलनी जाँघ बइठावलिन।*

जयसिंह ने जीरा को गोद में बैठाकर रोने का कारण पूछा। जीरा ने कहा, 'जिस जेठ ने मेरा अँगूठा तक नहीं देखा, वे मेरा रास्ता रोकते हैं।' राजा ने कहा, 'जीरा, सवेरा होने दो, बाजार लगने दो, मैं तुम्हारे जेठ को मार डालूँगा।' जीरा को यह प्रस्ताव अच्छा नहीं लगा, उसने सुझाव दिया, 'जेठ को मारोगे तो तुम अकेले हो जाओगे। इससे अच्छा है तुम मुझे मार डालो और दूसरी शादी कर लो।' जयसिंह हँसने लगा और बोला, 'जीरा ऐसी ही सुलक्षणा नारी है।'

*मुँह माँ रुमालिया देके हँसले जयसिंह रजवा रे।*
*अइसिन छुलाछिन जिरवा धनियाँ हुँ रे जी।*

जीरा सौभाग्यशाली थी, परन्तु टिकुला के साथ अघट घटता है। टिकुला अपनी लम्बी-लम्बी अलकें झार रही थी। उसके जेठ ने देखा और अपनी माँ से पूछा 'बारह वर्ष मेरा गौना आये हो गये, परन्तु यह किसकी स्त्री है जो अपनी लम्बी-लम्बी अलकें झार रही है?' माँ ने कहा, 'यह तुम्हारे भाई उदयसिंह की बहू है।' बेटे ने कहा, 'मैंने आज तक उसके हाथ का बना खाना नहीं खाया।' टिकुला ने साठी का चावल और मूँग की दाल बनायी। सब लोग तो पाँचों पकवान जीमते हैं पर जेठ नारायण सिंह टिकुला का रूप देखता है। टिकुला एक हाथ से अपने पति को तेल-फुलेल लगाती है, दूसरे हाथ से आँसू पोंछती है। पति के कारण पूछने पर वह बताती है, 'न तो मेरी सास ने मारा है, न ननद ने गरियाया है, न ही जेठानी ने घर से निकाला है। मेरे कारण तुम्हारी जान जाएगी।' नारायण सिंह अपने छोटे भाई उदयसिंह को छल से शिकार पर ले गया और धोखे से उसे मार डाला। उसका घोड़ा रोता हुआ वापस लौटा। मनस्विनी सास मचिये पर बैठी हैं। टिकुला बोली, 'हे सास! मेरे सिर के सिन्दूर को तो देखो।' सास ने कहा, 'बहू, तुम्हारा सिन्दूर मलिन हो गया है। लगता है तुम्हारे स्वामी मारे गये हैं।' इतना सुनते ही टिकुला ने अपने बज्र किवाड़ बन्द कर लिये। नारायण सिंह ने आकर द्वार खटखटाये। टिकुला ने कहा, 'तुम कुत्ते हो या बिल्ली? या शहर के लोग। भाग जाओ।' नारायण सिंह ने कहा, 'न तो कुत्ता है, न बिल्ली और न ही शहर के लोग, मैं तो उदयसिंह का भाई हूँ।' टिकुला बोली, 'हे जेठ। मैं तुम्हें छोड़कर और किसी की तो होऊँगी नहीं। हे जेठ, मेरे स्वामी का मुख तो मुझे दिखा दो।'

लाल रंग की डोली में हरे रंग का परदा लगा। बत्तीस कहार डोली उठाने गये। टिकुला ने कहा, 'हे जेठ, किस वन में मारा, किस वन में लाश को रखा और किस पेड़ से लाश को ओठगा दिया?' जेठ ने कहा, 'विजूवन में मारा, कुंजवन में लाश

को पौढ़ाया और चन्दन के वृक्ष से लाश को ओठगा रखा है।' टिकुला ने कहा, 'हे जेठ! तुमको छोड़कर और तो किसी की होऊँगी नहीं, तुम शहर जाकर आग ले आओ, चन्दन की लकड़ी ले आओ।' जेठ के जाते ही टिकुला अपने स्वामी के शव के पास खड़ी हो गयी और बोली, 'यदि मेरे स्वामी सत के हैं और मैं उनकी धर्म की विवाहिता हूँ, तो मेरे आँचल से आग धधक उठे।' ऐसा ही हुआ—

*सत के त हत सामी धरम के बिअहुआ गे जान।*
*जान अँचरवे अगिया ले धधकहु गे जान।*
*सत के त हतौ हे सामी धरम के बिहुआ गे जान।*
*जान दूनो मिली सत्ती होइ जवँही गे जान।*

ये और इस तरह की अनेक और लोक की नायिकाएँ हैं। ये लड़ती हैं, कहीं सत्ता से, कहीं परिवार से, कहीं रूढ़ियों से। सब जगह संकट एक ही है, स्त्री-देह का संकट। और दूसरे युद्धों में उसका परिवार उसके साथ खड़ा होता है, लेकिन यहाँ वह अकेली है। सीता की कहानी अकेली नहीं है, वह तो राम से जुड़ कर इतिहास बन गयी और उसे वाल्मीकि, तुलसी जैसे इतिहास के प्रवक्ता मिल गये। यह लोकेतिहास है जो स्त्री के बारे में स्त्री के द्वारा लिखा गया, स्त्री के द्वारा संरक्षित और हस्तान्तरित किया जाता है। जैसे युद्धों के इतिहास में सभी सैनिकों के नाम नहीं होते, बस, उनका एक सामूहिक शहीद स्मारक होता है, उसी तरह लोकेतिहास का सामूहिक स्मारक यह लोकवार्ता है। विजय इनकी नहीं होती लेकिन युद्ध यही करती हैं, बिना इन छोटे-छोटे युद्धों को लिये मुकम्मिल इतिहास लिखा ही नहीं जा सकता।

# स्त्रीकला माने लोककला अर्थात् स्त्री का कलाशास्त्र

स्त्रीकला को परिभाषित करने से पहले हमें तय करना होगा कि वह क्या नहीं है। जो वह नहीं है, उसमें भी उसका सहयोग रहता है, पर वह उसकी रचना नहीं है, पहचान नहीं है। जैसे कि लोकशिल्प स्त्रीकला नहीं है। कढ़ाई, बिनाई, सिलाई एवं अन्य शिल्पों में भी उसका सहयोग रहता है। उन्हें पुरुष भी बनाते हैं और स्त्रियाँ भी। उनके निर्माण के मूल में उपयोग है, सौन्दर्य और कला उनका अलंकरण है। वे उनके भी उपयोग की वस्तुएँ हैं और दूसरों की भी। उनका बाजार भी है और अधिक भी हो सकता है। परन्तु, स्त्री यहाँ सहयोगिनी है, प्रवीणता और स्वामित्व पुरुष के पास है। गुफाचित्र भी स्त्रीकला नहीं हैं। वे शिकार युग की रचनाएँ हैं या उनकी स्मृतियाँ हैं। उसमें पारम्परिक निरन्तरता का अभाव है। स्त्रीकला पशु-पालन और कृषि युग की रचनाएँ हैं। उनके मूल में नाश नहीं सृजन है, संहार नहीं पालन है। स्त्रीकला शास्त्रीय कला और विभिन्न कलमों की रचनाएँ नहीं हैं, वे तो पुरुष के एकाधिकार में हैं। इन सबको अलगाकर जिस आनुष्ठानिक कला तक हम पहुँचते हैं वही स्त्रीकला है। आधुनिक मुहावरे में कहना चाहिए 'एक्सक्लूसिव' स्त्रीकला है। स्त्रीकला का प्रयोग हम एकवचन में करते जरूर हैं, पर वह एक 'समूहवाची' शब्द है। समूहवाची इसलिए कि हम उन्हें चित्रकला, मूर्तिकला संगीत, काव्य और नाटक में कितना ही बाँटने की कोशिश करें वे गीले रंगों की तरह एक साथ मिली-चली आती हैं। उनके धागे आपस में इस प्रकार गुँथे-बुने हैं कि एक को खींचने से दूसरा अपने आप चला आता है। जब स्त्रियाँ गा रही होती हैं तब वे चित्र भी बना रही होती हैं। जब वे मूर्तियों के अनगढ़ आकार बनाती हैं तब वे कथाएँ भी गढ़ रही होती हैं। एक के बिना दूसरा अधूरा है। प्रचलित मुहावरा है, ''गाते रहो नहीं तो लिखना 'गूँगा' हो जाएगा।''

स्त्रीकला शुद्ध अर्थों में धार्मिक भी नहीं है। इसके आधार पौराणिक हों या नहीं, परन्तु कला के देवता, कहना चाहिए देवियाँ नितान्त लौकिक हैं। उनके आकार और रूप लौकिक हैं, उनकी कथाएँ लौकिक हैं और उनके लक्ष्य भी लौकिक ही हैं। शायद ही किसी पुराण अथवा धार्मिक ग्रन्थों में उन देवियों के नाम मिलें जिनकी

रचना स्त्री-कला करती है। वे मूल और मौलिक रूप से उनकी अपनी ऐषणाएँ हैं। जैसे कि अहोई माता, छठ माता, स्याहू और सुराती। सबसे आश्चर्य में डाल देने वाली देवियाँ हैं, 'आस मैया', 'प्यास मैया', 'भूख मैया', 'नींद मैया'। इस सम्बन्ध में 'अहोई' में एक कथा कही जाती है। एक राजा घोड़े पर जा रहे थे। उन्होंने माथा खुजलाया। सामने चार औरतें बैठी हुई थीं। वे आपस में झगड़ने लगीं कि राजा ने मुझे 'सलाम' किया। उन्होंने राजा से पूछा तो राजा ने कहा, "आप पहले अपना नाम बताइए, फिर मैं बताऊँगा कि मैंने किसे सलाम किया।" वे बोलीं, "हम चारों देवियाँ हैं 'आस मैया', 'प्यास मैया', 'भूख मैया', 'नींद मैया'।" राजा ने कहा, प्यास का क्या है, जैसे सोने के गडुए में, "पिया पानी वैसे चुल्लू में, भूख का क्या है जैसे सोने की थाली में खाया वैसे हाथ पर धर कर, नींद का क्या है जैसे सेज पर सोए वैसे धरती पर, मैंने तो 'आस मैया' को सलाम किया है।" आस मैया ने पूछा, "तुम कहाँ जा रहे हो?" राजा बोला, "जुआ खेलने।" आस मैया ने उसे 'कानी कौड़ी' दी और कहा, "जाओ तुम्हारी 'आस' पूरी होगी।" राजा जुआ खेलने बैठा। धीरे-धीरे वह सबकुछ हार गया। राज-पाट, नौकर-चाकर सब। जेब झाड़कर उठने लगा तो आस मैया की दी हुई कौड़ी मिली। उसने कहा, "मुझे एक दाँव और खेलने दो।" सब हँसने लगे। एक ने कहा, खेल लेने दो। अभी तक नहीं जीता तो आगे क्या जीतेगा। राजा ने कानी कौड़ी दाँव पर लगाई। धीरे-धीरे वह सब कुछ जीत गया। अपना राजपाट— दूसरे का राजपाट। दूसरे राजा ने अपनी राजकुमारी से उसका ब्याह कर दिया। लौटकर जब वह धूम-धाम से आया तो फिर उन देवियों के पास रुका और अपनी पत्नी से कहा, "ये आस मैया हैं, सबकी आस पूरी करती हैं, इनके पैर छुओ।" दोनों ने पैर छुए। जैसे उनकी आस पूरी हुई वैसे सबकी हो। ये लोकमानस की अपनी प्राथमिकताएँ हैं।

जो चीज स्त्रीकला को विशिष्ट बनाती है, वह है इसकी सृजनात्मकता। सभी कलाएँ सृजन ही होती हैं, लेकिन स्त्रीकला जिसे वे 'लिखना' कहती हैं, को रचना जरूरी है। एक बार का लिखा बार-बार पूजा नहीं जा सकता। उनकी आस्था जो लिखा गया उसमें तो है परन्तु वास्तविक आस्था सृजन और उसकी प्रक्रिया में है। पहले लिखना जरूरी है, तब उसकी पूजा हो सकती है। कहना चाहिए कि वे अपनी सर्जना से इन 'लिखनों' में प्राण प्रतिष्ठा करती हैं। एक तरह से वह सृजित का पुनः पुनः सृजन है और यही बात इन्हें पारम्परिक लेकिन सृजनात्मक बनाए रखती है। इसी बिन्दु पर लोककला, धार्मिक कला से पृथक हो जाती है। इसमें किसी भी पुरोहित या पूजा कराने वाले पंडित की जरूरत नहीं है। जो कुछ करना होता है, सब स्त्रियाँ ही करती हैं।

स्त्रीकलाएँ अपने मूल अर्थों में सामाजिक और सामूहिक होती हैं। यहाँ

सामाजिकता का अर्थ सिर्फ समूह का होना भर नहीं है, उनके भीतर की पारस्परिक समझ और सामूहिकता का अहसास और एक सामान्य सर्जनात्मक आस्था है। इस आनुष्ठानिक स्त्री-कला में यह अहसास महत्त्वपूर्ण भूमिका अदा करता है। उनकी तैयारी सामूहिक होती है, उपकरणों और सामग्री का निर्माण सामूहिक होता है। अलंकरण-अंकन भी सामान्य सहमति से ही होता है। इस सामाजिकता के मूल में पारिवारिक परम्पराएँ और सहजीवन हैं। सब कुछ परिवार-संयुक्त परिवार के अन्दर ही होता है। पुरुषों का इसमें कोई दखल नहीं होता। न वे हस्तक्षेप करते हैं न सहयोग। कुछ आनुष्ठानिक चित्रों के लिए रिश्तों के नाम भी तय होते हैं। जैसे कि पुत्र-जन्म के अवसर पर द्वार पर 'सतिया' ननद ही बनाती है और 'चरुए' पर गोबर और जौ से अलंकरण सास ही करती है। निश्चित तो यह भी है कि यह लोकाचार परस्पर स्त्रियों के मध्य ही होता है। इसीलिए यह आनुष्ठानिक कला पूरी तरह से स्त्रीकला है। यह स्त्रियों के द्वारा स्त्रियों की पूर्ति के लिए रची जाती है, यह बात दूसरी है कि उसकी यह कामना, पति, पुत्र और भाई के लिए होती है।

आंचलिक और सामाजिक होने के बावजूद स्त्री सम्पूर्ण समाज नहीं है। यह स्त्री की आँख से देखा गया, स्त्री के पक्ष से बनाया गया समाज है। कोई पुरुष आकृति अकेले नहीं बनायी जाती उनके युग्म बनते हैं। यदि पुत्र-जन्म का अवसर है तो उनके साथ पुत्र भी बनाए जाते हैं। यदि लक्ष्मी और सरस्वती के पुत्र का नाम नहीं है, तो इससे स्त्रियों को कोई फर्क नहीं पड़ता। पुत्र तो बनाना ही है। दरअसल लोककलाओं का सृजन करते वक्त स्त्रियाँ तिहरे सर्जक की भूमिका का निर्वाह कर रही होती हैं। एक तो यह कि स्त्री स्वयं प्राथमिक सर्जक है, इसलिए उसकी कामनाएँ और कल्पनाएँ सृजन की दिशा में ही होती हैं, इसलिए उनकी लोककला सृजन की देवियों के माध्यम से होती है। उनकी देवी या माता की अवधारणा ही सृष्टि के रूप में हैं। आप देखिये, साँझी हो या छठ, अहोई हो या दिवारी या नमे देवता सबकी मूल कल्पना एक स्त्री के रूप में है, जिसके वृहदाकार उदर में पूरी सृष्टि है। बेशक यह सृष्टि स्त्री द्वारा की गयी है। अतः लोककला सृजन के माध्यम सृष्टि की प्रतिसृष्टि और उसका पूजन है पुनः पुनः सृजन और सृजनगत आनन्द इस सृजन की परम्परा और आस्था को बनाए रखता है जिसके अभाव में यह स्रोत सूख सकता है।

लोककला का शास्त्र भले ही न हो पर, स्त्रीलोक कला का आचारशास्त्र भी है, दर्शनशास्त्र भी और कलाशास्त्र भी। है यह सब मौखिक परम्परा में ही, जो घर की बड़ी-बूढ़ियों द्वारा संचालित और नियन्त्रित की जाती है। जैसे कि इन्हें कहाँ बनाना है, कब बनाना है, कैसे बनाना है, क्या बनाना, सब कुछ पूर्वनिर्धारित होता है। आनुष्ठानिक कलाएँ मूल घर (संयुक्त परिवार के घर) में ही बनाई जाती हैं।

उनमें केवल परिवार की स्त्रियाँ ही भाग लेती हैं। स्त्रियों में एक अलिखित कार्य-विभाजन भी होता है। दीवार या आँगन लीपने-पोतने और पत्तियों से घिसकर तैयार करने की जिम्मेदारी लड़कियों की होती है। बहुएँ रंग और अन्य उपकरण तैयार करती हैं। फिर अनुष्ठान के अनुकूल शुभ तिथि में 'लकीर' खींच देते हैं अर्थात् बटे हुए डोरे को गीले रंग में भिगोकर दीवार पर एक बड़ा चौखटा तैयार कर दिया जाता है। उसके अन्दर परम्परा के अनुकूल मुख्य और गौण आकृतियाँ बनाई जाती हैं। फिर बीच के रिक्त स्थानों को, यदि हों तो, अन्य अभिप्रायों और प्रतीकों से भरा जाता है। आकृति में आँख सबसे बाद में बनाई जाती है। ऐसा विश्वास है कि आँख बनते ही आकृति पूर्ण हो जाती है। अंकन के साथ-साथ हास-परिहास, गायन और बेटियों के शिक्षा और प्रशिक्षण का काम भी चलता है। इस तरह के आचारशास्त्र में अंचलों और घरानों का वर्चस्व होता है। विभिन्न जनपदों में अन्तर हो सकता है और मायके तथा ससुराल की परम्पराओं में भी। निर्णायक स्थितियाँ घर की सर्ववरिष्ठ स्त्री ही तय करती है।

कलाशास्त्र की दृष्टि से यह यथार्थवादी कला नहीं है। वस्तुएँ और आकृतियाँ ठीक उसी रूप में नहीं दिखाई पड़तीं जैसे कि वस्तुतः वे हैं। यही बात इनकी सृजनात्मकता भी तय करती है। मूलतः ये रेखिक चित्र हैं, इनमें 'पर्सपेक्टिव' न तो है और न हो सकता था। वस्तुतः ये चीजें वैसी ही अंकित हैं जैसी कि रचनाकार स्त्री उसे देखती है। इनके पीछे अनुभूति और अनुमान का तर्क है। इसीलिए 'अभिप्राय' एक होने पर भी उसका अंकन कई रूपों में हो सकता है— होता है। उनकी आकृति से उन्हें पृथक से पहचानना सम्भव नहीं। जैसे कि इमली, अशोक, बाँस और तुलसी के चित्रों का अंकन जिस प्रकार किया है, उन्हें अलगाना सम्भव नहीं। आकृतियों के सन्दर्भ कोश वे कथाएँ और गीत हैं जो उनके सम्बन्ध में कहे जाते हैं। वस्तुतः यह प्रवृत्ति आधुनिक कला से कुछ अंशों में मिलती हैं। चित्र में लिखीं वस्तुएँ ठीक उस तरह की नहीं होती, जैसी कि वह यथार्थ जगत में होती है, बल्कि वे उस तरह की होती है जैसा कि स्त्री सोचती है कि वे हैं, या उन्हें होना चाहिए। इस दृष्टि से प्रत्येक आनुष्ठानिक कला की एक 'थीम' होती है। उत्सव से सम्बन्धित सभी कलाएँ उस 'थीम' से ही नियन्त्रित होती हैं। यदि हम पिछले उदाहरण की व्याख्या करें तो इमली का वृक्ष 'करवाचौथ' का सन्दर्भ रखता है। इमली के पत्ते छोटे होते हैं और फल गोल। इस चित्रांकन में केवल प्रतीकात्मक पेड़ है, फल और चिड़ियाँ हैं। अशोक का वृक्ष 'अहोई' में बनाया गया। इसकी 'थीम' है 'अनहोनी' को टालना। इसलिए उसका प्रतीक 'अशोक' से बढ़कर क्या हो सकता है? लेकिन पेड़ में पत्तियाँ सिरे से ही गायब हैं। दोनों ओर चिड़ियाँ बनी हैं जो 'सन्तान' और शिशुओं के लिए बनाई जाती हैं। बाँस का वृक्ष विवाह संस्कार

के अवसर पर बनाए जाने वाले 'कोहबर' में बनाया गया है। बाँस का सीधा सम्बन्ध 'वंशवृद्धि' से है, इसलिए वह विशिष्ट कलात्मक झाड़ के रूप में चित्रित है। कुछ डालियों में पत्तियाँ हैं, कुछ में फूल। फूल बस फूल है, वह किसी भी वृक्ष का हो सकता है। हाँ चिड़ियाँ सब डालियों पर लिखी गयी हैं। विवाह संस्कार का अभिप्राय ही वंश-वृद्धि है इसलिए 'मोर-मोरनी' के युग्म भी बने हैं। खास बात यह कि मोर बाँस के वृक्ष पर बैठा है और मोरनी कमल की पत्ती पर। अन्य अभिप्रायों की तरह 'मोर-मोरनी' भी मुश्किल से मोर और मोरनी कहे जा सकते हैं। स्पष्ट है कि इस पूरे अंकन में गहरी रचनात्मकता है जो स्त्री के मानस और उसकी सर्जना-शक्ति को प्रकट करती है। तुलसी भी एक पौधा है लेकिन वह पूज्य है इसलिए उसे कहीं भी धरती में उगा नहीं दिखाते, बल्कि सज्जित और अलंकृत मंडप में बनाया जाता है। उसकी एक-एक पत्ती स्पष्ट रूप से बनाई जाती है फिर भी उसकी पहचान पत्तियों से नहीं 'मंडप' से होती है।

अस्तु स्त्री के चित्रांकन का एक 'प्रतीकशास्त्र' तो है पर वह उनका अपना है। लोक का है। मानव आकृतियाँ सरल रेखांकन से बनती हैं। अधिकतर वे एकपक्षीय हैं। अर्थात उनका केवल आधा हिस्सा दिखाई पड़ता है। दूसरी प्रकार की आकृतियाँ या तो × की तरह बनाई जाती हैं या गोलाकार मुख की। प्रायः ही ये आकृतियाँ खड़ी होती हैं, बैठे और लेटे चित्र भी 'सन्दर्भ-कथा' के अनुसार बनते हैं पर वे शायद ही बैठे या लेटे दिखते हैं। हम उन्हें ऐसा मान लेते हैं क्योंकि कथा ऐसा कहती है। उदाहरण के लिए 'करवा चौथ' की मुख्य 'थीम' व्रत का महत्त्व बताना और उसके अभाव में 'पति के अनिष्ट की आशंका' पर बल देना है। अतः कथा कही जाती है कि सात भाइयों की लाड़ली बहन को उसके छोटे भाई ने धोखे से चलनी के पीछे दीपक दिखाकर खाना खिला दिया। इस कारण उसके पति की मृत्यु हो गयी। वह शव को लेकर जंगल में चली गयी। बारह बरस बाद उसके भाई की पत्नी ने अपने हाथ की छोटी अँगुली से रक्त की बूँदें दे बहन के पति को जीवित किया। करवा चौथ के अंकन में पति का शव न लेटा प्रतीत होता है न उसकी पत्नी बैठी। इस सन्दर्भ का ज्ञान केवल लोककथा से होता है जिसे इस अवसर पर कहना अनिवार्य है। इसी तरह अन्य वस्तुएँ भी कभी-कभी रेखा-प्रतीक हो जाते हैं। जैसे हाथ में उँगलियों के स्थान पर पाँच लकीरें खींच दी जाती हैं उसके ऊपर 'करवे' का चित्र बनाकर फिर = ऊपर बना देने का अर्थ हुआ 'करवे के ऊपर चार पूरियाँ' रखी हैं। ये और इस तरह की बहुत-सी अन्य बातें स्त्री का 'कलाशास्त्र' ही बता सकता है।

लेकिन, इस कला का प्रतीकशास्त्र संयुक्त आकृतियों में देखा जा सकता है। इनके पीछे इतिहास और कला की गूढ़ समस्याएँ छिपी हुई हैं। जो काम पुरुष पूरा

'पौराणिक शास्त्र' रचकर नहीं कर सका वही काम स्त्रीकला शास्त्र ने कलात्मक ढंग से सुगम बना दिया है। ये संयुक्त आकृतियाँ 'जीव जगत' की भी हैं और 'लोक-धर्म' की भी। सिर्फ दो-एक उदाहरण काफी होंगे। जिसे पौराणिक सन्दर्भ में 'नवदेवियाँ' कहा जाता है उसे स्त्री लोकमानस 'नवरात' या 'नौरता' या 'नमे देवता' कहता है। स्त्री रचनात्मकता की दृष्टि से यह सबसे समृद्ध काल है और इसके बाद लोकोत्सवों की झड़ी लग जाती है। इसी समय 'टेसू झेझी' होता है, 'सुआटा' होता है और 'नमे देवता' की पूजा होती है। 'नमे देवता' का जो चित्र बनाते हैं उसमें धड़ एक होता है, मुख नौ एवं हाथ अनेक। विभिन्न प्राकृतिक और दैविक शक्तियों की एकात्मकता प्रदर्शित करने का इससे अधिक रचनात्मक तरीका कोई हो ही नहीं सकता। खास बात यह कि यह किसी एक रचनाकार की कृति नहीं, समूह स्त्रीमन की अभिव्यक्ति है। इसी प्रकार लोक देवियों का अद्‌भुत संयुक्त रूपों में अंकन है उसे ठीक-ठीक किसी स्त्री का रूप नहीं कहा जा सकता। जैसे कि बुन्देलखंड की लोकदेवी 'सुराती' और ब्रजप्रदेश की 'स्याहू'। कहीं उसका अंकन ऐसी स्त्री के रूप में है जिसके उदर में अनेक बच्चे बने हैं कहीं उसे चिड़िया के रूप में दिखाया है कहीं किसी विचित्र आकृति के रूप में। 'अहोई' में इससे सम्बन्धित कहानी भी कही जाती है। दीवाली के लिए ननद और भावज लीपने के लिए मिट्टी खोदने गयीं। वहाँ 'स्याहू' का घर खुद गया। वह गुस्से से कहती हुई निकली, 'तोह खाऊँ तेरे घर के खाऊँ।' भाभी ने कहा न मुझे खा और न मेरे घरवालों को खा। मैं अपनी कोख तुझे गहन (गिरवी) रखे जाती हूँ।' घर आकर उसने किसी को कुछ नहीं बताया। समय पर उसके लड़का हुआ। छठी वाले दिन स्याहू आयी और पीछे से छप्पर उठाकर बच्चे को ले गयी। सुबह हाहाकार मच गया। बहू ने किसी को कुछ नहीं बताया। इसी तरह उसके सात लड़के हुए, सातों स्याहू ले गयी। सब कहने लगे, 'बहू डायन है अपने बच्चों को खा जाती है।' सास ने उसे घर से निकाल दिया। बहू रोती हुई एक धोबिन के दरवाजे पर पड़ गयी। धोबिन ने उससे रोने का कारण पूछा। बहू ने पूरा किस्सा सुना दिया। धोबिन ने कहा, 'तुम एक बार रो-धोकर किसी प्रकार घर चली जाओ, फिर जैसा मैं बताती हूँ वैसा करो, सब ठीक हो जाएगा।' बहू घर गयी। सास के हाथ-पैर जोड़े, कहा, 'एक बार रख लो, अब कुछ हुआ तो मैं चली जाऊँगी।' सास ने रख लिया। छठी के एक दिन पहले बहू ने अपने पति से कहा, 'तुम स्याहू को न्यौता दे आओ। बड़ी-बड़ी नादों में कढ़ी-चावल, दही भरवाकर रख दो।' पति ने ऐसा ही किया। छठी वाली रात बहू के सातों बेटों के साथ स्याहू आयी और 'हाँऊ-फाँहू' खाने लगी। बहू ने अपने नवजात शिशु को चिकोटी काट ली, वह रोने लगा। स्याहू ने कहा, 'बहन अपने बच्चे को चुप करा ले, यह खाने नहीं दे रहा।' बहू ने कहा, 'क्या करूँ

यह चुप ही नहीं होता' और फिर चिकोटी काट ली। बच्चा जोर-जोर से रोने लगा। स्याहू बोली, 'क्या माँगता है?' बहू बोली, 'मौसी के कान की फुरफुती।' स्याहू ने कहा, 'अरे बहन, मैं तो तुझे छलने आयी थी, तूने मुझे छला। ले अपने सातों और तेरा यह आठवाँ राजी खुशी रहे।' कहानी बहुत-सी गाँठे नहीं खोलती, परन्तु इतना तय है कि इसका सम्बन्ध अकाल शिशु मृत्यु और उनकी सुरक्षा से है।

दीवाली के ही समय एक महत्त्वपूर्ण 'थीम' गोवर्धन पूजा की है। गोवर्धन एक पहाड़ का नाम भी है, पर यह पूरी संरचना पशु-पालन से सम्बन्ध रखती है। उल्लेखनीय तथ्य यह है कि इससे सम्बन्धित कई कलाओं का प्रदर्शन उस दिन देखने को मिलता है, चित्र रचना, मूर्त आकार, दिवारी गीत और दिवारी नृत्य। दीवार पर 'गोधन' के चित्र बनाये जाते हैं, जिसमें गाय, बछड़े, दूधवाली, दहीवाली, तुलसी का मंडप आदि बनाए हैं। आँगन में यही अभिरचना गाय के गोबर में मिट्टी मिलाकर मानव और पशु आकृतियों में प्रदर्शित की जाती हैं। इसके साथ बनाने वाली स्त्री के घर में जो रोजगार होता है उसका प्रतिरूप भी बनाया जाता है। यदि तेली है तो कोल्हू, दुकानदार है तो दुकान, तखरी बाट आदि। किसान है तो हल-बैल। दिवारी नृत्य युवकों द्वारा किया जाता है। स्त्रियाँ उसमें भाग नहीं लेतीं। लाल कपड़े पहन, मोरपंख लेकर, कमर में घुँघरू बाँध यह एक तेज गति से किया जाने वाला समूह नृत्य है। इसी दिन गाय-बैल-बछड़ों को नहला-धुला कर कौड़ियों, मोरपंखों और घंटियों से सजाया जाता है। दिवारी नृत्य का चित्र दीवार पर अंकित होता है।

संयुक्त आकृतियों में पक्षियों के चित्र अधिक हैं। जैसे 'तोता युग्म', तोतों का समूह, नारंगियों का समूह। इन्हें 'हरछठ' में बनाते हैं और 'खिलौना' कहते हैं। वे आकृतियाँ एक विशेष विधि से बनायी जाती हैं। प्रत्येक के लिए निश्चित संख्या में बिन्दु रखे जाते हैं। उनका क्रम और प्रत्येक पंक्ति में उनकी संख्या निश्चित होती है। फिर एक निश्चित क्रम में बिन्दुओं को मिला दिया जाता है और आकृतियाँ तैयार हो जाती हैं। मैं इन चित्रों की अनुकृति कभी नहीं बना पाती यदि यह विधि उन स्त्रियों ने मुझे सिखायी न होती। भूमि अल्पना की भी एक 'थीम' होती है। किस उत्सव के लिए अल्पना बनानी है, इसके अनुसार ही आकृतियों और सामग्री का चयन होता है। शायद पूनों की अल्पना में बीच में 'रास' की आकृति होती है। भाई दूज की अल्पना में सोना-सोनी और बीच में भाई-बहन बनाए जाते हैं। पुत्र जन्म और विवाह के अवसर की अल्पना को बाँस चौक पान चौक और सुपारी चौक बनाते हैं। इनमें इन्हीं आकृतियों का प्रयोग किया जाता है।

चित्रकला और मूर्तिकला की एक अद्‌भुत रचना 'साँझी' है। यह क्वार के पहले पक्ष में धारावाहिक रूप से दस दिनों तक बनायी जाती है। सुआटा की तरह

इसमें कुँआरी लड़कियाँ ही भाग लेती हैं। दीवार के एक समतल स्तर पर गाय के गोबर से वृहदाकार उदरवाली एक नारी आकृति बनती है। फिर उसके उदर में सृष्टि-रचना का काम होता है। आकृतियाँ गोबर की रोटी जैसी बनाकर उसमें से निकाली जाती हैं फिर उन्हें सजाकर साँझी में यथास्थान चिपका दिया जाता है। ऊपरी हिस्से में सूरज-चाँद-सितारों की आकृतियाँ जिनके ऊपर पन्नी लगा दी, सूरज के ऊपर चूड़ी चिपका दी। बीच में पेड़-पौधे फूलपत्तियों से सजे। नीचे पानी, नाव, मछलियाँ और जो कुछ बनाना चाहें। प्रतिदिन नये सिरे से सृष्टि बनती है, सजती है और अन्तिम दिन गाते हुए लड़कियाँ ये सब कुछ, सूरज-चाँद-सितारे तालाब में सिरा आती हैं। यही तो सृष्टि रचना का क्रम है। यही स्त्री की सृष्टि है।

स्त्री के कलाशास्त्र में उसके उपकरण और उनके निर्माण की प्रक्रिया भी शामिल है। यह पहले से निर्धारित होता है कि कौन-सी रचनाएँ एकल रंग में होंगी, कौन-सी कन्ट्रास्ट में और कौन-सी रंगारंग। एकल रंग की आकृतियाँ एपन (सफेद) काजल (काले) या गेरू (लाल) रंग से बनाई जाती हैं। 'कन्ट्रास्ट' में काले पर सफेद या सफेद पर काले रंग का प्रयोग होता है। अन्य रंग बाजार से मँगाए जा सकते हैं। या घर में भी बनाए जा सकते हैं। खास तौर पर 'सुआटा' में प्रयोग किए जानेवाले सूखे रंगों की निर्माण प्रक्रिया काफी दिलचस्प है। ये रंग अधिक मात्रा में लगते हैं, अतः इन्हें लड़कियाँ घर में ही तैयार करती हैं। पहले हर घर में चूल्हे जलते थे। गाँवों में अभी भी जलते हैं। सालभर की लकड़ी कटकर आ जाती थी। धीरे-धीरे उसमें से बुरादा झरता रहता था। जिसे 'घुन' कहते हैं। लड़कियाँ उसे बटोरती रहती थीं। 'सुआटा' के अवसर पर उस बुरादे में रंग मिलाकर सूखे रंग तैयार कर लिए जाते हैं। प्रत्येक लड़की अपने-अपने घर से रंग की 'थाल' सजा कर लाती है और सामूहिक रूप से रंग भरकर रंगोत्सव बनाती हैं। सफेद रंग 'दुध्धी' पत्थर को पीसकर बनाते हैं काला कोयले को पीसकर। 'कलर स्कीम' यह कि एक फल में कई रंग की पत्तियाँ हो सकती हैं। चिड़िया किसी भी रंग की हो सकती है। 'लिखने' में आकृतियों के वस्त्र भी रंगा-रंग होते हैं। कहीं 'लहरिया' कहीं 'किनारेदार', कहीं 'चुनरी' कहीं फूलछाप। ये स्त्री मनोजगत का अपना क्षेत्र है।

## तीन

जिसे हम आनुष्ठानिक स्त्रीकला कह रहे हैं, उसमें अब वर्तमान की जगह भूतकालिक क्रियाएँ जोड़ने की आवश्यकता है। यह सन् 1962-63 जब लोकवार्ता के संचयन के लिए यात्राएँ की थीं, तब की स्थिति का चित्र है। उसमें अनोखा कुछ

भी नहीं है। परम्पराएँ जन्म लेती हैं और विलीन होती हैं। गुफाचित्र अब नहीं बनाए जाते, यद्यपि शिकार अभी भी होते हैं। बौद्ध धर्म जीवित है, परन्तु अजन्ता के चित्र नहीं। मुगल कलम, राजपूत कलम जैसी शैलियाँ भी अब जीवित नहीं हैं। क्यों? यदि अब हम उन्हें बनाना भी चाहें तो वे रचना नहीं, अनुकृतियाँ होंगी। यही लोक कलाओं के बारे में भी सच है। थोड़ी दार्शनिक शब्दावली में कहें तो हर परम्परा के निर्माण में ही उसके विलीन हो जाने की प्रक्रिया छिपी होती है। फिर भी हम कुछ पड़ताल करना चाहेंगे।

सबसे मूलभूत कारण तो यही है कि लोककलाएँ— खास तौर पर स्त्रीकलाएँ जिस गर्भनाल से साँस लेती थीं, वह कट चुकी हैं। वह गर्भनाल थी सामूहिक सृजन में सामूहिक आस्था जिससे वे रस-पोषण पाती थीं। जब तक वह पोषण चलता रहा कला में सहज बदलाव तो हुए पर उनके अस्तित्व पर संकट नहीं आया, क्योंकि आस्था उस सम्पूर्ण प्रक्रिया में थी जिसके करने से उसमें निहित उद्देश्य पूरा होता है। ऐसा उनका मानना था। चूँकि यह आस्था सामूहिक थी इसलिए इसका गुणनफल अनन्त था। जैसे आजकल सामूहिक आन्दोलनों के अन्त में 'माँग-पत्र' पढ़ा जाता है, उसी तरह आनुष्ठानिक कलाओं के साथ स्त्रियाँ सम्बन्धित कहानी कहती-सुनती थीं। यह पूरे अनुष्ठान का अनिवार्य अंग था। इसके अन्त में एक वाक्य हमेशा जुड़ा करता था, 'जैसी उनकी भई, वैसी सबकी होय।' यह नाटक का 'भरत वाक्य' था। मतलब जैसे इस अनुष्ठान को करनेवाली स्त्री की कामनापूर्ति हुई वैसी सबकी हो। सन्देश यह जाता था, कि वह काम नहीं करना है जिससे विपत्ति आयी, वह करना है जिससे विपत्ति का निराकरण हुआ। यह एक परम्परा थी जो विश्वास से विश्वास उत्पन्न करती थी। यही स्त्रीकला का दर्शनशास्त्र था।

ऐसा भी नहीं है कि सब-कुछ एक दिन में बदल गया है। कम-से-कम तीन पीढ़ियाँ मैंने बदलते देखी हैं। एक पीढ़ी वह जो मैंने बचपन में देखी थी। उन दिनों इन अनुष्ठानों का इतना महत्त्व था कि यदि किसी सम्बन्धी के यहाँ किसी की मृत्यु हो जाती थी तो बड़ी-बूढ़ियाँ दाह-संस्कार से पहले चुपके से पूजा करवा देती थीं जिससे त्यौहार 'खोटा' (वर्जित) न हो जाए। दूसरी पीढ़ी ने व्यापार या नौकरी के लिए घर से दूर जाना शुरू किया। कुछ समय तक तो स्त्रियाँ उनके साथ नहीं गयीं, लेकिन बाद में उन्हें जाना पड़ा। हर अवसर पर घर लौटना सम्भव नहीं था, इसलिए 'सामूहिक अनुष्ठान' की अवधारणा बिखरने लगी। विकल्प भी उसी में से निकला। स्त्रियाँ केवल व्रत रख लेती थीं 'लिखने' नहीं बनाती थीं क्योंकि वे मूलघर की दीवार पर ही बनने थे। जब पैतृक घरों में इनती स्त्रियाँ रह ही नहीं गयीं, तो विकल्प कागज चुना। मुख्य-मुख्य अभिप्राय कागज पर बना लेती थीं और रंग बने-बनाए मँगा लिए जाते थे। थोड़ा और समय बीता विकल्प बाजार ने प्रस्तुत कर दिया। छपे

हुए चित्र मिलने लगे। आसान दिखने पर भी यह मूलभूत अन्तर था। इसका विषय तो परम्परागत ही रहा पर आकृतियाँ बदल गयीं। वे आधुनिक हो गयीं। अब तक पढ़-लिख चुकी स्त्रियों के लिए यह केवल सुविधाजनक ही नहीं था, वरन उनके सौन्दर्यबोध को भी माफिक आ रहा था। तीसरी पीढ़ी टी.वी. चैनलों के युग में जवान हुई। चैनलों ने 'करवा चौथ' जैसे अनुष्ठान को 'ग्लैमर' से इतना अधिक जोड़ दिया कि गहनों-कपड़ों और सज्जा का बाजार करोड़ों का 'टर्न ओवर' देने लगा। स्त्रियाँ आपस में अब चर्चा यह करती हैं कि तेरे पति ने 'करवा चौथ' पर डायमंड दिया या नहीं। इस तरफ टी.वी. चैनलों का क्या किसी का भी ध्यान नहीं जाता कि 'चौथ' का चन्द्र कभी पूरा नहीं होता। जो बुद्धिजीवी स्त्रियाँ हैं वे इस पूरे अनुष्ठान को मूर्खता समझती हैं। उनका तर्क है, स्त्रियाँ ही क्यों पति के लिए व्रत रखे, पति क्यों न रखे?

जीववैज्ञानिक न्याय शायद लोक-कलाओं पर भी लागू होता है। जिन कलाओं ने अपना रूपान्तरण कर लिया, उनका अस्तित्व बना रहा। जिन्हें बाजार मिल गया उनका तो कहना ही क्या? भारतीय बाजार छोड़कर वे अब अन्तरराष्ट्रीय हो चुकी हैं। सोचने की बात यह भी है कि समृद्ध-कला-परम्पराएँ होते हुए भी केवल 'मधुबनी' का नाम ही क्यों सुनाई पड़ता है? क्योंकि सन् 1936 में दरभंगा जनपद के सबडिवीजनल ऑफिसर ई.डी. आर्चर ने इस कला का परिचय सबसे कराया था। फिर देशी और विदेशी 'मधुबनी' (यह नाम भी उन्हीं का दिया हुआ है) दौड़ पड़े। ये कोई नयी बात नहीं है। हमारे साथ अक्सर ऐसा ही होता है। हमें अपनी चीजें पहचानने के लिए विदेशी-नजर की जरूरत होती है। लोककलाओं की सामूहिकता से निकलकर अब ये चित्र अपने बनाने वालों के नाम से जाने जा रहे हैं और उनकी बाजार में अच्छी साख है। इसी तरह अनेक लोक-महाकाव्य एवं उनके गायक होते हुए भी, 'पंडवानी' में केवल 'तीजन देवी' का ही नाम क्यों? कारण साफ है। उनके पीछे बाजार की शक्ति है और इस शक्ति से कला की गुणवत्ता का सीधा सम्बन्ध नहीं होता।

इस तर्क से हमें कूदकर इस निष्कर्ष पर नहीं पहुँच जाना चाहिए कि जो समाज लोककलाएँ रचता था वह आस्थाविहीन हो गया है। यह सच नहीं है। अन्य चीजों में— मसलन धर्म में— उनकी आस्था अभी भी वैसी ही है। अभी भी कुम्भ मेले में पहले जैसी भीड़ होती है, अभी भी धूम-धाम से तीर्थ यात्राएँ होती हैं और अभी भी 'पंचकोसी' परिक्रमाएँ होती हैं। तन्त्र-मन्त्र में जो उनका विश्वास था वह खत्म नहीं हुआ, बल्कि कुछ बढ़ ही गया है। 'बाबाओं' का छल-छद्म चल रहा है, उनका 'ग्लैमर' और बढ़ गया है जैसाकि खबरिया चैनल हमें दिखाते हैं। आश्चर्यचकित कर देने वाला तथ्य है यह कि पढ़े-लिखे अपने को आधुनिक

समझने और कहने वाले लोग, दुगुनी तेजी से इसमें कूद रहे हैं। यन्त्र, मन्त्र, तन्त्र, अनुष्ठान, ग्रह-नक्षत्र सभी तरह की देशी और विदेशी ज्योतिष मानवीय संघर्ष को मुँह चिढ़ाते हैं। कोई चैनल ऐसा नहीं है जो आपका भविष्य न बताता हो। किसी कारपोरेट जगत से कम इनका रुतबा नहीं है। कोई न कोई कारण इस 'जूम' के प्रति आकर्षण का जरूर होना चाहिए। कारण है, और सबके लिए सामान्य से इतर विशेष कारण भी है। ग्रामीण जनता अपनी पारम्परिक आस्था से उधर बढ़ी है। उच्च वर्ग का आग्रह उसे और भी प्रेरित करता है। शिक्षित युवाओं पर इसका सबसे अधिक प्रभाव पड़ा है। उसकी वजह यह समझ में आती है कि वे अपने सामने कार्य और कारण का सम्बन्ध टूटते देख रहे हैं। उनके लिए जो भाषा वे पढ़ते हैं और जो भाषा वे जीते हैं उनके निहितार्थ अलग हो चुके हैं। किसी भी प्रकार का हो राजनैतिक या सामाजिक या कानूनी, न्याय-प्रक्रिया से उनकी आस्था उठ चुकी है। जब कार्य और कारण, परिश्रम और परिणाम, प्रतिभा और प्रतिफल का कोई सम्बन्ध ही नहीं तो उस दिशा में संघर्ष करने से लाभ क्या? इसीलिए वे अन्य विकल्प तलाश रहे हैं। ये विकल्प तन्त्र-मन्त्र हो सकते हैं, अपराध हो सकते हैं, पलायन या फिर आत्महत्या भी। पूँजीवादी बाजारवाद ने उनके पैर इतने बढ़ा दिए हैं कि कोई भी मेहनत की चादर उन्हें ढँक ही नहीं सकती। जो वर्ग समृद्ध है वह 'और' 'अभी और' के लिए पागल है। पागलपन का कोई अन्त नहीं होता।

तब, इन आनुष्ठानिक स्त्री-लोककलाओं का क्रमशः खत्म होते जाने का कारण क्या है? मेरा विचार है कि आस्था वस्तुतः धर्म नाम की चीज में नहीं, बल्कि सृजन, उसकी सामूहिकता और उसकी शक्ति से समाप्त हो गयी है। इसलिए अब हम सृजन नहीं करते, उत्पादन भी कम करते हैं, सिर्फ क्रय करते हैं और उपभोग करते हैं। सृजन-शक्ति के बिखरते ही, उससे जुड़ी सामाजिकता संकल्प की अनिवार्यता और इन सबका योग आनन्द स्वतः ही टूट गया। एक पूरा सृजनात्मक समाज पंगु हो गया।

स्त्री-लोककलाओं के लिए इससे भी एक बड़ा खतरा है, समानान्तर लोककलाओं का। उसकी छद्म-छवि का जिसका प्रचार देश-विदेश में हो रहा है। यह खतरा दुतरफा है। पहले तो हम टी.वी. सिनेमा और सार्वजनिक उत्सवों के माध्यम से लोककलाओं की एक छद्म-छवि बनाते हैं जो लोककला न होते हुए भी लोककला लगे। रंग-बिरंगे अश्लील कपड़ों और लोकगीत जैसे लगने वाले गीतों पर जिस तरह की 'हरकतें' दिखाई जाती हैं, वे और चाहे जो कुछ हों, वे लोक-नृत्य नहीं होते। उनमें लोक की आत्मा नहीं होती। 'चोली के भीतर क्या है' और 'दरवाजा खुल्ला छोड़ आई नींद के मारे' जैसी पंक्तियाँ लोकगीत जैसी होने के कारण चर्चित नहीं होतीं। उसके पीछे दूसरे कारण हैं। इसका सबसे बुरा असर छोटे

बच्चों पर पड़ता है। लाखों के पुरस्कार घोषित करने वाले टी.वी. चैनलों की नयी बीमारी 'टेलंट हंट' में इस तरह की अजीबोगरीब हरकतें देखी जा सकती हैं जिसे करने वाले बच्चे उसे नृत्य समझते हैं। अभी हाल ही में, एक इसी प्रकार की प्रतियोगिता में एक लड़की ने नृत्य किया, 'धाइ स्याम पकड़ि लई'। एक जज ने प्रश्न किया 'ढाई' क्यों? (धाइ 'ढाई' जैसा लगा) इसका क्या मतलब है? जाहिर है इसका अर्थ कोई नहीं बता सका। जज को तो पता था ही नहीं। लोक भाषा का प्रयोग यह छद्म संस्कृति करती जरूर है पर उसका अर्थ नहीं जानती। उन्हें कौन बताता कि 'धाई' का अर्थ होता है दौड़कर। यही कारण है कि छद्म संस्कृति पहले से किए गये की सिर्फ 'नकल' करती है और टी.वी. चैनल नकल की नकल। रक्तवाहिनी नाड़ियाँ, चाहे वे लोकभाषा की हों, या साहित्य की या फिर संस्कृति की बहुत ही बेरहमी से और एक योजनाबद्ध तरीके से काटी जा रही हैं।

खतरे का दूसरा और अधिक भयावह पहलू यह है कि हाल में ही युवा हुई पीढ़ी ने 'मूल' देखा ही नहीं इसलिए वह इस छद्म संस्कृति को ही लोक संस्कृति समझ बैठी है। यही उनकी परिभाषा है और यही उनका व्याकरण। यह लोक-संस्कृति का अपसंस्कृति में रूपान्तरण है। 'नवरात्र' सांस्कृतिक दृष्टि से बहुत समृद्ध पर्व है। प्रत्येक क्षेत्र की अपनी सांस्कृतिक और लोकसांस्कृतिक परम्पराएँ रही हैं। परन्तु उसकी 'आत्मा' अब न शहर में है और न गाँव में। ऐसा लगता है बड़ी पारखी नजर से उन चीजों को तलाशा जाता है, जिनका इस्तेमाल 'बाजार' के लिए किया जा सकता है। उदाहरण के लिए गुजरात अंचल की 'सामूहिक गरबा' परम्परा को लिया जा सकता है। उसमें धर्म और परम्परा की आड़ में जो प्रदर्शन किया जा रहा है, जिस तरह 'रीमिक्स' प्रक्रिया के अन्तर्गत अश्लीलता बाँटी जा रही है, वह 'अपराध' के अन्तर्गत गिना जाना चाहिए। आजकल युवाओं की यह पहली पसन्द है। तेज-उत्तेजक संगीत और 'चानिया-चोली' का चलन दुर्गापूजन के निमित्त माना जाता है। ऐसा मानना कोई बड़ी असम्भव घटना नहीं।

यह समझना भूल होगी कि यह प्रक्रिया एकतरफा है। नहीं, यह एकतरफा नहीं है। 'रीमिक्स' दूसरे छोर से भी शुरू हो चुका है। इस सम्बन्ध में एक उदाहरण देना चाहूँगी। 'प्रौढ़ शिक्षा योजना' के अन्तर्गत एक शिविर लगा हुआ था। उसमें अन्तिम दिन सांस्कृतिक कार्यक्रम होना था। योजना यह थी जो 'प्रौढ़-अपढ़ों' ने शिविर में भाग लिया है वे ही यह कार्यक्रम भी सम्पादित करेंगे। लगभग सात दशक पार कर चुकी एक वृद्ध महिला गाने के लिए माइक पर आयीं। बताया गया कि वह घरों में बर्तन माँजने का काम करती है। उसने थोड़ी काँपती हुई लेकिन बुलन्द आवाज में गाना शुरू किया—

*कहीं पै निगाहें कहीं पै निसाना*
*जीने दो जालिम बनाओ न दिवाना।*

मैंने सोचा यह भी फिल्मी गिरफ्त में है। पर आगे गाया—

*सोने के गड़ुआ गंगाजल पानी*
*पीने दो जालिम बनाओ न दीवाना॥*
*सोने की थाली में भोजन परोसा*
*खाने दो जालिम बनाओ न दीवाना।*

अब इसे प्रभाव कह लें, रूपान्तरण कह लें या सृजन कह लें। स्थिति यही है। सच तो यह है यह वर्ग ज्यादा तेजी से बदल रहा है। उनके सामने उच्च वर्ग हमेशा एक दृष्टान्त की तरह रहा है।

सर्जना-शक्ति के साथ ही लोक की— खास तौर पर स्त्रियों के संसार की एक और बहुत बड़ी उपलब्धि हमने गँवा दी है। भारतीय परम्परा में लोक और वेद हमेशा साथ-साथ चले हैं और दोनों की ही महत्ता समान मानी गयी है। लोक तो वेदों का आदर करता ही है, 'वेद' भी 'लोक' का सम्मान करता है। धर्मसूत्र और स्मृतियों में अन्त में 'लोकानुसार' कार्य करने की सलाह दी गयी है। 'लोकानुसार' का अर्थ है, 'वृद्ध और अनुभवी स्त्रियाँ' जो पारिवारिक और क्षेत्रीय परम्पराओं की जानकार हैं। इस तरह स्त्रियों की लोक परम्पराएँ 'पुरोहितवाद' को स्थान नहीं देतीं। वे स्वयं रची मूर्तियाँ ही पूँजती हैं। उनके मन्त्र भी अपने हैं, कथाएँ भी और लोकाचार भी। इनके पीछे कानून हो-न-हो उनका तर्कशास्त्र भी है। इस स्वयं-सृजन की आदत से विलग हो जाने के कारण, अब पढ़ी-लिखी स्त्रियों को पंडित की जरूरत है और सवाल चूँकि प्रतिष्ठा का है, अत: महँगे से महँगा पंडित, जो 'फलाने' के घर आया था। लोग कहते हैं कि भारत में स्त्रियों को वेद पढ़ना मना था। खरा झूठ है। उन्हें वेद पढ़ने की जरूरत ही क्या थी, वे अपने मन्त्र स्वयं रचती थीं, खरी-खरी लोकभाषा में। पढ़े-लिखे को फारसी की जरूरत हो-न-हो, स्त्रियों को संस्कृत-भाषा की जरूरत नहीं थी। एकादशी का एक मन्त्र प्रस्तुत है जो मुझे बचपन में सिखाया गया था—

एकादशी का मन्त्र

*मानी का परवस्त*
*गंगा जी का घाट*
*किशन जी का साथ*
*शीलवन्ती माँ पाऊँ*
*पिता पाऊँ केदार*
*अपने मिलते स्याम पाऊँ*
*जो खेय लगावे पार।*

यही स्त्रियों का रचना-संसार है, जिसे वे रच-रच कर पूरा करती रही हैं।

चित्र : 1 दिवारी

चित्र : 2 दिवारी का आन्तरिक अभिलेखन

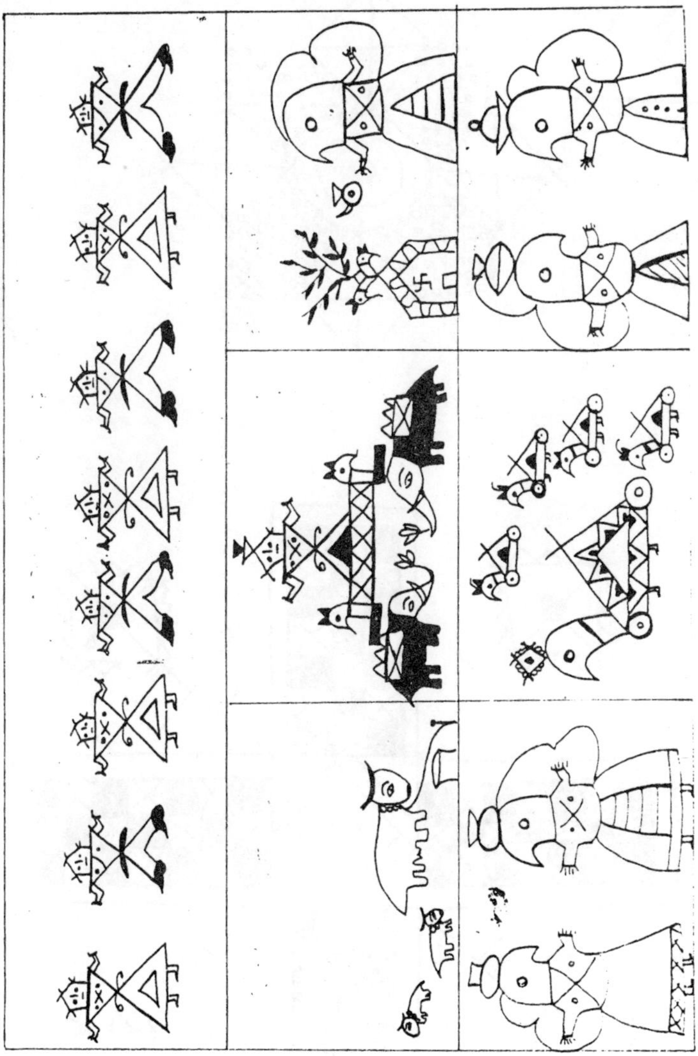

चित्र : 3 दिवारी के अन्य अभिप्राय

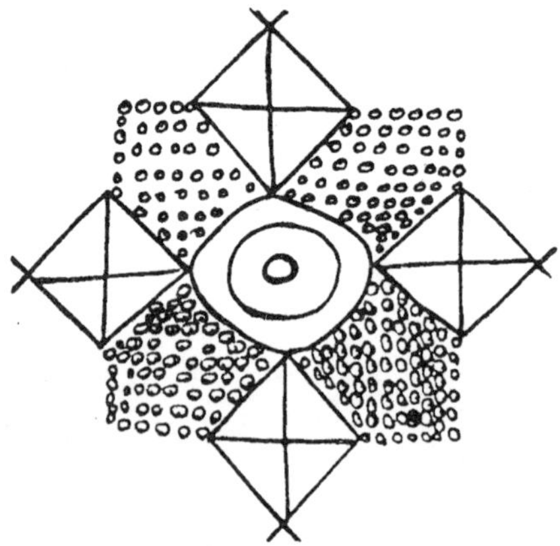

चित्र : 4   दिवारी मे भैया दूज एवं शरद रास

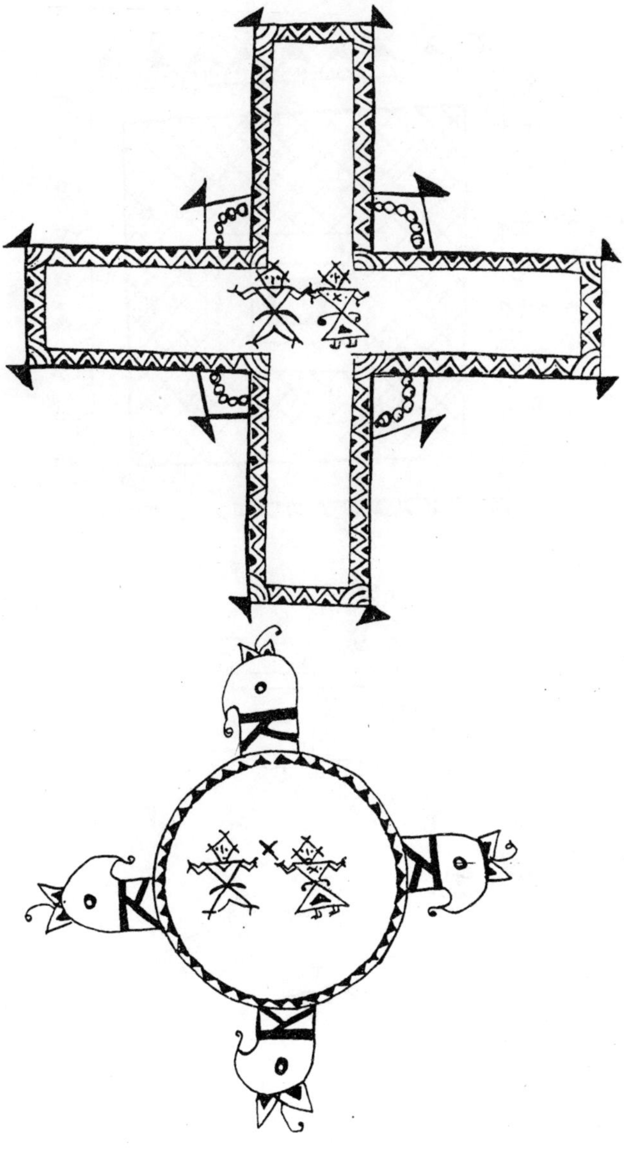

चित्र : 5   दिवारी के अन्य अभिप्राय नौ देवी चौक एवं शेषनाग

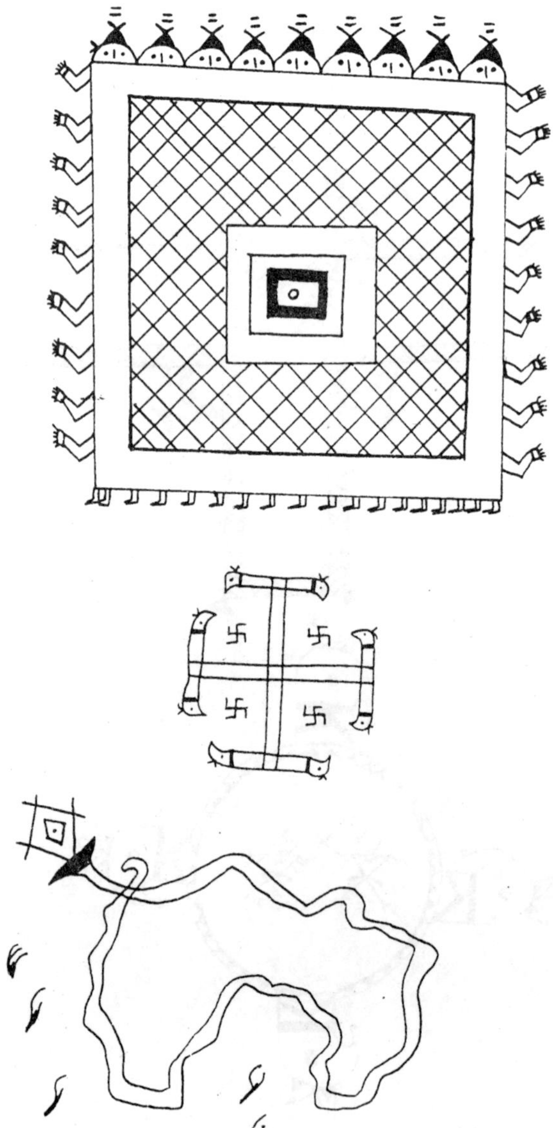

चित्र : 6 दिवारी के अन्य अभिप्राय

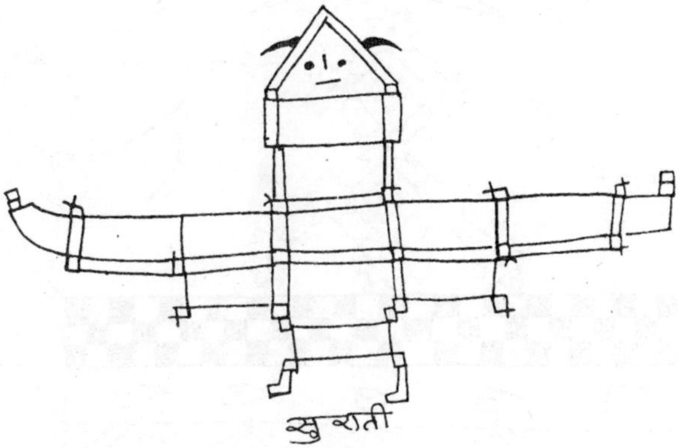


सुराती

सोना

सोनी

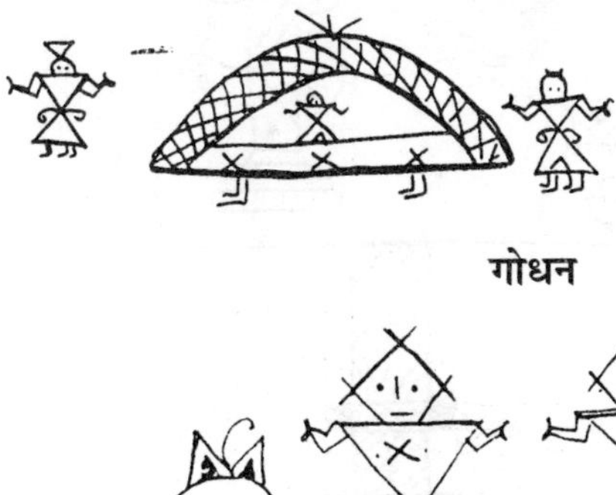

गोधन

**चित्र : 7 दिवारी**

अहोई ओंठ

चित्र : 8 अहोई ओंठ

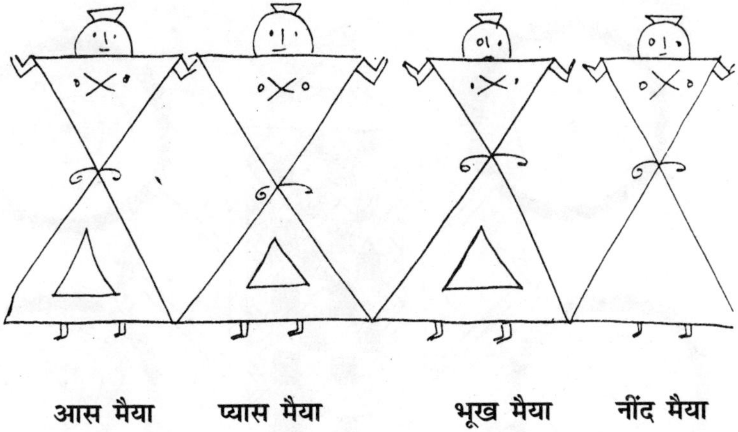

चित्र : 9 करवा चौथ

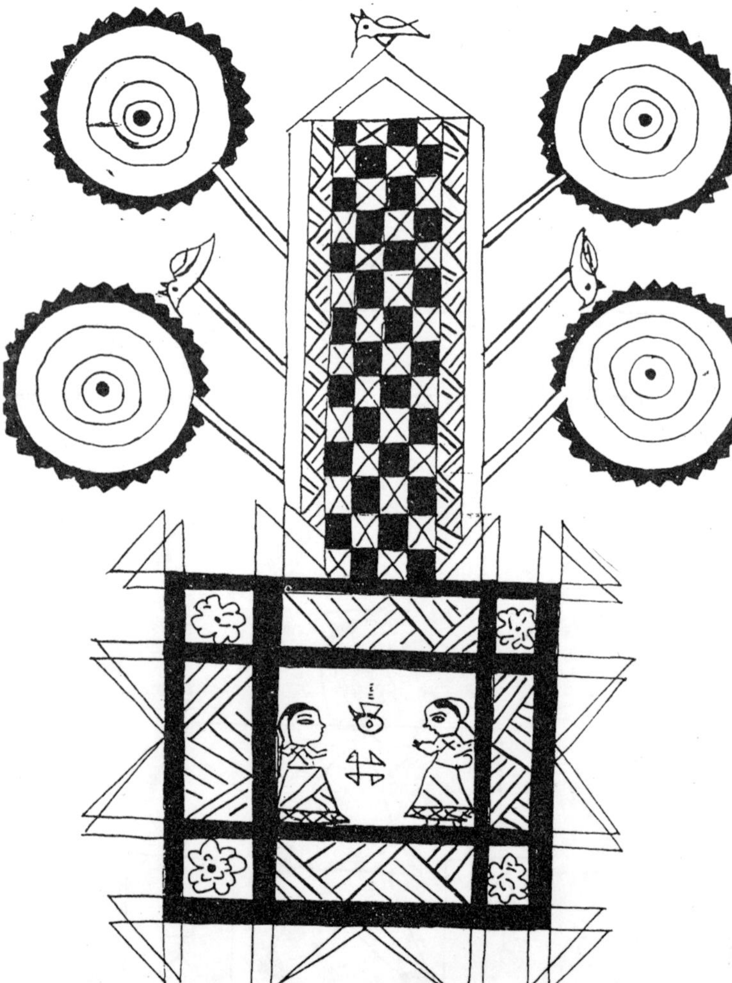

बाँस का पेड़ और पलकिया

चित्र : 10 करवा चौथ अभिप्राय

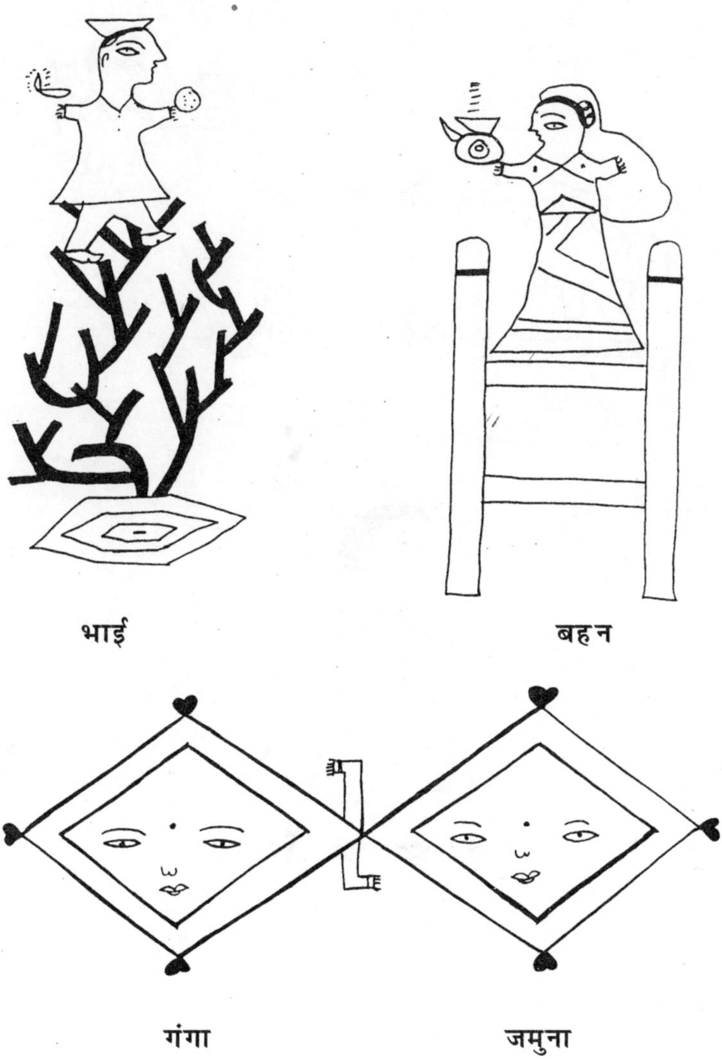

चित्र : 11 करवा चौथ

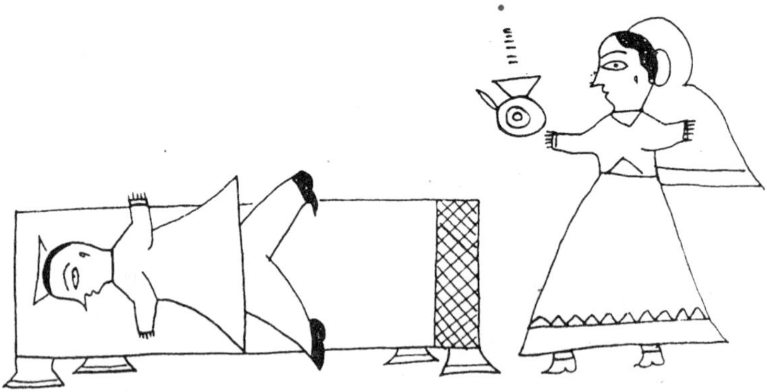

मृत पति पत्नी

स्याहू

चित्र : 12 हरछठ के आलेखन

नमे देवता

चित्र : 13 हरछठ के अभिप्राय

मोर

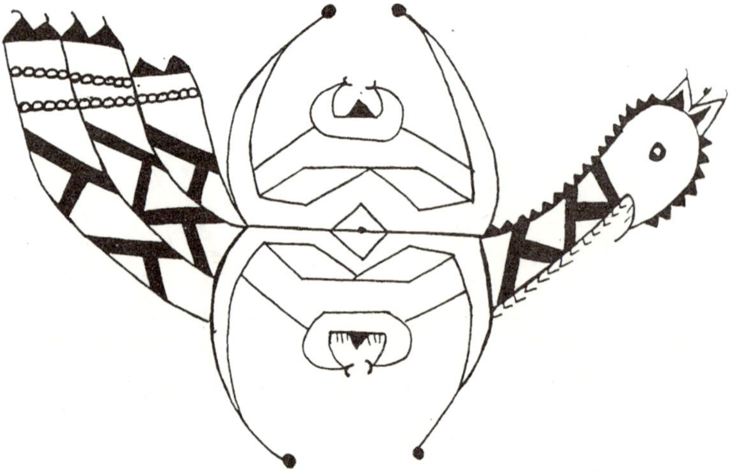

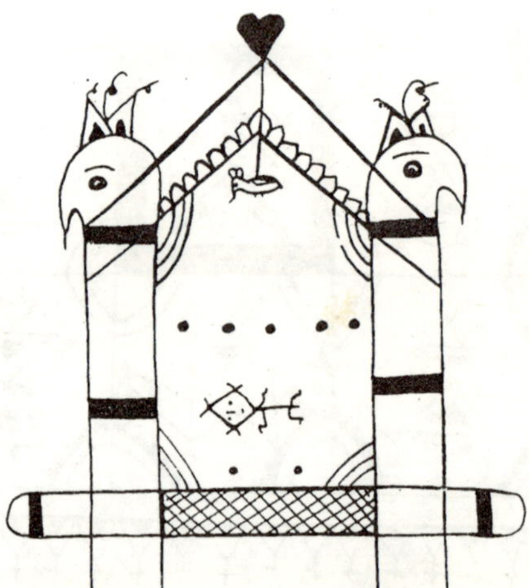

पालना

त्र : 14 हरछठ के अभिप्राय

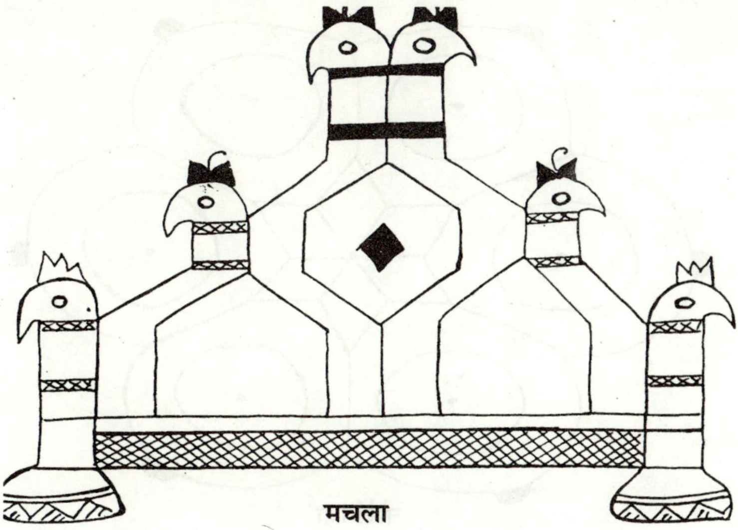

मचला

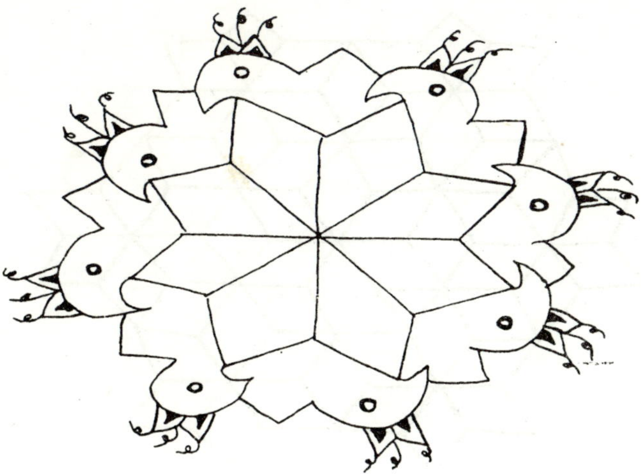

तोता फूल

चित्र : 15 हरछठ के अभिप्राय

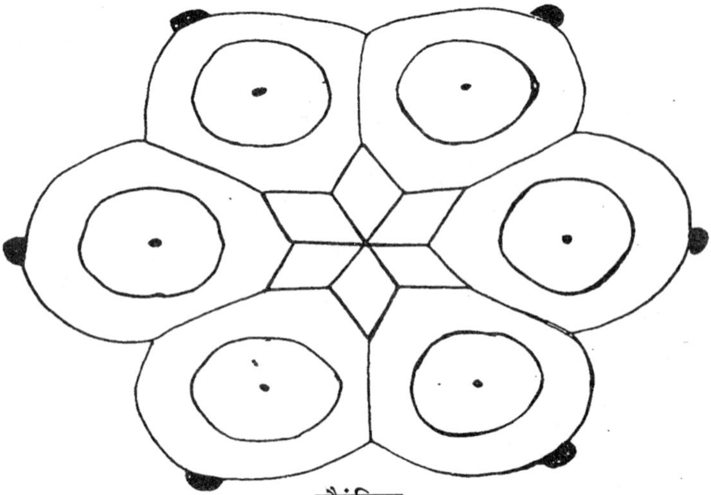

नौरंगिया

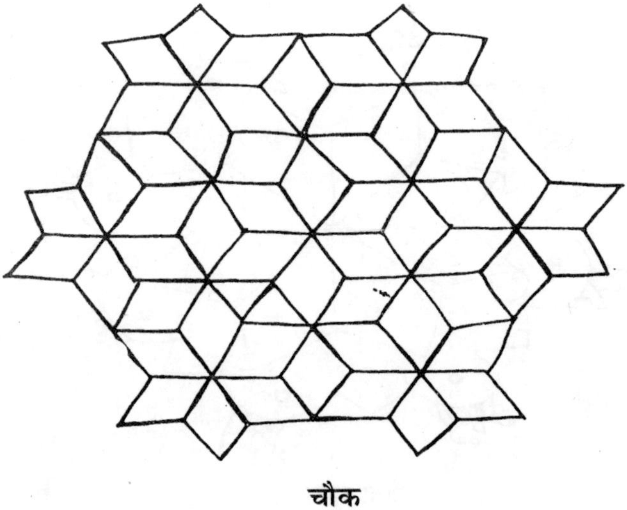

चौक

चित्र : 16   हरछठ के अभिप्राय

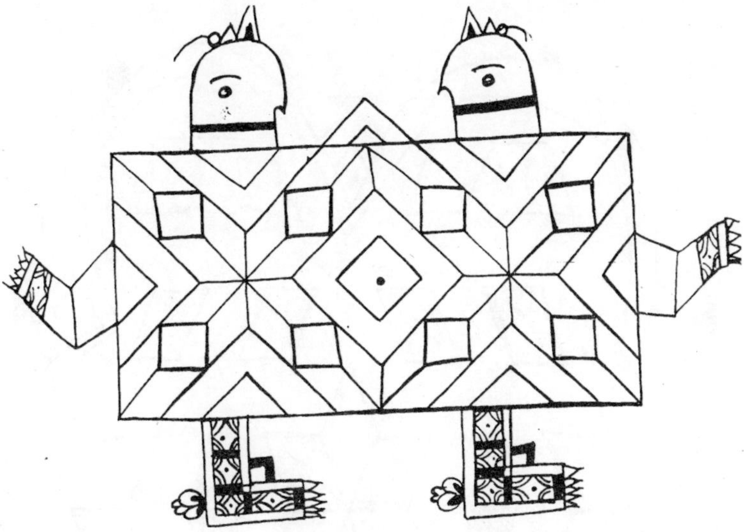

पत्ती

तोता-युग्म

चित्र : 17 हरछठ के अभिप्राय

टिपरिया

चित्र : 18 हरछठ के अभिप्राय

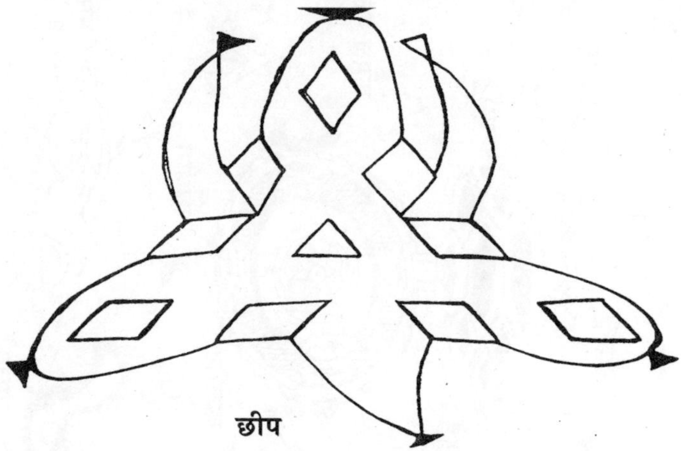

छीप

खिलौना

चित्र : 19 कोहबर

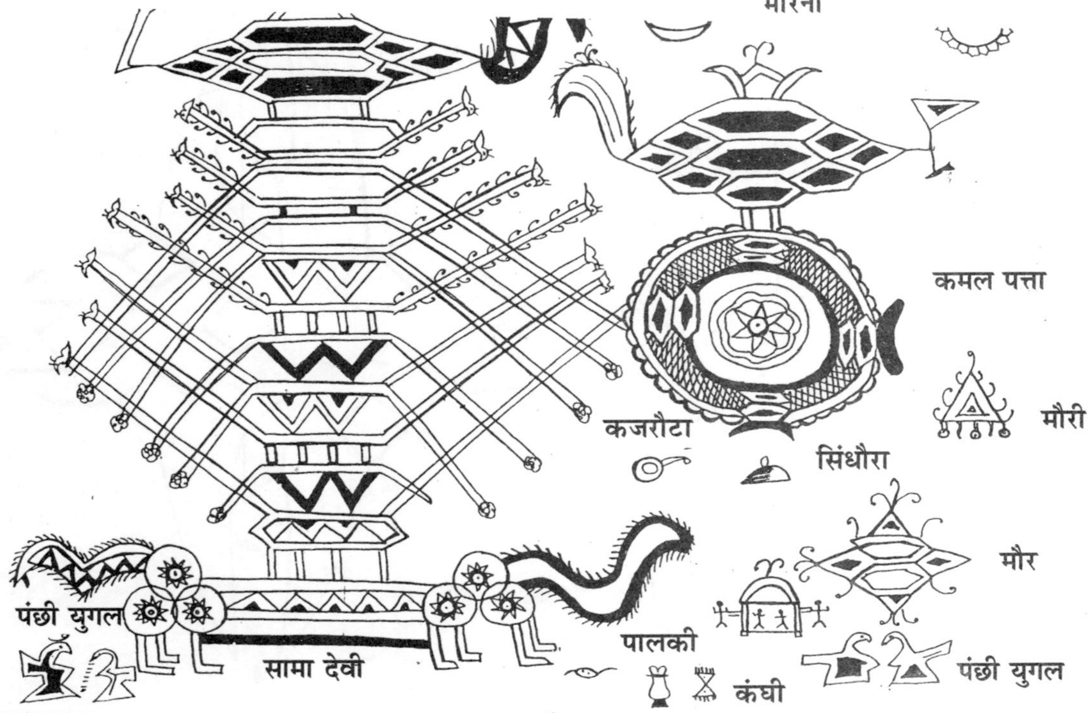

चित्र : 20 कोहबर

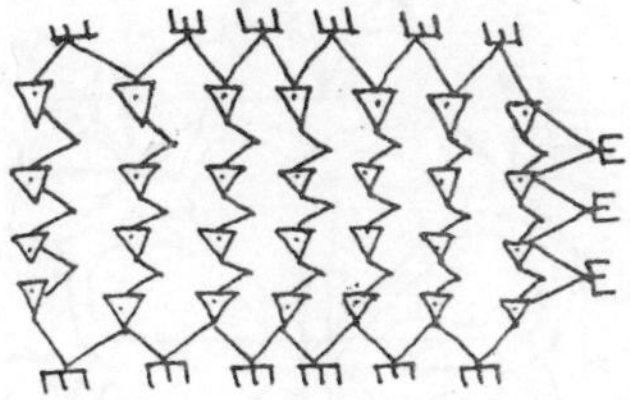

पान चौक

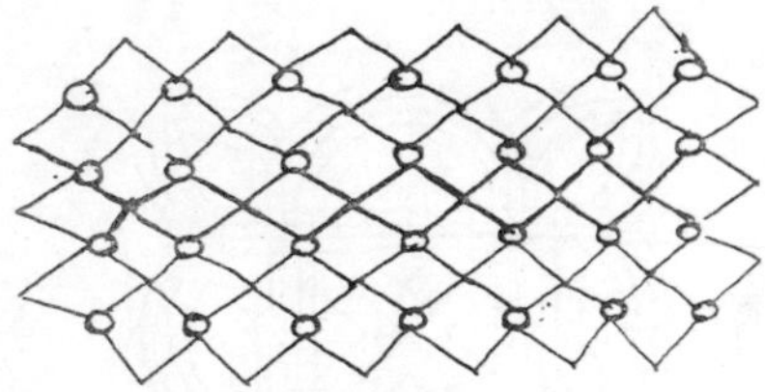

सुपारी चौक

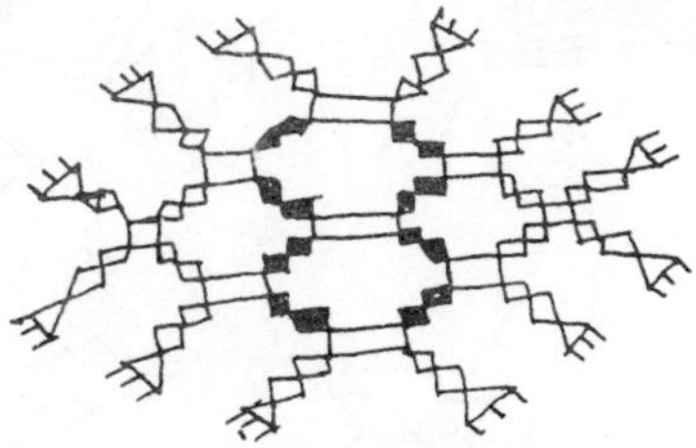

चौक

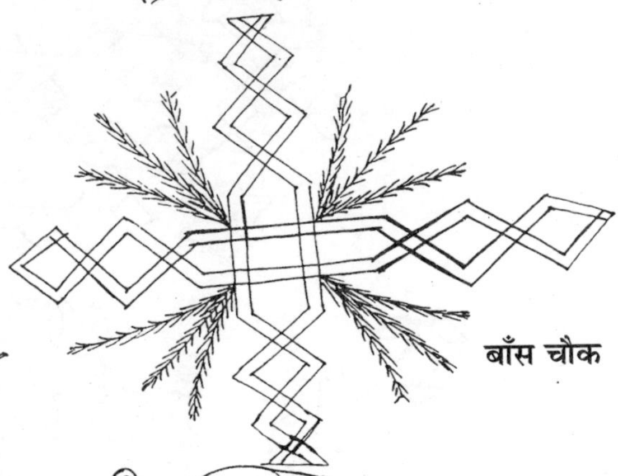

बाँस चौक

गमला

मोर

चित्र : 21 उत्सवों पर बनाए जाने वाले विविध चौक

# पूर्वोक्त चित्रांकनों पर टिप्पणियाँ

**दिवारी (चित्र नं. 1,2,3,4,5,6)**

**दिवारी**— आलेखन कई सम्बन्धित उत्सवों का समेकित चित्रांकन है। लेखन क्रमानुसार ऊपर से नीचे की ओर होता है जिससे गीले रंगों के फैलने का डर नहीं रहता। आकृतियाँ पहले सफेद एपन से बनायी जाती हैं, रंग भरने का काम बाद में होता है।

**सूर्य-चन्द्र**— सबसे पहले अंकित करते हैं, उसके बाद मुख्य अभिप्राय बनाया जाता है।

**दियाली**— कहीं पंचमुखी होती है कहीं एकमुखी। अन्य देवियों की तरह मुख्य आकृतियाँ चौकोर उदराकृति में बनायी जाती है। सिर और उदर को पृथक करने वाली काले और सफेद चौकोर खानों से बनी कंठी होती है।

**पुतरा-पुतरियाँ**— ग्रीवा में आठ पुतरा आठ पुतरियाँ चित्रित होती हैं। आश्चर्य है कि सदैव पुत्र की कामना करने वाली स्त्रियाँ दिवारी में उसी संख्या में पुत्रियाँ भी अंकित करती हैं।

**लछमी**— भूमिका के बाद मुख्य देवी लक्ष्मी रची जाती है। रूपाकार में कोई विशेष अन्तर नहीं हैं, केवल हाथी पर रखा सिंहासन ही उनका परिचय है।

**स्याहू**— देवी के बाद तुरन्त 'स्याहू' की रचना होती है। स्त्री आलेखन का यह बहुत महत्त्वपूर्ण अभिप्राय है। इसकी रचना 'दिवारी', 'अहोई', 'हरछठ' और 'कोहबर' में भी होती है। विशेष बात यह है कि रूपाकृति हर जगह अलग-अलग है। पूछने पर बड़ी-बूढ़ी स्त्रियों ने बताया कि 'स्याहू' एक चिड़िया होती है, लेकिन चिड़िया जमीन में बिल बनाकर नहीं रहती। एक अन्य परम्परा है कि 'स्याहू' नागिन है, पर उसकी आकृति सर्प से भी नहीं मिलती। दिवारी में शेषनाग अलग से बनाया जाता है। 'दिवारी' में स्याहू और उसके बच्चे धरती पर चलते दिखाए गये हैं। 'अहोई' में वह स्त्री के रूप में है और कोहबर में उसे 'सामा' कहा गया है। इतना स्पष्ट है कि इस लोकदेवी का सम्बन्ध पुत्र के अनिष्ट से है और उसे चित्रित कर पूजा करने से संकट कट जाता है। प्रायः इसे काले रंग से बनाते हैं।

**गोधन**— दीपावली के दूसरे दिन 'गोवर्धन' पूजा होती है जिसके लिए गोधन बनाए जाते हैं। इसके भीतर पशु-पालन से जुड़े अभिप्राय अंकित किए जाते हैं, जैसे दूधवाली, दहीवाली, मठावाली (सभी स्त्रियाँ हैं) गाय और बछड़े।

**चौक**— तीसरे दिन 'भाई दूज' होती है, उसका दृश्य एक अलंकृत चौक में दिखाया गया है।

**सुराती**— बुन्देलखंड की प्रसिद्ध लोकदेवी है। उसकी संरचना विविध चौकोर खंडों को मिलाकर होती है। वे 'भू-देवी' मानी जाती हैं।

**नौ देवी**— सम्भवत: नवरात्रि की नौ देवियों का सम्मिलित चित्र है। इसकी परम्पराएँ इतनी प्राचीन हैं कि इससे मिलते-जुलते रूपाकार 'हड़प्पा' की खुदाई में प्राप्त हुए हैं।

**जुआरी और चौसर**— दीपावली की रात में जागरण कर चौसर पर जुआ खेलने की परम्परा बहुत पुरानी है, उसी के प्रतिचित्र हैं जुआरी और चौसर।

**रास**— नवरात्रि के अवसर पर देश के कई भागों में सामूहिक रास नृत्य होते हैं। बुन्देलखंड में यह 'दिवारी' नाम से गोवर्धन पूजावाले दिन होता है, उसी का प्रतीकात्मक अंकन यहाँ है।

**अहोई आठें (चित्र नं. 7,8)** त्योहार दीपावली से आठ दिन पहले होता है, उस दिन माताएँ पुत्र के लिए व्रत करती हैं, दीवार पर 'अहोई' बना उसके पूजन के बाद रात में भोजन करती हैं। सूर्य-चन्द्र के अतिरिक्त इसके प्रमुख अभिप्राय हैं—

**अहोई माता**— मूल बाह्याकार 'दिवारी' की तरह होता है। प्राय: दो-मुखी बनती है, कहीं-कहीं उसका मुख तारों की आकृति से बनाया जाता है जिसे 'परवा' कहते हैं। कंठी के बाद ग्रीवा में देवताओं के घर होते हैं। इनमें प्रत्येक देवता (चुनाव अपना है) अपनी पत्नी और पुत्र सहित बनाते हैं। पत्नी के हाथ में 'करवा' होता है।

**पान के पत्ते**— देवताओं के घर के नीचे पान के पत्ते बनाए जाते हैं। प्राय: इनकी संख्या 5 या 7 होती है। ये सृजन के अंग हैं।

**आस मैया**— प्यास मैया, नींद मैया, भूख मैया— अहोई के एक ओर ये चारों देवियाँ बनती हैं जो अपने नाम के अनुसार लोक में स्त्री-कल्पनाओं की मूलभूत उपज हैं। इसके साथ ही ये स्त्री की प्राथमिकता भी तय करती हैं।

**अशोक का पेड़**— लोक-देवियों में 'श्रवण कुमार' का चयन एक विशेष अभिप्राय से है। स्त्री पुत्र चाहती है, पुत्र की सुरक्षा सुनिश्चित करना चाहती है और उसके बाद उसकी कामना यह भी है कि वह पुत्र 'श्रवण कुमार' की तरह माता-पिता का भक्त हो। इस चित्र में कन्धे पर 'बहँगी' लिए एक पुरुषाकृति बनाई जाती

है। 'बहँगी' के एक पलड़े में पुरुष प्रतीक होता है दूसरे में स्त्री-प्रतीक। ये दोनों श्रवण कुमार के माता-पिता के प्रतिरूप हैं।

**ऐरावत**— अहोई में एक हाथी की आकृति बनती है जो लक्ष्मी का प्रतीक है।

### करवा चौथ (चित्र नं. 9,10,11)

यह त्योहार देश के व्यापक क्षेत्र में मनाया जाता है, इसका सम्बन्ध सौभाग्य और पति की रक्षा से है। इसके प्रमुख अभिप्राय हैं—

**बाँस का पेड़ और पलकिया**— यहाँ बाँस का पेड़ चक्राकार अलंकार के रूप में बना है और उस पर चिड़िया बैठी हुई हैं। ठीक नीचे एक आयताकार पलकिया (बाँस की बुनी हुई छोटी खाट) है। इसके ऊपर दिवरानी (छोटे भाई की पत्नी) और जिठानी (बड़े भाई की पत्नी) हाथ में करवा लिये पूजा कर रही हैं। पूजा के बाद उनके हाथ से करवा छुआ कर बदले जाते हैं।

**भाई-बहिन**— ये करवा चौथ पर कही जाने वाली कथा के मुख्य पात्र हैं। इमली के पेड़ पर छोटा भाई चढ़ा है। उसके एक हाथ में दिया है दूसरे में चलनी। जिसे वह व्रत रखे हुई बहन को चन्द्र बताता है। इसके पास ही एक स्त्री और एक लेटा हुआ पुरुष बनाया गया है। यह कथा का दूसरा भाग है जिसमें चन्द्र निकलने से पहले व्रत तोड़ने के कारण बहन के पति की मृत्यु हो जाती है। इसके पास सात स्त्रियाँ बनायी जाती हैं जो भाई की पत्नियाँ हैं और जिनमें छोटी बहू बहन के पति को जीवित कर देती है। एक प्रकार से ये चित्र एक मुख्य कथा के शृंखला चित्र हैं।

**गंगा-जमुना**— कृषि प्रधान समाज में नदियाँ हमेशा पूजी जाती हैं। यहाँ वे परस्पर बहनों के रूप में संयुक्त रूप से चित्रित हैं। गंगा को गुलाबी रंग में जमुना को हल्के नीले रंग में दिखाया गया है।

**तुलसी-बिरवा**— कुम्हार कुम्हारिन, अहोई आठें की तरह यहाँ भी अंकित हैं।

### हरछठ (चित्र नं. 12, 13, 14, 15, 16, 17, 18)

यह भी मूलतः पुत्र से सम्बन्धित आलेखन है। अन्तर इतना है कि 'अहोई' में पुत्र की सुरक्षा की कामना प्रमुख है और यह पुत्र-जन्म का उत्सव है। हरछठ, जन्माष्टमी के साथ ही पड़ता है, इसीलिए स्त्रियाँ दोनों में से एक विकल्प चुनती हैं। जन्माष्टमी में कृष्ण-लीला, मुख्यतः कालिय-नाग-लीला अंकित की जाती है, जबकि 'छठ' के अभिप्राय थोड़े फर्क हैं। इसका सम्बन्ध हलधर (कृष्ण के भाई) एवं 'हल' से जुड़ा है। इस व्रत में स्त्रियाँ हल से जुती कोई वस्तु नहीं खातीं। इसके मुख्य अभिप्राय हैं—

**नमे देवता**— इसका आलेखन 'नौ देवी' से थोड़ा भिन्न है। इसके केन्द्र में शिशु के 'खिलौने' हैं। नमे देवता से सम्बन्धित कहानी भी कही जाती है।

**पालना**— सजा हुआ पालना और उसमें शिशु का प्रतीक, जन्मोत्सव का सन्दर्भ है।

**मचला**— बैठने और शिशु को पौढ़ाने के लिए निर्धारित शय्या को मचला कहते हैं।

**टिपरिया**— बाँस या बेंत की बनी रंगबिरंगी डलिया। कहीं-कहीं इसे छितरिया कहते हैं। जब स्त्रियाँ खेत में काम करती हैं तो इस डलिया में कपड़ा बिछाकर बच्चे को सुला देती हैं। बच्चे के जन्म के अवसर पर इसकी पूजा भी होती है।

**मोर**— मोर की आकृति का खिलौना।

**कजरौटा**— बच्चे को प्रतिदिन इस कजरौटे में 'पार' के काजल लगाया जाता है। उनका विश्वास है कि इससे 'नजर' नहीं लगती।

**सिंधौरा**— सिन्दूर रखने की लकड़ी की डिबिया।

**छीप**— मोती सहित सीप का अलंकारिक चित्र है। इस प्रकार के सभी आकार निश्चित संख्या और क्रम में बिन्दु बनाकर उन्हें रेखाओं से जोड़कर बनाते हैं। इसे सृजन प्रक्रिया का प्रतीक भी माना जा सकता है।

### पत्ती-तोता-युगनद्ध आकृति

**तोता फूल**— तोताओं का समूह इस प्रकार अंकित है कि समवेत रूप से फूल मालूम होता है।

**नौरंगियाँ**— जिस अनुभूति की अभिव्यक्ति फूल के रूप में उसी की परिणति नौरंगियाँ में है। इसमें नारंगी के फलों को फूल के रूप में संयोजित किया गया है। शिशु जन्म के अवसर पर गाये जानेवाले 'सोहर गीतों' में 'नौरंगियाँ' का अक्सर वर्णन होता है।

### कोहबर (चित्र नं. 19, 20)

विवाह के बाद वर-वधू जिस अन्तरंग कक्ष में ले जाए जाते हैं, उसकी दीवार पर 'कोहबर' के आलेखन बनाए जाते हैं। इनकी खास विशेषता यह है कि इन चित्रों को हल्दी पीसकर उसके रंग से बनाया जाता है। स्वाभाविक है कि इस आलेखन के सभी अभिप्राय विवाह संस्कार, उसकी प्रक्रिया और सृजन से सम्बन्धित हैं। पूर्वी प्रदेश में कोहबर का प्रचलन अधिक है। प्रमुख प्रतीक हैं—

**बाँस**— बाँस का सीधा सम्बन्ध वंश से है। इसलिए सूर्य-चन्द्र के बाद सबसे

पहले बाँस का पेड़ बनाया जाता है। बाँस हमेशा 'झुरमुट' में उगता है। परिवार भी एक 'झुरमुट' है, इसीलिए बाँसों को एक ऐसे समूह के रूप में बनाया है कि वह अलग से एक विशिष्ट आकृति बन गयी है। प्रत्येक डाल पर फूल भी है और चिड़िया भी। स्त्री-कल्पना में इनके बिना पेड़ का अस्तित्व नहीं है।

**कमल-पात**— बाँस के पास कमल का पत्ता अंकित करते हैं। बाँस और कमल-पत्र का एक साथ एक जगह होना लोककला में ही सम्भव हो सकता है। भारतीय संस्कृति कमल के फूल पर मुग्ध है, लेकिन स्त्री-समाज की दिलचस्पी कमल के पत्ते पर है। हरा है, जल के ऊपर है, डूबता नहीं, सूखता नहीं और रचना सम्भव कर सकता है। बाँस पुरुष है, कमल-पात स्त्री।

**मोर-मोरनी का युग्म**— बाँस और कमल के पत्ते पर मोर-मोरनी बैठे हैं। बाँसके ऊपर मोर और कमल-पत्ते पर मोरनी। पूरा अभिप्राय विवाह संस्कार का प्रतीकात्मक चित्रण है।

**पंछी**— युगल सृजन-शृंखला को आगे बढ़ाते हुए दो पक्षी-मिथुन भी अंकित हैं।

**पालकी और कहार**— विवाह के पश्चात वर-वधू की डोली का आगमन और विवाह के अन्य उपकरण जैसे कि मौर (वर का मुकुट) मौरी (वधू का मुकुट) कजरौटा (काजल) सिन्धौरा (सिन्दूरदान), कंघी शृंगार के प्रतीक हैं एवं आम के पत्ते (—) लौंग (—) पान (—) मंगल के प्रतीक।

**सामा देवी**— सात आकृतियाँ जो केवल रेखाओं से बनी हैं 'सामा' (श्यामा) देवी और उनकी छह बहनें मानी जाती हैं। इस सम्बन्ध में कथा है कि राजा बेटे का विवाह कर वधू को विदा कराकर लौट रहे थे, रास्ते में बेटे की मृत्यु हो गयी। माता के विलाप पर 'सामा' देवी ने उनके पुत्र को जीवित कर दिया और कहा कि पुत्र-जन्म और विवाह पर 'सामा' देवी और उनकी छह बहनों की पूजा करने से अनिष्ट नहीं होता। लोक में जैसे नौ देवियों की परम्परा है वैसे ही सात देवियों की भी। एक देवी गीत की पंक्तियाँ हैं—

*कौन जु झूलैं कौन झुलावैं*
*कौनहि झोटा देय।*
*सातो देवी झूलैं लंगुर झुलावैं*
*हनुमत झोटा देय।*

□□□